“做中学”理念下的小学课堂教学实践研究

王英华　主编

河北大学出版社
·保定·

出 版 人：马　力
责任编辑：翟永兴
装帧设计：王占梅
责任校对：刘景坤
责任印制：常　凯

ZUOZHONGXUE LINIANXIA DE
XIAOXUE KETANG JIAOXUE SHIJIAN YANJIU

图书在版编目（CIP）数据

“做中学”理念下的小学课堂教学实践研究 / 王英华主编. -- 保定：河北大学出版社，2025. 5. -- ISBN 978-7-5666-2649-3

Ⅰ. G622.421

中国国家版本馆CIP数据核字第202517AL60号

出版发行：河北大学出版社
地址：河北省保定市七一东路2666号　邮编：071000
电话：0312-5073003　0312-5073029
网址：www.hbdxcbs.com
邮箱：hbdxcbs@163.com
经　　销：全国新华书店
印　　刷：涿州市般润文化传播有限公司
幅面尺寸：185 mm × 260 mm
字　　数：380 千字
印　　张：23.25
版　　次：2025 年 5 月第 1 版
印　　次：2025 年 5 月第 1 次印刷
书　　号：ISBN 978-7-5666-2649-3
定　　价：90.00 元

序　言

2022年8月2日，保定市王英华名师工作室成立并启动，这是顺平县首个经河北省保定市教育局审批成立的市级名师工作室。三年以来，团队成员以“专业引领、同伴互助、交流研讨、共同发展”为宗旨，以课堂教学为主阵地，立足教学实际，聚焦小学课堂，充分发挥工作室“引领一个学科，共建一个团队，辐射一方教育”的作用，极大地促进了区域内小学教育教学质量的高水平发展。王英华老师带领名师工作室团队成员认真学习、深入研究，齐心协力完成了《“做中学”理念下的小学课堂教学实践研究》一书的编写工作。我认真阅读了整本书稿，有以下几点感受颇深。

一、一群人可以走得更远

“独行快，众行远。”基础教育注定是一场马拉松，需要每位成员发扬愚公移山的精神，借团队汇聚智慧，抱团激励，共同成长。王英华名师工作室8位成员全部来自教学一线，组成了一个强大的教研团队。工作室与顺平县教育和体育局教研室联合，形成了研修共同体，共同开展了一系列丰富多彩且富有成效的合作。从工作室启动仪式暨首次培训会开始，到后续每一次专家讲座、每一次教研活动、每一次送教送培，都通过顺平县教育和体育局教研室扩大至全县范围。后期又组织了更大范围的跨学科联合教研活动，形成了对整个顺平县小学教育全学科的引领和辐射。在这一过程中，双方充分发挥各自的优势，实现了优质资源的共享。工作室邀请的知名专家带来了前沿的教育理念、创新的教学方法和丰富的教学经验；县教研室根据对本地教育实际情况的深入了解，提供了有针对性的指导。在共同的研究方向和研修主题引领下，实现了强强联合、共同成长的模式，不仅为教师们搭建了更广阔的学习交流平台，还打破了资源的局限和学科的壁垒。这种合作有效地带动了更多教师投身教育教学的研究与实践，激发了他们提升教学水平的热情，为提升县域教育质量、推动教育事业的发展注入了强大的动力。

二、经典案例提供新视角

本书聚焦小学课堂教学，尤其是小学语文和数学这两个基础学科，以30多个贴合县域教学情况的案例为载体，生动地呈现了“做中学”这一理念在课堂中的落地生根。这些案例并非空中楼阁，而是源于真实的课堂，源于教师们对教学的热爱与执着，源于学生们对知识的渴望与追求。团队成员在大量学习、交流和实践中逐步提高了对课程改革、课程标准、课堂教学的认识和理解。县域教育有其独有的特点和挑战，书中的案例正是对这些特点和挑战的积极回应，既考虑到了县域教育资源的有限性，又充分发挥了教师们的创造力和学生们的潜力。在这些案例中，我们看到了教师们如何巧妙地运用有限的资源为学生创造丰富的学习体验，看到了学生们如何在实践中探索、在探索中成长。同时，顺平县教育和体育局教研室人员的专业见解和深入分析，为这些实践案例提供了坚实的理论支撑，使实践与理论相互交融、相互促进。这些典型案例为广大小学教师提供了借鉴和启示，为课程的实施提供了新的视角，为有效实施小学课堂教学改革积累了经验。

三、“做中学”是改革新路径

教育，是一场永不停歇的探索之旅，每一次革新与尝试都是为了给孩子们带来更优质、更有效的学习体验。在这个不断追求进步的时代，“做中学”理念正逐渐成为小学课堂教学改革的一道新曙光。《义务教育课程方案（2022年版）》明确提出，要变革育人方式，突出实践，要加强知行合一、学思结合，倡导“做中学”“用中学”“创中学”；要强化学科实践，注重“做中学”，引导学生参与学科探究活动。可见“做中学”是新课标提出的一种新的育人方式，是深化教学改革的路径。

本书精心筛选了30多个课堂实践案例，生动展现了一线教师通过亲身实践，迈出传统教学的舒适区，打破“老师讲，学生听”模式的束缚，将“做中学”理念融入每一堂课中。教师们巧妙引导学生亲自动手、亲身实践，让孩子们在做中探索知识的奥秘，在做中锻炼解决问题的能力。孩子们不再是被动的知识接受者，而是积极的探索者和创造者。在实践中，他们学会思考、学会合作、学会解决问题，真正实现了知识的内化和能力的提升。例如，在语文课堂上，不再是老师单纯地讲解课文，而是让学生通过角色扮演、写作实践等活动，在学习语言文字运用的同时，深入理解文学作品的内涵；在数学课堂中，学生不再只是聆听公式的推导，而是通过实际的测量、计算和模型构建，真正掌握数学的原理。“做中学”，不仅是一种教学方法的转变，更是一种教育观念的革新。这种新路径激发了学生的学习兴趣，培养了他们的创新精神和实践能力，为他们未来的发展奠定了坚实的基础。

县域教育犹如根基深厚的大树，承载着无数孩子的梦想与希望。《“做中学”理念下的小学课堂教学实践研究》正是来自县域一线小学教师的智慧与结晶，它记录了县域小学教师们在教育改革道路上的探索与创新，也为广大教育工作者提供了宝贵的经验和启示。相信各地教师在使用本书时，一定会根据自己的教学经验和班级情况进行适当的调整或修改，各取所需，让本书发挥最大的作用。

保定市顺平县教育和体育局　田阳

2025 年 1 月 16 日

目　　录

小学语文理论认知

对名师工作室联合运行模式的几点思考

保定市教师进修学校　杨志超

随着人们对优质教育资源的迫切需求，探索高质量的教师教育，推动教师快速发展成了当务之急。名师工作室作为一种以名师为引领、以实践为导向、以群体提升为目标的教师发展模式受到普遍欢迎。在带动教师发展的过程中，很多工作室采取了联合运行的模式，有效推动了平台扩展、资源共享，使名师效应达到了最大化。

优势互补，使名师效应最大化

名师工作室意在充分发挥名师作用，引领其他教师发展。联合运行，建立更大的学习共同体，不再局限于自身资源，可以促使名师效应最大化。

各个名师工作室的主持人都是特级教师、学科名师等优秀教师。这些教师在理论水平、实战经验、专业研究、培训能力等方面都有自己的优势和特长。但人无完人，各个名师也有自己的相对弱项，工作室联合运行，可以人尽其才、人尽其用。譬如小学语文，可以按照识字写字、阅读教学、综合性学习、口语交际、写作指导等课程板块进行分工，也可以按照新授课、复习课、试卷讲评课等课堂类型进行分工，把一线教师面临的最常态问题分类纳入研究视野，按照各个名师的研究专长进行分类指导，让老师们在各个方面都能享受到高水平的引领。

名师都有自己鲜明的教学主张，有一定理论水平的个性思考。名师引领首先是理念的引领、理念的认同，工作室主持人同成员之间在长期的接触中，会形成一致的话语体系，应该说这是主持人真正发挥作用的结果，是一种理想的状况。但是，任何一种理论都不能包打天下，教师成长应该学会取长补短、采各家之长。工作室合作运行，从“一枝独秀”变成“百花绽放”，教学主张、教学思想多元呈现，这样更利于教师辩证地看问题，不过分拘泥于某一想法。所以，扩大了的学习共同体，因为风格差异，在探讨问题时，更显示出思维的多角度、多样态，更容易将问题引向深入。

资源共享，扩大教师发展平台

名师工作室主持人都是一个学科的佼佼者，但工作不同，有培训机构教师，有教研员，有一线优秀教师。身份的差异，导致呈现不同的资源差异。培训机构教师、教研员，有本地域本专业较高的理论水平、指导能力，从理论到实践中间需有一步“理论翻译”，这项工作就是培训机构教师、教研员的主要任务。一线教师因为工作繁重，研究氛围相对欠缺，用理论解读实践、指导实践的能力较弱，但对教材使用、学生成长、教师备课上课等具体环节中的问题了如指掌。二者优势互补的局面可以自然形成。

在推动工作室发展的过程中，各个主持人可以调动的资源是有限的，联合运行可以有效地整合利用资源，搭建更宽广的发展平台。培训机构教师有固定的教学研修基地、科研基地，每年承担不同类别的教师培训任务，不但自己有较强的理论水平、指导能力、培训能力，而且师资库中有大量京津地区的优质师资，能很好地在教师发展中借助外力；教研员对本区域本学科教师讲课风格、水平了如指掌，可以提供富有特色的研究案例，有效组织同课异构等活动；一线名师，有丰富的教学经验，有生动鲜活的案例，有自己的班级、学生，为研课磨课、进行行动研究提供生动的实践场所，为观察学生、搜集问题呈现最自然的研究状态。联合运行模式使每个主持人发挥自己所长，并将资源全部开放，可以为工作室成员开阔视野、学习交流提供方便，使工作室顺利形成融教学、教研、科研、培训为一体的开放性运行模式。

联合后的工作室，获得了更为广泛的锻炼机会。在市级骨干教师培养对象培训中、在国培计划中、在片区教研中、在京津冀教育扶贫中，都留下了工作室成员奋斗的身影。能够参与到各个不同项目中，为工作室教师提供了机会、搭建了舞台，这是一线老师自我发展、自我完善的机会，更是一种自我肯定，当然也带来了压力，激发了动力，是一种以辐射他人倒逼自我成长的有效举措。

同台竞技，引入“鲇鱼”促成长

工作室作为一个研修集体，在长期的合作共事中、研讨学习中，会有趋同化的可能。在彼此水平、风格太熟悉了以后，会缺乏交流热情，出现发展倦怠。工作室之间不定期合作，可发挥鲇鱼效应，通过适当竞争最大限度地激发潜力。在同其他工作室合作中，成员会有亮相感、竞争感、比拼感，进而产生压力、激发动力。为了个人形象，为了团队荣誉，必然会更勤奋、更努力、更团结。

导师团队，生动展示合作共赢

工作室联合运行，对各个工作室成员来讲，实行的是导师集体化机制。一个工作室除了以自己的主持人为导师外，还有以自己导师为领衔人的导师团队。这种合作化、团队化培养机制，由原来的一师一徒变成多师多徒、多师一徒，强化了培养力量。

工作室作为学习型、研究型的专业共同体，是教师共同学习、互勉共助、集体成长的场所，也是主持人前进的加油站。特级教师带工作室，不但要带动成员发展，自己也能获得锻炼和提高。工作室主持人都有一定的教育主张、理论水平、研究能力，但若长期闭门造车，也会有坐吃山空的隐忧。领航者必有目标、先前进，这是工作室整体发展的不竭动力。工作室联合运行、主持人组团发展，可以让各个主持人明晰他人优势，增强前进动力，在共同切磋中把工作做好。

教育应该是合作的事业，但在现实生活中，教师群体并不是一个容易合作的群体，很多教师内心潜在的信条是“独立成功观加不干涉主义”。工作室合作运行，生动形象地展示了合作的模式、合作的意义。

工作室联合运行作为一种团队发展模式，有很多存在的意义和必要性，但任何事情都是利弊相连的，在发挥上述优势的过程中，也要避免严重趋同、责任缺失、强者恒强等问题。

避免严重趋同化而泯灭个性

工作室要带出一支思想过硬、业务精良的教师团队，各项工作一定要有目标、有计划。工作室成立之初，要求每位教师制订了个人成长规划，包括长期目标、短期目标。力求以目标引导行动，以规矩约束行动。工作室联合运行，在研修主题产生上，更着眼于共性问题。在合作运行中如何做到兼顾各工作室的特色与个性，不忽视差异，不泯灭个性，是一个值得思考的问题。

避免合作不当导致责任缺失

工作室合作运行应有分工有合作，合作不是合并，既要注意合作中的相互学习，又要追求合作中的优势发挥。合作是大家共同发挥作用，发挥自己的优势，使工作上水平、出特色。

避免强者恒强的马太效应

每个人都有适合自己的表达方式，工作室也一样。在联合运行中，应该互相尊重、彼此接纳，确保每个主持人的风格彰显、作用发挥。各工作室在联合运行中要注意自我定位、关系定位，避免强者恒强、弱者恒弱。

“做中学”理念下的小学课堂教学实践研究

保定市顺平县教育和体育局教研室　赵秀青

基础教育课程改革二十多年来，教育领域经历了深刻的变革。一系列的改革措施推动了教育理念的更新，提升了教学质量，促进了学生的发展。但纵观县域学校的教育教学改革，效果不容乐观。究其原因，是教学方式的转变不够彻底。接下来，围绕“为什么转变教学方式”和“怎样转变教学方式”两个问题与大家交流分享。

一、为什么转变教学方式

（一）基础教育改革的目标

基础教育改革的核心目标是培养具有创新能力、实践能力和综合素养的时代新人。面对日新月异的知识和技术革新，学生需要具备创新思维和实践能力，以适应未来社会的发展。传统的教育教学方式已不能满足现代人才培养的需要。“分析讲解式”“灌输式”的教学容易使学生产生“假知”，导致知识与能力的脱节，容易使学生产生依赖和期待心理，抑制学生学习的独立性、主动性和创造性。

（二）时代的要求

第一，“双减”政策的落地和进一步推进，要求实现“减负增效”，对我们的课堂教学提出了更高的要求。

第二，新课程标准的颁布，要求我们提高课堂质效，探索素养立意下课堂教学的新样态。

第三，党的二十大提出了加快建设高质量教育体系，我们又迈进了高质量发展的新赛道，要求我们要着力培养有理想、有本领、有担当的时代新人。

（三）命题的改革

课改二十多年来，学科命题经历了由知识立意到能力立意再到素养立意的转变，教学方式的转变已然跟不上命题改革的步伐。

（四）教学现状

1. 一直在前进

近些年来，老师们通过参加各级各类教材培训、新课标培训、校本教研活动等，加之老师自己的潜心钻研、教研员的指导引领，我县整体教学水平有所提升，由以前不知道教什么并且满堂灌的低效甚至无效课堂，到现在能精准定位教学目标，能设计一些有思维含量的问题或操作性较强的学生活动导教导学，理念有所转变，课堂效率有所提高，一直走在前进的路上。

2. 存在的突出问题

（1）老师“教”的本位意识还比较强。课堂上老师的活动太多，没有思维价值的提问多，分析讲解多。

（2）学生学得还比较被动。课堂上，学生自主学习的程度、合作的效度、探究的深度不够，仍囿于教师的预设和掌控中。

基础教育改革的目标、时代的发展、命题的改革、教学的现状呼唤我们要积极探索课堂教学的新方法、新路径。

长期以来，教育界不乏专家学者对转变教学方式的理论和策略的研究。“变教为学”的理念也已根植于老师心中并挂在嘴边，老师们也为之进行了积极的探索和实践，但理念和现实之间总有一道很难逾越的鸿沟，大多数老师仍没有跳出“穿着新鞋走旧路”的窠臼。聚焦这一课堂教学瓶颈，我们应理论联系实际，定主题，寻思路，找策略，给老师们提供一个较明确的、操作性较强的方法和路径。

二、怎样转变教学方式

（一）路径：任务驱动下的“做中学”课堂教学建构

“任务”指的是整合学习内容后确定的富有挑战性的、相互关联的、类型多样的学习任务。

什么是“做中学”？“做中学”理论是美国教育家约翰·杜威提出来的。对其狭义的理解是边做边学。“学”的内涵是非常丰富的，其对象既包括知识，也包括技能、思维、判断力和素养等。因此，“做中学”在最完整的意义上，应当理解为以“做”为基础的全面学习活动。为什么要实施“做中学”？杜威有句名言：“一盎司的经验胜过一吨的理论。”因为“做”是获得能力的唯一方法，只有“做”了才能“会”，因此，能力、素养的培养和提升必须实施“做中学”。

“任务驱动下的‘做中学’”中的“做”指的是在每个学习任务下面设计的听、说、读、写、思等各种学习活动，通过学生完成学习活动，实现学习目标，“做”是为了实现更好的“学”。

（二）基本环节

基本环节包括：制订目标—提出任务—设计活动（学生“做”）—学生展示—老师精导妙引。

以语文学科为例：根据部编版《语文》教材的编写体例，单元语文要素确定了本单元的训练点，课后习题（略读课文的学习提示）是落实单元语文要素的抓手。所以，设计的基本思路为：课后习题目标化，学习目标任务化，学习任务活动化，老师在学生活动和展示过程中做到精导妙引，是课堂的组织者、引导者、欣赏者、评价者，从而建构起一种以学习任务为驱动、以学生活动为主线的课堂形式。最终目的是变老师的教为学生的学，实现教学方式的转变，实现学生素养的生成和提升。

总之，在“做中学”理念下的小学课堂教学实践研究中，我们有了较清晰的目标和思路，但仍有诸多问题和困难。今后我们会继续潜心钻研，不断突破，不断收获。

小学语文革命文化题材类文本深度学习策略初探

保定市顺平县逸夫小学 王英华

《义务教育语文课程标准（2022年版）》明确规定，语文课程的学习内容中“体现中华优秀传统文化、革命文化、社会主义先进文化的作品，应占60%—70%”。建立文化自信是新课标的要求之一，而继承和弘扬革命文化是建立文化自信的重要内容。部编版小学《语文》教材中革命文化题材类作品有40多篇（段），约占课文总数的14%。学好这类课文，让学生从中汲取成长的力量，对落实立德树人根本任务、增强文化自信，具有不可替代的作用。

革命文化的继承与弘扬，课标有要求，教材有安排，但要学生透彻理解革命文化题材文本的精神实质并不容易，教学中存在以下问题：

第一，单元双线难融合。部编版《语文》教材采用人文主题、语文要素“双线组元”的编排体系，教学中容易出现两种倾向：一是双线失衡。教学过程中过于强调文本的思想性，忽视对语言文字的理解与运用，将这类语文课上成了思想品德课。学生也容易被其鲜明的思想性和教育性牵制，忽视对语言文字的品味。还有一种情况就是过于偏重语文要素的训练，淡化课文中的文化熏陶，顾此失彼。二是双线分离，或先语文要素后人文主题，或先人文主题后语文要素，缺乏融合。

第二，教学内容碎片化。以单篇课文为主的课堂教学缺少统整，缺少归类与关联，缺少基于革命历史的系统性和完整性的学习体验，以及对学生持续式、浸润式的精神熏陶，无法达成“学生认同中华文化，对中华文化的生命力有坚定信心”的课程目标。

第三，人物形象标签化。革命文化题材类课文的文化价值往往体现在文本塑造的英雄人物身上。许多教师在教学此类文本时，习惯运用“求证式”思维。如讲授《军神》一课时，先明确刘伯承是“军神”，再去求证他“神”在哪里。这种“求证式”思维能迅速把握文本的核心价值，但对人物形象的理解容易标签化，难以引发深刻感悟。

第四，文本理解概念化。教师重人文主题轻语文要素，文本理解概念化，教学价值模糊。革命文化题材类文本所讲述的故事大都发生在特定的历史背景下，与现今学生的生活体验存在巨大差距，导致学生对文本的理解只是概念化的。学生对故事背后隐含的革命文化认知存在差距，导致革命人物形象难以浸润心灵，学生很难深入品悟作品内涵。

第五，多种资源难统整。革命文化题材类文本在教学时，老师们都会补充相关资料，一是为了拉近学生与文本的距离，同时也是落实语文要素的需要。但是，教学中很多资源的呈现几乎是原生态样貌，没有经过筛选、梳理、精简、整合与再加工，造成了资源堆积，影响学生对文本的亲密接触。比如对人物的介绍，生平事迹、重大贡献等面面俱到，篇幅过长，陌生词太多，学生读一遍都需要比较长的时间，更别说消化理解了。

革命文化题材类文本无论是在人物的塑造上、故事情节的逻辑上，还是在文化的对应点上，都有自己独有的特质和内涵。但受历史时空及学生生活现实的影响，对故事的背景、情节、人物言行，甚至是文本价值等存在着理解与认知的难度或差距。这就需要一个宏大的革命背景构建更广阔的阅读视野，围绕学习主题，以语文实践活动任务为目标，策划相互关联的系列学习活动，让碎片化的教学内容变成集成化的教学板块，助推学生对故事情节、人物行为进行深层次、多维度的感受、思考、品味、体验，激活学生对革命人物的敬仰，让革命文化润物无声地内化于心、外化为行，促进学业质量的提升、核心素养的落地。

一、做好顶层设计，落实以文化人

新课标在“课程实施”中提出“全面把握语文教学的育人价值，突出文以载道、以文化人。把立德树人作为语文教学的根本任务……”，这就要求语文教师要进一步立足学科，加强社会主义核心价值观的思想引领，增进融合，力求实现语文教学与思政教育的同向共行，更好地践行学科育人理念。革命文化题材文本无疑是语文课程进行思政教育的最佳载体。

部编版《语文》教材从四年级开始，专门编排了五个以革命文化为主题的单元，分别是四年级上册第七单元“家国情怀”、五年级上册第四单元“爱国情怀”、五年级下册第四单元“责任”、六年级上册第二单元“革命岁月”、六年级下册第四单元“理想信念”。对革命文化题材类的文本指导周期可以突破惯常的两三课时的约束，根据单元主题和文本特点，以学期为单位，集中力量，拓宽渠道，创设情境，整体规划，开放设计，进行以“讲、演、诵、荐”为主的四位一体、互相衔接的系列学习活动，以激发学生对革命文化的兴趣和热情。

如部编版《语文》教材六年级上册第二单元围绕“革命岁月”这一主题，编排了《七律·长征》《狼牙山五壮士》《开国大典》《灯光》《我的战友邱少云》五篇课文，阅读链接是毛主席写的《菩萨蛮·大柏地》。整个单元既有鲜明的价值导向，又丰富而不单调。虽然反映的是不同革命斗争阶段的事情，但其表现的精神主旨是统一的，旨在引导学生感受革命者英勇斗争、不怕牺牲的革命英雄主义精神和在艰苦卓绝的斗争中表现出来的积极向上的革命乐观主义精神。

本单元教学可进行贯穿整个学期的学习活动顶层设计：以“我是红色基因传承人”为主题，除课本内容的教学外，链接长征故事和伟人诗词，多角度、多层次地设计学习活动。活动一：讲好长征故事，传承革命精神。活动二：演绎经典片段，感受人格魅力。活动三：诵读革命诗词，感受伟人的胸襟。活动四：荐先辈人物卡，激励自我成长。学生以小组为单位，搜集、阅读、整理长征故事，以讲述长征故事或演绎经典片段的方式在全班展示。在毛主席诞辰纪念日之际，举行“诵读革命诗词，感受伟人胸襟”的诗词朗诵会，领会诗词背后蕴含的革命精神，感受伟人的胸怀。最后让学生自制“我最敬佩的革命先辈”人物推荐卡，通过这一真实情境的创设，使学生的阅读有目的、有方向，既是对课内所学语文要素的实际演练，也是在潜移默化中实现革命文化题材文本不可替代的育人功能。

我最敬佩的革命先辈

推荐人物	
作品来源	
精彩片段摘抄	
推荐理由（感悟革命精神）	

二、创设学习场景，凸显“红色印记”

（一）链接影视和书籍

革命文化题材类文本都是经典、真实、感人的人物、事件、战役，都曾被搬上银幕，有着丰厚的影视资源。这些影视资源就是开放的红色学习场。寒暑假布置观看红色电影和阅读红色书籍的任务，教师可以根据新学期革命文化题材课文内容，推荐学生假期观看相应影视剧并阅读红色书籍。学期中，在进行革命文化单元教学前，可以组织全班学生集中观看与课文内容相关的影视作品，读红色书籍。如此提前规划，在教学之前多次链接影视和书籍资源，构建开放的红色学习场，让学生基本看懂红色年代故事，初步走近那个年代的人物，把握大概内容，了解人物的基本性格、品质。课堂教学中，故事高潮部分，可以再次链接影视精彩片段，如《狼牙山五壮士》英勇跳崖片段、《军神》刘伯承手术中片段等。这些影视片段的嵌入，可以把学生带入情境，使其切身感受到英雄的精神品质。

（二）多角度呈现资料

革命文化题材类文本要让学生真正理解文章的内容和情感，就需要教师指导学生做好课前预习工作，搜集一些与课文内容相关的图片、视频等资料，让学生适当了解相关背景。学生搜集资料时，教师要根据课文内容给出大致的方向和范围，不要漫无目的地大量搜集资料。课上对资料的使用也要适时、适当，避免由于过度使用资料影响学生对课文语言的深入品味。最主要的还是要让学生深入课文的语言文字，去把握作品内容，感受人物形象，受到情感熏陶。

如《狼牙山五壮士》可借助特殊词语搜集史料。文中的“狼牙山”“晋察冀根据地”“游击战争”是关系战斗发生地点和方式的关键词，引导学生课前搜集、梳理相关图片、视频等资料。课上组织学生阅读交流，去感受狼牙山的山势险峻，读懂课文“棋盘坨”“悬崖绝壁”“滚落深谷”“屹立顶峰”等词中的画面和背后意蕴，去感知革命者建立根据地、开展游击战的艰辛与智慧，感悟在那战火纷飞、艰苦卓绝的革命岁月所生发的爱国情怀和民族大义的价值意义。

《不懂就要问》可分组搜集展示资料，如人物介绍、人物故事、人物图片、背景材料、实物图片等。可以这样布置搜集资料的任务：第一组同学搜索并打印关于孙中山的一段文字介绍；第二组同学搜索关于孙中山的一个故事；第三组同学搜索孙中山的一幅图片，用几句话介绍……鼓励学生课前交流，掀起“孙中山热”。学生浸润式地学习《不懂就要问》一课，没有了陌生感和隔阂感，对孙中山的故事很感兴趣，对孙中山的言行模仿得活灵活现，对孙中山“不懂就问的品质打心底里感到敬佩”。

三、植根语言文字，浸润革命文化

陈先云指出：要做到“文道统一”，把学习、理解、运用语言文字与感受人物形象和美好品德融为一体。革命传统类课文是学习语言的好材料，除了让学生体会其鲜明的人文性，受到爱国主义、革命传统教育外，同时要紧扣单元语文要素，着眼文本特色，植根语言文字，引导学生在理解内容、品味语言文字的过程中，受到革命文化的浸润和熏陶，让学生获得语言与精神的同构共生。

（一）识字写字中触摸英雄

关键词句的梳理与运用是读懂故事、感受形象的基础。新课标对字词学习有明确的指向，如“体会汉字蕴含的智慧”“注意词语的感情色彩”“能发现富有表现力的词句和段落，并尝试在自己的表达交流中运用”等。《狼牙山五壮士》一文用词带有强烈的感情色彩，梳理、整理革命故事中的字词，借助文本语境去尝试表达独特的感受，对触摸英雄有着事半功倍的效果。

学生在自读课文的过程中，梳理出描写日寇的词（大举进犯、横七竖八、坠落山涧、粉身碎骨、叽里呱啦、滚落深谷）和描写五壮士的词（全神贯注、昂首挺胸、居高临下、斩钉截铁、热血沸腾、惊天动地、气壮山河）。采用小组对读的方式，感受词语的情感，发现敌人的凶残、狼狈和革命者的正气凛然、英勇无畏，感受运用爱憎分明的褒贬词语进行表达的神妙，进而发现英雄的形象与智慧，获得心灵的初次碰撞，初步感受英雄形象。

（二）描写方法中感悟英雄

1. 揣摩细节描写，领悟革命精神

革命文化题材作品往往通过细节描写来刻画人物、塑造形象。如六年级上册《狼牙山五壮士》第 2 自然段，既有对每位战士的细致刻画，又有对五位壮士群体形象的描写。教学时，结合课后第 2 道思考题，从抓住人物的语言、动作、神态的描写中品味、发现用“点”的方法表现战士的细节描写。首先，聚焦“个体特写”，教师引导学生关注战士们的神态和动作，抓住“沉着地指挥”“大吼一声”“抡一个圈”“全神贯注地瞄准”等词句加以品味，体会每位战士都充满了英雄气概，但在描写上又各有特点，符合人物的身份和性格。其次，关注“群像描写”，教师引导学生找出描写五位战士群体的句子，并交流描写场面的方法，体会五位壮士作为一个战斗群体的团结勇敢。并由此拓展到文本的相关语段，体会用“面”的方法概括群体形象，感受出群像的整体性及个体的差异性，进而明白“点面结合”的描写方法有效地将五个战士阻击敌人的画面融为一体，既有变化，又有层次。

2. 聚焦环境描写，感受表达神妙

革命文化题材类文本中的环境描写对渲染紧张气氛、凸显人物形象、暗示情节发展有着不可替代的作用，可以引导学生聚焦环境描写进行专题研究，丰满人物形象，领悟表达方法。

如在《手术台就是阵地》的教学过程中，可以引导学生自主发现三处环境描写的句子：

①突然，几发炮弹落在小庙前的空地上。硝烟滚滚，弹片纷飞，小庙被烟雾淹没了。

②敌机不断地在上空吼叫。炮弹不断地在周围爆炸。

③一连几发炮弹落在小庙的周围。庙的一角落下了许多瓦片。挂在门口的布帘烧着了，火苗向手术台扑过来。

教师设计前后关联的三个问题：

（1）从这三处环境描写中，你发现了什么？

（2）战火已经蔓延至小庙，为了保证白求恩的安全，师卫生部长恳求白求恩撤离。部长为何做出这样的决定？

（3）可是白求恩认为自己是一名八路军战士，不能撤离，从中你感受到了什么？

在关键性问题的引领下，聚焦环境描写，借助白求恩资料的呈现，使学生在深度思考、表达交流中发现，在处境越来越危险的时刻，本是加拿大人的白求恩并没有把自己当客人，而是当作一名八路军战士，和中国人民并肩作战，这就是伟大的国际主义精神。通过对环境的专题探究，伟大的国际主义精神在学生心中就丰满起来，不再是概念化的主题了。

3. 关注谋篇布局，促进思维发展

革命文化题材类文本的教学，要整体观照，发展学生的思维。如六年级下册《为人民服务》是小学生接触的第一篇议论文，文章论点鲜明，逻辑严密，用词严谨，是说理性文章中的典范。教学时，除了要达成单元重点目标“查阅相关资料，加深对课文的理解”，也要落实其个性目标“体会课文严谨的结构，把握各段之间的联系”。可以这样安排教学：第一，厘清层次，体会文章的内在逻辑。结合课后第 2 道思考题“说说课文围绕‘为人民服务’讲了哪几方面的意思”，让学生厘清课文第 2—4 自然段与第 1 自然段的逻辑关系，初步体会“为人民服务”的思想内涵。第二，调换比较，体会作者是怎样表达观点的。比如，第 2 自然段中作者先引用司马迁的名言证明观点，再说明两种“死”的不同意义，最后引用张思德的例子，论证自己的观点。通过语序变换，引导学生体会句与句之间的逻辑关系，加深对文章观点的理解，促进学生思维的发展。

4. 借助课后习题，优化教学设计

部编版《语文》教材十分注重课后练习的规划和设计，每一篇精读课文后面都配有两三道练习题，与课文内容浑然一体。这些课后习题，一方面紧扣单元人文主题，与文本内容无缝衔接；另一方面蕴含着丰富的语文要素，聚焦单元训练重点。在教学中，教师要用心体会编者意图，对课后练习进行解读、梳理并合理使用，使之成为有效的教学资源，以落实语文要素，促进学生语文素养整体提升和协调发展。如《狼牙山五壮士》一文，课后第一道练习题是：朗读课文。根据课文内容填一填，再讲讲这个故事。课后习题以填空形式将故事情节分成了五部分，接受任务→痛击敌人→诱敌上山→顶峰歼敌→英勇跳崖，呈现了故事的起因、经过、发展、高潮。借助这道练习题，引导学生初读全文，厘清课文结构并用概括小标题的方式梳理文章层次，再让学生根据小标题的提示，连起来说一说这个故事，达到整体把握文章内容的目的。

5. 搭建学习支架，落实语言训练

支架式教学鼓励学生自主探索、合作学习，通过搭建学习支架提供适当支持，引导学生从不同角度思考问题，帮助学生克服困难，激发创新思维。如《为中华之崛起而读书》一文，记叙了少年周恩来耳闻目睹了“中华不振”的事实后，立志要为中华之崛起而读书的故事。文章比较长，一共讲了三件事情，且第一件事是后两件事的结果。本课所处单元的语文要素是：关注主要人物和事件，学习把握文章的主要内容。课后第一道练习题是：默读课文，想想课文讲了哪几件事，再连起来说说课文的主要内容。这一练习可以帮助学生厘清文章的思路。但该练习缺少一些抓手，对于四年级第一学期的学生来说有一定的难度。为了指导学生更有效地落实本单元语文要素，将课后第一题进行细化，设计成一张表格，以填空的方式降低难度，为学生搭建学习支架，提供思考路径，在此基础上再让学生说说课文的主要内容就水到渠成了。

事件	时间	地点	主要人物干什么
1	新学年	修身课上	周恩来表明志向，要“为中华之崛起而读书”
2	十二岁那年	奉天	听伯父说“中华不振”，周恩来疑惑不解
3	一个星期天	被外国人占据的地方	看到的场景让周恩来真正体会到了“中华不振”

（三）逐层深入中对话英雄

革命文化题材类文本中英雄人物形象很多，每个人又都是立体而多元的，学生从动作、语言、神态描写中读懂人物品质不难，难点在于学生容易将人物形象平面化，可能会用一些刻板的词语直接给英雄贴上“标签”。教学时，可以设计层层递进的问题，使学生与英雄进行心灵对话，从而深刻理解英雄人物在生死抉择面前的内心世界，并与之产生共鸣。

如《小英雄雨来》一课，可设计层层递进的三个问题，带领学生走进人物内心，使雨来形象逐渐丰满而立体起来。

（1）感受雨来的孩子形象：雨来是个怎样的孩子？

学生品读相关句子：“雨来浑身光溜溜的像条小泥鳅，怎么也抓不住。只听见扑通一声，雨来扎进河里不见了。”“雨来像小鸭子一样抖着头上的水，用手抹一下眼睛和鼻子，嘴里吹着气，望着妈妈笑。”近距离感受到了雨来调皮可爱的形象，一个活脱脱的“游泳健将”呈现在我们面前。

（2）感受雨来的小英雄形象：雨来又是一个怎样的小英雄？

学生找到相关句子并进行交流，“雨来怕揉坏了……”看似平淡的心理描写，却表达着雨来对书本的爱，这也正是他细心包上书皮、小心写上姓名的原因。更深一层的原因是书上写着：“我们是中国人，我们爱自己的祖国。”由一处不起眼的心理描写开始，走进雨来内心，感受到雨来炽热的爱国之心，这是下文雨来勇救交通员、智斗鬼子的情感铺垫。

学生找到的句子还有：

①雨来用手背摸了一下鼻子，嘟嘟囔囔地说：“我在屋里，什么也没看见!”

②雨来摇摇头，说：“我在屋里，什么也没看见!”

③鬼子打得累了，雨来还是咬着牙，说：“没看见!”

品读人物描写的细节之处，走进小英雄的内心世界，面对敌人的咄咄逼人、严刑拷打，雨来沉着镇定、英勇无畏的英雄形象在学生心中逐渐清晰起来。

（3）丰满雨来的小英雄形象：领悟文本表达的神妙。

教师：敌人如此凶狠可怕，扁鼻子军官都气得暴跳起来，嗷嗷大叫了，可是雨来却——

学生：雨来还是咬着牙，说——“没看见!”

教师：这个故事中，雨来只有寥寥数笔，对敌人却从语言、外貌到动作，写得非常详细。作者为何这样安排呢?

借助这一问题，引导学生探究。作者通过敌人的凶残，反衬雨来的沉着冷静、勇敢无畏。雨来是真正的英雄。

随着学生逐层深入文本，使雨来从“概念化英雄”到“血肉丰满型人物”，进一步感受到雨来是一个智勇双全的小英雄，从心底产生敬佩雨来的情感。

（四）表达交流中礼赞英雄

1. 讲好英雄故事

新课标在各个学段明确提出了讲述、复述、评析革命英雄人物故事的要求。部编版《语文》教材革命文化题材类文本中，大多在课后思考题中有讲述故事的明确要求。革命文化类课文的教学聚焦故事讲述，符合新课标精神与教材编写意图，符合学生身心发展和认知规律。学生借讲述故事记住英雄人物、英雄故事，就能自然而然地受到熏陶感染和激励鼓舞。

2. 描绘英雄塑像

在革命文化题材类文本的教学中，讲述故事是主要任务。讲述故事有三种类型，第一类是讲述故事，相当于详细复述；第二类是说说主要内容，相当于简要复述；第三类是为解决问题而叙述事件，相当于整合信息、搜集证据、内化语言、形成观点看法。描绘英雄塑像就属于第三类讲述。如《狼牙山五壮士》借助课后第三道习题，引导学生关注人物群体或战士个体的语言、动作、神态描写，以“狼牙山革命纪念馆需要为英雄塑像，你会怎样设计人物造型?”为情境，让学生选取文本相关语言内容进行描述，再以角色代入的方式，展示设计造型，说明设计理由，让人物塑像直观鲜活起来。也可以以“如果你是狼牙山战役幸存者葛振林或宋学义，你会重点讲述哪个场面?”为支架，将文本语言进行内化，加入所思、所想，转换为有声语言，生动形象地重温激烈的战斗场面，品味英雄浴血奋战的场景。

3. 撰写英雄颁奖词

以“感动中国”为背景，创设“巍巍燕山高，潇潇易水寒。狼牙山五壮士以身殉国的民族气节惊天地、泣鬼神，感动了全国人民。在纪念狼牙山战役 84 周年之际，请你写一段颁奖词以慰壮士之英魂”的情境，引导学生结合战斗场景和革命精神，用简洁的语言写一段颁奖词。如，面对日寇的大举进犯，他们视人民群众的生命至上，在生死抉择中，毫不畏缩，敢于战斗，奋勇拼搏，视死如归，展现了革命者坚定的理想和信念。群山为证，精神永垂，他们创造的历史，在那个时代烙下了英雄的印记。

（五）拓展延伸中敬畏英雄

由于小学生历史知识普遍欠缺，受生活经验、成长环境等因素影响，加之革命文化题材类文本的写作背景距离学生现实生活比较遥远，这使学生很难走进革命英雄人物的内心，在情感上难以产生共鸣。在文本教学过程中，可推荐相关阅读材料和实践活动，让学生在更广泛的阅读和实践中对英雄产生敬畏之情。如《狼牙山五壮士》一文中，五位壮士一起跳下山崖，作者没有写他们是否牺牲，那他们牺牲了吗？哪几位活了下来？他们是怎么活下来的？让学生搜集资料，了解事情的来龙去脉后，会带给学生更多的思考。六年级下册《十六年前的回忆》一课，为了进一步拓展对革命先烈的认识，可以布置拓展型学习任务：“无数革命先烈为了民族解放和人民幸福，浴血奋战、前仆后继。李大钊、刘胡兰、董存地瑞……他们在革命事业的道路上谱写了壮烈的篇章。查找资料，了解先烈的革命事迹，和同学交流。”开展主题实践活动，搜集革命先烈的故事，举办革命英雄人物的故事演讲会，将语文的意蕴、革命的精神、儿童的兴趣融为一体，让学生在自然无痕中获得熏陶，感受革命英雄人物的光辉形象。

四、篇本类联读中，感受经典力量

“篇本类”联读是站在学生视角，引导学生在单篇课文的学习中习得阅读方法，在整本书的阅读中尝试运用方法，再在一类书的阅读中自主运用方法，最终习得阅读之法的教学过程。

聚焦语文要素，指导学生读“篇”。如六年级上册第二单元的人文主题是“重温革命岁月，把历史的声音留在心里”，语文要素是“了解文章是怎样点面结合写场面的”。在单篇教学中，教师要结合文本特点，遵循阅读规律，设计能够促进学生感悟作者表达方法的阅读活动，引导学生自主与文本对话、与作者对话，阅读与表达相结合。在单元课文学习后，可选取《闪闪的红星》进行整本书阅读。教师引导学生尝试运用之前学到的感受整体面貌和研读局部细节相结合的方法，设计辅助性阅读活动，让学生亲历红色经典整本书阅读的过程。学生经历了单篇的方法指导和整本书的方法运用，对阅读红色经典已较为熟练，在此基础上，教师可以引导学生自主选择红色经典作品，在自主阅读中完成对阅读方法的吸收和内化。教师向学生推荐几本红色经典作品，如《小兵张嘎》《铁道游击队》《两个小八路》《刘胡兰传》等，由学生根据自己的阅读兴趣和阅读能力选择。教师协助学生制订一本书的阅读计划，开始读书后，定期组织分享和交流活动，随时展示学生阅读中的“成果”，并巧妙点拨，促进思维的深入。

五、链接本地资源，传承红色基因

在抗日战争时期，我们的家乡就是晋察冀革命根据地的一部分。在那个战火纷飞、全民抗日的年代，这里同样是血与火的战场，同样涌现了无数抗日英雄，小英雄王璞就是其中一位。

王璞，1929 年出生于河北省顺平县大悲乡野场村。11 岁时被推选为村儿童团团长，带领小伙伴站岗放哨、给八路军送信带路，积极投身抗日斗争。后来，

1943 年春天，日军“扫荡”野场村。当时的八路军，为了躲避日军的“大扫荡”，都转移到了安全地带，而那些带不走的军需物资，就埋在野场村附近。日军把野场村及附近村子的村民“堵”在野场村的桃树沟里，用机枪、刺刀威逼村民说出八路军军需物资的藏匿地点。所有人都沉默着。这时，站在最前面的王璞开口了。他说：“我们都是老百姓，我们什么都不知道。”于是其他人也都附和着说不知道。日寇的每次逼问，王璞总是第一个开口，王璞开了口，其他的人或附和，或沉默。日军因此恼羞成怒，用机枪向人群扫射，包括王璞在内的 118 名无辜群众惨遭杀害。这就是侵华日军在顺平县制造的“野场惨案”。

不顾个人生死奋勇杀敌的是英雄，面对凶残如野兽般的敌寇敢于率先说“不”的，当然也是英雄。王璞面对敌人的威逼利诱，坚决保守秘密，与母亲及百余名群众惨死在敌人的枪口之下，年仅 14 岁。王璞的行为体现了他的英勇和坚定立场。作为儿童团团长，他不仅协助八路军工作，还在面对日军的威胁时，勇敢站出来，拒绝提供任何有关八路军的信息。他的行为不仅展现了个人的勇气和决心，也激励了当地的抗日斗争。后来，王璞被授予了“抗日民族小英雄”称号。

“野场惨案”背后的历史背景是侵华日军在 1943 年对晋察冀边区进行的“扫荡”，和狼牙山五壮士的故事发生在同一个历史时期。教学《狼牙山五壮士》一文时，链接这段本地革命文化资源，就能为课堂教学提供更多生动、具体的素材，使教学内容更加丰富多样，弥补教材文本的局限性。学生从多维度了解革命文化的同时，也感受到革命文化并非遥不可及，而是就在我们身边，从而增强了对革命文化的亲近感和认同感，更容易产生情感共鸣，更能深刻地理解和接受革命文化的内涵。本地革命文化资料的呈现让学生将当地的革命历史与更宏观的历史背景相结合，深化对历史的全面认知，帮助学生建立起更完整、系统的历史观。通过了解本地的革命文化成就，在激发学生对家乡的热爱和自豪感、培养他们乡土情怀的同时，还增强了学生对本土文化的自信。这种自信能够延伸到对整个民族文化的自信，从而培养民族自豪感。

在教学一篇革命文化题材类文本时，使用的策略并不是越多越好，而在于适合。革命文化题材的课程教学要遵循“基于文本，适度广于文本、高于文本”的原则，通盘考虑革命文化、实践活动方式、儿童学情等教学的关注点、学习点、生长点，构建一个多维的学习、实践、评价视野，去讲述革命故事，让红色基因代代传承。

部编版小学语文高段课后小练笔类型梳理及教学策略

保定市顺平县逸夫小学　薛丽娟

小练笔是一种介于造句练习和习作之间的随文表达训练，它以篇幅短小、形式多样灵活为特点。部编版小学《语文》教材中的课后小练笔围绕课文中某一个教学难点或重点进行片段练习，由读学写，达到读写结合，不仅能有效促进学生深入领悟文本，同时可以让学生在语言实践运用与体验中产生情感的共鸣，培养学生稳定的思维品质，提升学生的语文读写素养。本文对部编版小学《语文》教材高段课后小练笔类型进行了梳理，并结合小练笔的教学现状，立足于五、六年级学生的年龄特点与思维阶段，探究切实可行的课堂教学实践策略。

一、部编版小学语文高段课后小练笔类型梳理

部编版《语文》教材五、六年级编排随文小练笔共计 12 次（含选做题），主要包括以下几种类型：

（一）仿写型

仿写，就是模仿写作，具体来说就是模仿名家范文进行写作训练。在小学高段，仿写要求学生在理解、把握课文内容和写作方法的基础上，根据自己的生活经验和对事物的认识，写出在形式上与课文相似又具有个性的内容。仿写不是机械模仿，更不是照搬照抄。仿写在借鉴范文的同时，又要发挥独创精神。

《义务教育语文课程标准（2022 年版）》中，“阅读与鉴赏”和“表达与交流”是密切关联、相辅相成的两个重要方面。“读”是学习语言的基础，“写”是学习语言的深化，“读”能促进“写”，“写”能升华“读”。仿写是联结“读”和“写”的常用方式。在部编版小学《语文》教材高段课后小练笔中，这一类所占的比重最大，主要包括仿写段落和仿写篇章。

仿写段落，即按照课文中某个段落的结构特点、语言特点进行仿写。如六年级上册《少年闰土》第 1 自然段，作者通过对环境、人物外貌、动作的描写，刻画了一个健康活泼、机智勇敢的少年闰土形象。课后小练笔是仿照课文的第 1 自然段，写一写自己的一张照片。

仿写篇章，即对文章整体结构的仿写。如六年级下册《真理诞生于一百个问号之后》课后小练笔：仿照课文的写法，用具体事例说明一个观点，如“有志者事竟成”“玩也能玩出名堂”。

（二）改写型

改写，就是在忠于原文内容的基础上进行“再创作”。可以改变文体，如将诗歌改写为散文；可以改变语体，如将文言文改成白话文；可以改变叙述角度，如叙述人称的改变；也可以是缩写或续写，可以从各个角度进行改写。如五年级下册《猎人海力布》的课后小练笔：根据课文内容，给那块叫“海力布”的石头写一段话，简要介绍它的来历。五年级下册《古诗三首》的课后小练笔：根据古诗内容，展开想象，选择其中一首改写成短文。

（三）拓展型

部编版《语文》教材的课后小练笔有一部分是对课文内容或主题的延伸与拓展。如五年级上册《慈母情深》一课，“我”到母亲工作的地方要钱买书，目睹了母亲挣钱的不易，当“我”拿到钱后鼻子一酸，课后小练笔是写一写自己“鼻子一酸”的经历。

（四）留白型

部编版《语文》教材中的许多课文都有一些留白之处，这些有意无意的留白处，往往可以给读者提供广阔的想象空间，也是学生进行小练笔的素材。如六年级上册《穷人》课后的小练笔：沉默中，桑娜会想些什么呢？联系课文内容，写一写桑娜的心理活动。

二、课后小练笔教学现状分析

小练笔教学现状不容乐观，许多教师在教学过程中随意性较强，不能达到练笔的效果，主要体现在三个方面：一是在练笔前没有明确要达到的目的。教师在课前没有认真研读文本，训练目标不明确，在小练笔环节，教师直接出示练笔要求，导致学生无从下笔，不知从何写起。二是练笔时对学生缺乏指导。在学生自主完成小练笔的过程中，教师应该巡视，及时发现学生出现的问题，并进行有针对性的指导。但在日常教学中，不少教师在学生练笔时只是站在一旁，对学生的练笔过程置若罔闻，还有的教师把小练笔布置为作业，让学生在课下完成，教师对学生在练笔过程中出现的问题进行必要的指导，更是无从谈起。三是练笔后没有发展和提升。在学生完成小练笔后，大部分教师采用的点评方法是把优秀的小练笔成果让学生读一读，至于它好在哪里，怎样才能使其更好，很少涉及，对写得不理想的小练笔更是缺乏必要的引导、点拨。

三、小练笔的教学策略

要提高小练笔的质量，离不开教师对教材的深入研究，确定小练笔的训练重点，需要教师细致的指导。如何根据每次小练笔的要求确定“小练笔”的教学策略呢？现结合自己对小练笔教学的理解以及在实践中的探索，梳理一些切实可行的提升小练笔质量的策略。

（一）语言内容、形式并重

小练笔不仅要关注内容的拓展，同时也要关注语言形式，以提高学生的语言表达能力。如五年级下册《手指》的课后小练笔：仿照课文的表达特点，从人的五官中选一个，写一段话。从内容上看，课文第 2—5 自然段从五根手指的特点和作用两个方面进行了介绍；从语言形式上来看，作者运用了拟人的手法，将语言描写得幽默风趣。结合本单元语文要素“感受课文风趣的语言”，将本次小练笔要求具体化，调整为：从人的五官中选一个，尝试运用拟人的手法，介绍它的特点和作用，写一段话。经过调整，小练笔从语言内容和语言形式两个方面都有了更加明确、具体的要求，更有助于语文要素的落地，提高学生的表达能力。

（二）搭建支架，提升练笔有效性

小练笔虽冠以“小”的名头，其实难度不小。在教学中，教师更应关注“怎么写”，必要时搭建支架，为学生提供帮助，常用的支架有例文支架、图示支架、问题支架等。

如五年级上册《落花生》的小练笔：花生会让我们想到那些默默无闻做贡献的人。看到下面的事物（竹子、梅花、蜜蜂、路灯），你会想到哪些人？选择其中一个，试着写一段话。这次的小练笔是对课文主题的延伸，结合这些事物的特点联想到人的品质，进而联想到具有这些品质的人。学生会说看到路灯想到每天默默奉献的环卫工人，看到梅花想到顽强不屈的革命者，看到蜜蜂想到在田间辛勤劳作的农民伯伯……但具体应该怎么写？如果没有教师的指导，学生很难完成。这时就可以为学生提供一个例文支架：“蜜蜂是自然界中非常普通而勤劳的昆虫。它不像蝴蝶那样拥有美丽的翅膀，也不像甲虫那样拥有坚硬的铠甲。它们不辞辛劳地穿梭于花草之间，默默地采花酿蜜，从来不求回报。就像农民伯伯，没有华丽的外表，终日与泥土为伴，却用汗水为我们换来粮食、蔬菜、水果……”通过例文，指导学生先描述事物本身的特点，再把事物和其他同类事物进行对比，进而找到事物和人物的共同点，由物过渡到人，最后写出人物的具体行为和品质。这样一来，可以有效地为小练笔提供章法支持。

（三）关注学生差异，分层设计梯度

小练笔较之于单元习作，虽然难度较小，但也要考虑到学生的表达能力存在差异，所以教师要根据学情和教学目标设计语言训练的梯度目标，由易到难、由浅入深、分层设计、逐步实施。如六年级上册《少年闰土》的课后小练笔：仿照课文的第 1 自然段，写一写自己的一张照片。课文第 1 自然段，从内容上来看，描写的是“我”记忆中闰土看瓜刺猹的场景，刻画了一个机智勇敢的少年闰土形象；从写法上来看，先写环境，再抓住人物的外貌和动作进行详细描写。结合本单元语文要素“通过事情写一个人，表达出自己的情感”，做如下梯度训练：一是达标梯度：对照片中的环境进行描写，对其中的人物至少从外貌、动作两个方面进行描写。二是拓展梯度：通过对照片中环境的描写以及人物的外貌、神态、动作等描写，运用适当的修辞手法，表现出人物特点或人物当时的心情。达标梯度落实本次练笔的教学目标；拓展梯度落实语文要素，为单元习作奠定基础。

（四）借助评价量表，落实教学评一体化

评价量表是课堂教学评价的重要工具，对小练笔教学来说，不管是练笔前对学生写作内容、写作方法的指引，还是练笔后的评价，都能起到一个支架的作用。如五年级上册《慈母情深》的课后小练笔：联系上下文，说说为什么“我”拿到钱时“鼻子一酸”。你有过“鼻子一酸”的经历吗？试着写一写。这次小练笔与课文内容联系非常紧密，课文中的“我”家境贫寒，亲眼看到瘦弱疲惫的母亲那样辛苦忙碌地工作，却毫不犹豫地给“我”买书的钱，让“我”深刻感受到了母亲对自己的爱，内心充满了感动，同时也觉得自己不应该要钱买书，有些自责，所以当拿到钱后，鼻子一酸。可以说这篇课文本身就是这次小练笔的一个示例，但如果要求学生以课文为范例，进行仿写，写出自己“鼻子一酸”的经历，对于大部分学生来说，还有一定的困难。这时我们就可以在理解课文内容的基础上，出示评价量表：

评价量表

1	能写出引发自己“鼻子一酸”的所见、所闻	☆
2	能写出自己由见闻引发的联想、感受或行为	☆

借助评价量表，学生的写作有了清晰的思路，大多数学生能够有效地完成练笔。之后，学生还可以借助评价量表进行生生互评、自评，对自己完成的小练笔进行修改、完善，使小练笔的整个教学过程形成一个完整的闭环。

（五）结合学生实际情况，适当调整练笔要求

对于一些有难度的小练笔，教师可以根据学生的生活认知情况做适当调整。如六年级上册《月光曲》的课后小练笔：听一听自己喜爱的音乐，展开联想和想象，把想到的情景写下来。编者可能考虑到学生的实际情况，实施起来有一定的困难，所以这次课后小练笔是作为选做题出现的。也确实如此，对小学生来说，生活经验有限，这次小练笔有一些难度，但十一二岁的孩子都有多次过春节的经历，对过春节的情景都比较熟悉。所以我们将本次小练笔调整为：听交响乐《春节序曲》，结合自己过春节的生活体验，展开联想和想象，把自己想到的情景写下来。

综上所述，课后小练笔作为习作体系的重要组成部分，不是简单地“写一写”，需要教师充分理解教材的编排意图，用自己的教育智慧，创新教学方式，优化教学策略，进而提高小练笔的教学质量。只有这样，才能让小练笔在提高学生的表达能力、提升语文学科素养方面发挥更大的作用。

启智润心　文字生根

——低年级语文随文识字教学方法探究与实践

保定市竞秀区天鹅小学　刘晓颖

识字是低年级语文教学的重点基础内容。随文识字教学能够将识字与阅读有机结合，让学生在具体的语言情境中理解和记忆汉字，提高识字效率与阅读能力。如何在低年级语文教学中有效开展随文识字教学，是值得深入研究和探讨的课题。

一、随文识字在低年级语文教学中的重要性

（一）增强识字趣味性

随文识字避免了孤立识字的枯燥，将汉字融入生动有趣的课文故事、情境之中，使学生在阅读故事、感受情境的过程中自然地接触和认识汉字，激发学生识字的兴趣与积极性。例如在学习《四季》一文时，文中“草芽尖尖”“荷叶圆圆”等形象描述，让学生在感受四季特色的同时，对“尖”“圆”等字产生好奇与兴趣，更愿意主动去认识和记忆。

（二）促进理解与记忆

在特定的文本语境里学习汉字，学生能够借助上下文理解汉字的含义、用法和情感色彩。如在《动物儿歌》中学习“网”字，文中“蜘蛛结网”的描述，让学生看到蜘蛛在角落忙碌编织的画面，便能直观地理解“网”是蜘蛛用来捕捉猎物的丝状物，知晓其形状与功能。同时，在反复朗读课文，感受小动物们在各自场景里的活动时，对“网”字的记忆也在不知不觉中加深。这种理解性记忆有助于学生更好地掌握汉字并运用到实际表达中。

二、低年级随文识字教学的具体方法

（一）情境创设识字法

教师根据课文内容创设生动形象的情境，让学生在情境中感知汉字。比如在教学《雪地里的小画家》时，教师可以通过多媒体展示下雪的场景、小动物们在雪地上留下脚印的画面，同时呈现课文内容。当读到“小鸡画竹叶，小狗画梅花”时，学生在直观的情境中对“竹”“梅”等字有了形象的认知，理解这些字与相应事物的联系，从而轻松记住汉字。教《四季》这篇课文时，教师可利用图片、音频和角色扮演等手段创设情境，可展示春天的花朵、夏天的知了、秋天的谷穗、冬天的雪人等图片；可播放相应季节的声音，让学生分角色朗读并表演。如读到“草芽尖尖，他对小鸟说：‘我是春天。’”时，学生能直观看到草芽的形态，对“尖”字形象感知，理解其与草芽形状的联系，借助情境加深对汉字和课文的理解，提升学习兴趣与效果。

（二）字理识字法

依据汉字的构字原理进行识字教学，无论是象形字、会意字还是形声字，每种类型都有其独特的构字逻辑，有助于学生深入理解和记忆汉字。

象形字：以《口耳目》为例，课文中出现了多个象形字。如“日”字，教师可展示太阳的图片，让学生观察其形状，进而发现甲骨文的“日”字就像一个圆形，中间加一点，这一点代表太阳的光芒，演变至今成为现在的“日”字，学生能直观地从古人对事物的描摹中理解这个字的起源和含义，感受象形字的魅力，也能更好地记住字形。

会意字：以《日月明》为例，这篇课文是典型的会意字教学素材。教师在教学中可以详细讲解“明”字，由“日”和“月”组成，表示日月的光辉照亮之意，让学生明白会意字是由两个或多个独体字根据意义组合而成。再如“休”字，通过展示一个人靠在大树旁休息的图片，解释“亻”表示人，“木”表示树，组合起来就是“休”，使学生理解其含义并记住字形。

形声字：以《小青蛙》为例，文中的“清”“晴”“睛”“情”“请”都是形声字，以“青”字为声旁，表意部分各有不同。教师可以先讲解“青”字的读音和基本意义，然后展示清澈的水、晴朗的天空、眼睛、心情、请客等图片，让学生理解左边不同的部件代表不同的含义，而读音与“青”相近。如“清”，三点水旁表示与水有关，水清澈透明；“晴”，日字旁表示与天气有关，天气晴朗。通过这样的对比讲解，学生能掌握形声字的构字规律，举一反三地学习其他形声字，提高识字效率。

通过字理识字法，依据汉字的不同构字原理进行教学，能够帮助学生深入理解汉字的内涵，降低识字难度，增加识字的趣味性和有效性，为学生的语文学习打下坚实的基础。

（三）对比识字法

将相似的字放在一起对比教学，帮助学生区分。如在学习《比尾巴》一课时，文中有“巴”“把”“爸”等字，教师可以把它们同时展示出来，让学生观察其异同。“巴”字就像一条弯曲的尾巴，加上“扌”变成“把”，表示用手握住尾巴一样的东西，而加上“父”就成了“爸”，是对父亲的口语化称呼。通过这样的对比分析，学生能清晰地分辨出这些字的不同用法和含义，避免混淆，提高识字的准确性。

（四）联想识字法

引导学生通过联想记忆生字。以二年级课文《黄山奇石》为例，对于“仙”字，教师可以启发学生联想：“一个人住在高高的山上，像神仙一样自由自在，这就是‘仙’字。”再如“陡”字，教师让学生观察字形，想象一个人走在很“陡”的山坡上，山坡几乎是垂直的，“走”字旁表示与行走有关，“阝”像陡峭的山坡，这样学生通过联想画面，深刻记住了“陡”字的字形和含义，提高了识字效果，同时也培养了学生的想象力和思维能力。

（五）儿歌识字法

利用朗朗上口的儿歌帮助学生识字。在教学一年级课文《金木水火土》时，教师可以编写这样的儿歌：“一二三四五，金木水火土。天地分上下，日月照今古。一二三四五，宝宝来数数。金光照闪闪，木头做房屋。水流哗哗响，火苗跳跳舞。土地种庄稼，大家都幸福。”儿歌中反复出现课文中的生字，学生在欢快的节奏中反复吟诵，既能快速记住生字，又能感受到语言的韵律美，增强学习语文的兴趣。

三、低年级随文识字教学的注意事项

（一）把握识字量与教学节奏

低年级学生注意力集中的时间有限，教师要合理控制随文识字的量，避免一次性过多讲解生字导致学生负担过重、学习疲劳。根据课文长短、生字难易程度等因素，科学地安排每节课的识字量与教学节奏，保证学生有足够的时间理解和吸收。

（二）注重识字与阅读的平衡

随文识字不能只关注识字而忽视阅读教学的完整性。教师要引导学生在识字基础上理解课文的整体内容，体会情感，感受语言之美，让识字与阅读相互促进，协同发展。不能因为强调识字而将课文分割得支离破碎，破坏阅读的连贯性与整体性。

低年级随文识字教学是一种符合学生认知特点与学习需求的教学方法。通过情境创设识字、字理识字、对比识字、联想识字等多种方法的综合运用，并注意教学过程中的相关事项，能够有效提高低年级学生的识字效率与语文素养。教师应不断探索创新随文识字教学方法，为学生的语文学习奠定坚实基础。

小学语文教学课例

课例 1　《荷叶圆圆》教学实践

课例名片

年级：一年级（下）

设计者：刘晓颖（保定市竞秀区天鹅小学）

执教者：刘晓颖

指导教师：薛丽娟（保定市顺平县逸夫小学）

学习目标

1. 通过多种识字方法，进行随文识字，识记“珠”“摇”等 12 个生字和身字旁，理解“停机坪”“摇篮”等词语的意思。

2. 借助插图，联系生活实际，仿照“荷叶圆圆的，绿绿的”的句式进行说话练习。

3. 通过角色体验，有感情地朗读课文，感受夏天的美好。

重点难点

认识 12 个生字和身字旁，理解词语的意思；有感情地朗读课文，进行说话练习。

课前准备

“小水珠、小蜻蜓”等词卡、生字卡片、教学课件。

教学过程

一、谜语激趣，导入新课

1. 教师导入：孩子们，你们喜欢猜谜语吗？今天，老师给大家带来了一些谜语，看谁最快猜出来。

谜语一：有头没有颈，身上冷冰冰，有翅不能飞，无脚也能行。（猜一动物）

谜语二：一位游泳家，说话呱呱呱，小时有尾没有脚，大时有脚没有尾。（猜

一动物）

谜语三：好像一架小飞机，前后翅膀挨一起，睁大眼睛找小虫，吞到细细肚子里。（猜一动物）

谜语四：池里一只船，大水盛不满，小雨纷纷落上头，好似珍珠一串串。（猜一植物）

2. 学生猜谜。

3. 教师：今天我们就来学习一篇关于荷叶的小文章，请同学们齐读课题。

二、引导学生完成学习任务

任务一：荷塘美景我会说

学习活动：了解叠词，仿说句子

教师：荷叶跑到了池塘里，谁来说说荷叶长什么样？

课件出示句子：荷叶______

1. 学生交流：荷叶圆圆的，绿绿的。教师点拨，含有重叠字的词语叫作叠词。

2. 学生有感情地朗读，读出对荷叶的喜爱之情。

3. 仿写句子。

教师：你能仿照描写荷叶的方式来说说苹果吗？

苹果（　　　）的，（　　　　）的

____（　　　）的，（　　　　）的

教师小结：今后我们可以从事物的形状、颜色、味道等方面用叠词来描述。

设计意图：利用直观形象的多媒体课件资源，创设优美的情境，激起学生探究的欲望。通过仿写锻炼孩子们的语言表达能力。

任务二：荷塘伙伴我会认

活动一：欣赏视频，找小伙伴

教师：荷叶圆圆的，绿绿的，荷叶是夏天里一首清凉的小诗，荷叶是阳光下跳动的绿色音符，荷叶是小精灵们嬉戏玩耍的乐园。大家都喜欢与荷叶做朋友，都有谁呢？我们一起来找一找吧！

1. 学生观看课文朗读视频。

2. 集体交流：荷叶有哪些小伙伴。

预设：

小水珠、小蜻蜓、小青蛙、小鱼儿（教师随机在黑板上贴图画。）

活动二：再读趣闻，随文识字

教师：这些小伙伴不光在视频里，还跑到了我们的课本里。请同学们翻到这一课，大声朗读课文，注意读准字音，读通句子，不多字，不少字。同学们边读边思考：你最喜欢哪个小伙伴？说说你的理由。

1. 学生自由朗读课文。

2. 集体交流自己喜欢的小伙伴，教师相机引导学生识字，理解课文内容。

（1）预设：小水珠。

教师：谁来说一说，你最喜欢哪个小伙伴？为什么？

指名读描写小水珠的段落，说说喜欢的理由。

①认识生字“珠”。

教师：“珠”字，你有好办法记住它吗？

学生交流识字方法：王＋朱。教师板书：加一加。

②理解“摇篮”，认识生字“摇”。

教师：小水珠把荷叶当成了什么？（课件出示摇篮的图片。）

学习“摇”字，关注“摇”字的部首——提手旁，总结出带有提手旁的字大多数和手部动作有关，拓展带有提手旁的字：打、拍、提、挑、拔。

③认识生字“躺”。

教师：小水珠在荷叶上干什么呢？

根据学生的汇报，认识“躺”字，“身”和“尚”合在一起就是“躺”，引导学生观察身字旁的变形，让学生做动作感受小水珠躺在荷叶上舒服的感觉，指导学生朗读句子。

④认识生字“晶”。

教师：刚才讲解的时候老师发现大家听得特别认真，眼睛都亮晶晶的，这个字你们认识吗？（出示：晶。）你们知道“晶”字是怎么来的吗？

播放“晶”的字理视频，了解“晶”字的汉字起源。

⑤有感情地朗读。

教师小结：此时的小水珠心情怎么样（开心），现在我们就变身小水珠，一起通过朗读来感受一下小水珠和荷叶是怎么成为好朋友的吧。

师生合作读，学生齐读。

（2）预设：小蜻蜓。

教师：恭喜你们已经和小水珠交上了好朋友，大家还想和谁交朋友呢？

指名读描写小蜻蜓的段落。

①引导学生结合古诗和图片，体会荷塘之趣。

课件出示小蜻蜓立在荷叶上的照片和古诗《小池》。

教师：小蜻蜓在干什么？

（小蜻蜓立在荷叶上，展开透明的翅膀。）

齐读古诗《小池》。

②认识生字“展”。

教师：小蜻蜓是怎么飞的？

相机认识“展”字，通过观察字形感受“展”字的形态，并给“展”字组词，总结识字方法。板书：组词。

③认识生字“翅”“膀”。

教师：谁认识这两个生字朋友？（课件出示：翅、膀。）

学习“翅”字的结构，让孩子们说一说是怎么记住这个字的。“支”是身体，身上有羽毛，就是“翅”。“膀”的偏旁是“月”，试着给“膀”字组词（翅膀、肩膀）。了解带有“月”字旁的字和身体有关。课件出示：胖、脸、肥、肚、腿。

④理解“透明”，认识生字“透”。

教师：你们发现小蜻蜓的翅膀是什么样的？

理解“透明”的意思是明亮而能透过光线，启发学生说出生活中有哪些透明的东西，如玻璃、水滴等。

学习“透”，讲授“换一换”的识字方法。“运”的“云”换成“秀”，变成“透”。教师板书：换一换。

⑤理解“停机坪”，认识生字“停”“机”。

教师：小蜻蜓展开透明的翅膀都会飞过哪儿啊？（飞过草地，飞过河流，飞过村庄……）飞累了怎么办呢？（停在荷叶上。）所以小蜻蜓把荷叶当成了什么？（停机坪，出示停机坪的照片。）指名读词语“停机坪”。

教师：老师有个字谜，看看有没有小朋友能猜出来。一个人站在小亭子旁边。我们可以通过字谜记住“停”字。（板书：字谜。）

认识生字“机”，学生说记字方法，回忆“加一加”的识字方法。

⑥有感情地朗读。

教师小结：现在我们又变身为小蜻蜓，让我们展开透明的翅膀，一起飞起来吧，请同学们一起张开翅膀，来读一读这一段吧！

自由读，男生、女生分别读。

（3）预设：小青蛙。

教师：老师相信大家已经和小蜻蜓成为好朋友了。那么谁来说说，你还想和谁交朋友？

指名读描写小青蛙的段落。

①认识生字“唱”。

教师：小青蛙在干什么呢？（小青蛙蹲在荷叶上，呱呱地放声歌唱。）“唱”字什么偏旁？（课件凸显“唱”。）“口”字旁，和嘴有关系。小青蛙蹲在荷叶上，把荷叶当成了什么？

③理解“歌台”。

课件出示舞台上唱歌的人，引导孩子们感受小青蛙此时的自信。

教师：小青蛙蹲在荷叶上呱呱地叫，叫声就像是在唱歌，所以小青蛙说荷叶是歌台。那么谁愿意变成小青蛙，来读读这一段？

同桌互读、指名读，读出自信的感觉。

（4）预设：小鱼儿。

教师：你们已经和三个小伙伴交上了好朋友，还有最后一个小伙伴是谁啊？小鱼儿把荷叶当成了什么？（课件出示凉伞。）大大的太阳照射到水中，小鱼儿躲在凉伞下干什么？

认识生字“朵”。

教师：你有什么好办法记住“朵”字吗？（几＋木，云朵。）此时的小鱼儿心情怎么样？谁能变成小鱼儿，让我们感受一下那份快乐。

开火车读，分角色读。

3. 教师小结：恭喜你们和四个小伙伴都交上了朋友，我们一起来回忆一下：小水珠说：“荷叶是我的摇篮……”小蜻蜓说：“荷叶是我的停机坪……”小青蛙说：“荷叶是我的歌台……”小鱼儿说：“荷叶是我的凉伞……”

活动三：多种形式检查生字认读

教师：荷叶的四个小伙伴我们都熟悉了，刚才我们在文中遇到的生字朋友你们认识了吗？谁愿意当小老师领大家读读这些词语朋友。

一朵朵　翅膀　停机坪　躺在　亮晶晶　水珠　透明　展开　摇篮　歌唱

1. 小老师领读。

2. 利用字卡，检查生字认读情况。

珠　摇　躺　晶　停　机　展　透　翅　膀　唱　朵

设计意图：本环节设计了开放的学习空间，让学生自主选择感兴趣的内容，在理解文章的基础上用多种识字方法进行识字，并借助插图和生活实际理解词语，真正落实随文识字。

三、回顾全文，布置作业

1. 教师小结。

这堂课我们可真是收获满满，既和荷叶的四个小伙伴交上朋友，又认识了许多生字朋友，老师给大家留几个小任务，有没有信心完成？

2. 布置作业。

必做：

我是背诵小能手，熟练准确地背诵文章。

选做（二选一）：

（1）我是小画家。把朗读时感受到的画面用画笔记录下来。

（2）我是小作家。去公园，看看还有什么小动物会把荷叶当成什么，把你的所见所闻以文字的形式记录下来，可以仿照文中的样式来写。

设计意图：自选作业体现了分层作业的原则，满足各类学生的不同需求，提高学生的学习效率和积极性。通过自选作业，学生拥有更大的自主权，能够依据个人兴趣和能力进行选择，进而激发学习的内在动力。

板书设计

⑫荷叶圆圆

小水珠	摇篮	加一加
小蜻蜓	停机坪	换一换
小青蛙	歌台	组词
小鱼儿	凉伞	字谜

课后反思

《荷叶圆圆》是一篇极具童趣且有助于培养学生朗读与想象能力的儿童诗。诗中那圆圆的、绿绿的荷叶形象鲜明，它是小水珠的摇篮、小蜻蜓的停机坪、小青蛙的歌台、小鱼儿的凉伞。在教学过程中，我着重以识字教学为核心目标开展教学活动。通过引导学生对诗中生字的认读、分析与记忆，让学生借助拼音读准字音，利用字形结构理解字义，结合生活实际或形象的图片联想记忆。在有感情地朗读课文的过程中，不断强化对生字的认知与巩固，使学生不仅能熟练掌握生字的读写，还能在朗读中感受荷塘之美、夏天的魅力以及大自然的美好，进而借助诗中的童真童趣，启迪学生智慧，激发其想象，促使他们能够将内心的情感用所学的字词转化为自己的语言表达出来，切实实现识字教学的高效开展与多元目标。

第一，“随文识字”，夯实语言基础。在研读课文的过程中，我注重在不同的语境中运用多种识字方法让学生识字。以“珠”字为例，运用“加一加”的方法，将“王”和“朱”组合，让学生清晰地理解了字形构成，这种方式简单直观，符合一年级学生以形象思维为主的认知特点。而“晶”字的字理视频播放，别出心裁地追溯了汉字的起源，让学生对这个字有了深刻的印象，激发了他们对汉字文化的兴趣。这些随文识字方法，巧妙地将生字学习融入课文情境之中，避免了枯燥的单独认字，让学生在阅读与理解课文的过程中自然而然地记住生字，提高了识字效率，也有助于培养学生的语感和阅读理解能力。

第二，“以读为本”，重视读的实践过程。朗读训练是语文教学中不可缺少的一项，我在课堂上贯穿了“以读为主”的教学思想，通过自由读、分角色读、同桌互读、表演读、积累背诵竞赛等多种形式，让学生们感受到小水珠、小蜻蜓、小青蛙、小鱼儿喜欢荷叶的心情，并在朗读中自然流露。通过这节课的学习，学生更加喜欢朗读了，并感受到了朗读的乐趣，在朗读中获得了思想的启迪和美的享受。

总之，《荷叶圆圆》的教学实践让我深刻体会到，低年级语文教学需巧妙地融合识字与阅读教学。随文识字为学生构建起了扎实的语言根基，以读促悟则为他们开启了感受自然之美、文学之趣的大门。在今后的教学中，我将继续探索此类行之有效的教学策略，用心挖掘教材中的宝藏，引领学生在语文学习的广袤天地里快乐遨游，不断提升他们的语文素养，让童真与童趣在课堂中持续绽放，使每一堂语文课都成为学生成长路上的璀璨明灯，照亮他们探索知识、感悟美好的前行之路。

课例 2 《不懂就要问》教学实践

课例名片

年级：三年级（上）

设计者：赵东晓（保定市顺平县第三小学）

执教者：赵东晓

指导教师：赵秀青（保定市顺平县教育和体育局教研室）

学习目标

1. 初步了解略读课文学习的基本要求。

2. 认识“诵”“例”等 11 个生字，读准多音字“背”“圈”。

3. 默读课文，能说出课文讲了一件什么事，并简单表达对这件事的看法，产生学习孙中山勤学好问精神的愿望。

4. 能找出有新鲜感的词句，和同学交流。

重点难点

运用学到的方法，交流有新鲜感的词句。

课前准备

教学课件。

教学过程

一、谈话导入，齐读课题

同学们，在本单元的第一课我们见到了边疆大青树下的小学，在泰戈尔笔下感受到了花的学校里花孩子们的活泼可爱。今天，我们一起走进第三课，去感受一下孙中山先生小时候的学习生活。

老师板书课题，学生齐读课题。

二、引导学生完成学习任务

任务一：了解略读课文的学习要求

活动一：读课文，发现略读课文的呈现方式

要求：快速默读课文，说说本课与以前学过的课文在形式上有什么不同。

预设：

（1）课题序号旁带了小星号。

（2）没有课后习题。

（3）课题下面有一段话。

（4）只有要认的字，没有要写的字。

（5）课后有两个泡泡。

教师总结：同学们说得很全面。在课题序号旁用星号标明的课文，是略读课文。课题下边的这段话叫学习提示，它很重要，告诉了我们这一课最主要的学习任务，所以我们今后学习略读课文时，要主动去关注课题下面的学习提示。

活动二：读“泡泡”，明确略读课文的学习要求

要求：齐读“泡泡”中的内容。明确略读课文学习的两个基本要求：可以读得粗略一些，了解课文大意就行；有个别的字不认识、个别的词语不理解，也没有关系。

教师：好了，明确了略读课文的学习要求，让我们一起来开启今天的学习吧。

设计意图：通过对比略读课文和精读课文在编排上的区别，让学生更直观地了解略读课文的呈现方式；依据“泡泡”中的提示，让学生明确略读课文学习的基本要求。

任务二：扫清文字障碍，通读课文

教师课件出示：

背诵　照例　圈一段　糊涂　吓呆　戒尺　厉声　挨打　清楚

活动一：识字解词

1. 同桌交流加点字的识字方法、画“__”词语的理解方法及画“﹏”字的读音。

2. 集体交流。

预设：

（1）通过形声字识字法认识“诵”“糊涂”“挨”这几个字，它们的部首是表示字义的形旁。

（2）通过查字典知道“背”这个多音字在表示背东西时读第一声，表示后背时读第四声；“圈”表示家畜的栅栏时读 juàn，表示圆圈时读 quān。

（3）通过看书上的插图知道“戒尺”“厉声”都跟私塾学习有关。

（4）用拆字组词的方法理解“厉声”的意思是严厉的声音。

教师：你们的表现太出乎我的意料了。排除了文字障碍，让我们读课文吧。

设计意图：让学生分类整理字词，尝试发现汉字形、音、义的特点，培养学生主动识字的习惯。

活动二：开火车读课文

要求：听读的同学注意读的同学有没有读错的字音，边听边思考：文章写了一件什么事。

教师：接下来，我们一同走进课文的学习。通过刚刚的学习我们已经知道，学习略读课文，关注课题下的“学习提示”很重要，请一位同学来读一读。（指名读。）下面就让我们一同走进阅读提示的第一问：默读课文，想想课文讲了一件什么事，和同学交流你对这件事的看法。

任务三：明事件，谈看法

活动一：默读课文，想想课文讲了一件什么事

1. 看一看文中的两幅插图，思考它们分别对应了课文中的哪些内容。

2. 按照故事的发展顺序，说说故事先讲了什么，接着讲什么，最后讲了什么。

3. 同桌间互相交流指正后全班交流。

预设：

（1）第一幅插图描绘的是孙中山在先生面前背书的画面。他背得很流利，但书里说的是什么意思，他一点儿也不懂。

（2）第二幅插图画的是孙中山提出问题后，先生和他对话的情景。

（3）故事先讲了孙中山小时候在私塾读书，他背书很流利却不懂书里的意思，于是向先生提问，吓呆了其他同学；接着讲了先生检查完孙中山的背诵后，向学生详细讲解这段话的意思；最后讲了孙中山和同学之间的问答。

教师：同学们运用“借助插图”和“按照事情发展的顺序”这两个小锦囊准确地概括了事件，把握了文章内容。那么，对于孙中山小时候敢于向先生提问这件事，你是怎么看的呢？

设计意图：践行略读课文的教学要求，让学生运用自主学习、合作交流的方法，培养学生准确提取信息的能力，提高学习效率。

活动二：交流对这件事的看法，理解“不懂就要问”的道理

提示：可以从孙中山、同学们和私塾先生的角度谈看法，也可以联系课文、结合生活实际谈看法。

1. 同桌讨论。

2. 小组交流，然后每小组选代表进行全班交流。

预设：

（1）从孙中山的角度谈看法：私塾先生是非常严厉的，但孙中山遇到意思不懂的时候，仍要壮着胆子问先生，这表明了他勤学好问和敢于质疑的精神。

（2）当先生拿着戒尺厉声问孙中山的时候，他肯定也非常害怕，但他即使面临受惩罚的危险，仍坚持弄清书里的意思，表明了他的勇敢，反映了他对真理的追求。

（3）从孙中山“学问学问……也值得”这句话中，体会到他对知识的渴望和对真理的追求。

（4）同学们被孙中山的提问吓呆了，他们当时肯定为孙中山捏着一把汗，想着他肯定会挨打，更能突出孙中山的勇敢和对真理的追求。

（5）先生之所以会打破惯例把书中的道理讲给同学们听，是因为孙中山的勤学好问和认真态度打动了先生。

（6）我们应该学习孙中山这种不懂就要问的精神。这种精神不仅适用于我们的学习，也适用于生活的各个方面，会帮助我们不断进步和成长。

教师：感谢几位同学的精彩分享。是啊，学问学问，不懂就要问。这不仅是一种学习态度，也是一种学习方法。这种勤学好问的精神能让我们在学习中有更

多的收获。你瞧，古往今来，许多圣贤都具有勤学好问的美德。

老师课件出示，学生齐读：

①知而好问，然后能才。——战国·荀子

②好学而不勤问，非真能好学者也。——清·刘开

③读书好问，一问不得，不妨再问。——清·郑燮

教师：这个单元，我们重点学习了“阅读时，关注有新鲜感的词语和句子”。在《大青树下的小学》这一课，我们关注陌生的词语，特别是精妙的语句，初步尝试寻找有新鲜感的词句；在《花的学校》中，我们有目的地关注有新鲜感的词句，想象画面，有感情地朗读。那么今天，同学们就要自主尝试运用前面精读课文学到的方法，去关注有新鲜感的词句了。

设计意图：引导学生进行多角度的思考，有依据地表达自己的看法，并在交流中不断深化自己的认识，理解“不懂就要问”的道理，产生学习孙中山勤学好问精神的愿望。

任务四：交流有新鲜感的词句

活动一：画一画

默读课文，画出你认为有新鲜感的词句，想象画面读一读。

活动二：说一说

小组内交流，然后每小组选一名代表进行全班交流。

预设：

（1）我对“私塾”“戒尺”这两个词语感到很新鲜。通过读课文和看插图，理解“私塾”就是以前的学校，和我们现在学校里的学习方式是不一样的。借助插图理解“戒尺”就是私塾里的老师用来惩戒学生的木板。

（2）“先生”这个词也很有新鲜感，相当于我们现在学校里的老师。

（3）“那时候上课，先生念，学生跟着念，咿咿呀呀，像唱歌一样。”“咿咿呀呀”这个词让人感觉到私塾里的学习好像每天都只是读书、背书，学生们只是发出声音，根本不思考，而且还跟唱歌一样，这种读书的方式让我们感觉很新鲜；而且先生从来不讲书里的意思，感觉很不可思议。

（4）“于是，他壮着胆子站起来，问：‘先生，您刚才让我背的这段书是什么

意思？请您给我讲讲吧！’”当大家都咿咿呀呀背书的时候，孙中山认为这样糊里糊涂地背是没有用的，所以他鼓足勇气，壮着胆子向先生提问。现在，我们向老师提问题是多么平常的事啊，孙中山向先生提问为什么要壮着胆子呢？这让我们感觉很新鲜。

教师：孙中山为什么提问还壮着胆子呢？（学生联系上下文作答。）

（5）“先生收起戒尺，摆摆手让孙中山坐下，说：‘我原想，书中的道理，你们长大了自然会知道的。现在你们既然想听，我就讲讲吧！’”刚才先生明明已经很生气了，现在却要为同学们讲解书中的意思，先生的变化让我们觉得很新奇。

教师：先生的态度为什么会有如此大的改变呢？（学生结合课文内容进行阐述。）

（老师根据学生的回答相机引导，并指导学生有感情地朗读有新鲜感的词句。）

教师：同学们，文中可能还有许多你认为有新鲜感的词句，赶紧把它们摘抄下来吧！

设计意图：充分体现略读课文的特点，放手让学生运用此前的学习经验，自主找画，自主发现，在自己读书体会的基础上，结合插图、生活实际等，交流对新鲜感词句的认识和理解。

三、课堂小结，布置作业

教师：这一单元，我们关注并积累了有新鲜感的词语和句子，但更重要的是，我们要学会把这些有新鲜感的词句运用到自己的写作和表达中，以不断提高我们的写作水平。

课下作业：

1. 自主阅读《孙中山小时候的故事》。

2. 用几个具有新鲜感的词语写一段话，来表现一位同学的性格特征。

板书设计

③* 不懂就要问

流利背诵，不懂意思
壮胆提问，吓呆同学 } 勤学好问
检查背诵，讲解意思

课后反思

《不懂就要问》是部编版《语文》教材三年级上册第一单元的一篇略读课文，也是本套教材编排的第一篇略读课文。教学时我先引导学生发现本课和以前学过的课文在形式上有什么不同，了解略读课文的呈现方式。其次，根据略读课文的编排意图和承担的功能，我积极践行略读课文的教学要求，即尽量放手，多给学生自主学习的时间，给学生提供默读、提问、交流、发表见解的机会。同时，注意引导学生了解略读课文学习的基本要求，提示学生自主学习、合作交流的方法，提高课堂学习的效率，培养学生迁移运用从精读课文中学到的方法及粗略地读课文的能力。

本单元的语文要素是“阅读时，关注有新鲜感的词语和句子”。教学时，我不仅让学生说出课文中有特色的、自己感兴趣的词句，还让学生通过联系上下文、结合插图等方式主动理解这些词句，交流阅读感受并主动积累，为今后的写作打下良好的基础。

课例3
《为中华之崛起而读书》教学实践

课例名片

年级：四年级（上）

设计者：赵晶（保定市顺平县实验小学）

　　　　王萌（保定市顺平县白云总校常庄学区）

执教者：赵晶　王萌

指导教师：赵秀青（保定市顺平县教育和体育局教研室）

第一课时

学习目标

1. 运用多种方法认识“崛”“范”等8个生字，读准多音字“难”，会写“肃”“默”等12个字，会写“严肃”“默默”等16个词语。

2. 能归纳课文讲述的三件事，并连起来说清楚课文的主要内容。

重点难点

在概括事件和主要内容的学习过程中习得把握文章主要内容的方法。

课前准备

教学课件、预习单。

预习单

1. 读准下面的词语，用多种方法认识加点的字。

崛起　师范　魏校长　清晰　当效此生　淮安　疑惑　惩处　训斥　苦难

2. 结合课文内容理解下列词语。

崛起　抱负　若有所思　疑惑不解　肇事

3. 查找周恩来的相关资料。

教学过程

一、谈话导入，明确任务

1. 教师导入语：同学们，天下兴亡，匹夫有责，无数仁人志士为了新中国的建立和发展做出了卓越贡献，今天我们读的这个故事的主人公周恩来便是其中一位。（板书：周恩来。）

（课件出示周恩来照片。）大家看，这就是我们敬爱的周总理，多么英俊、儒雅、气度非凡，他是中华人民共和国的第一任总理。周总理的一生为国为民鞠躬尽瘁，是一位了不起的人物。这节课我们就来读一读周总理少年时代读书立志的故事。

2. 引导学生读课题，读好停顿。

教师：停顿是读好课题的关键，注意停顿：

为/中华之崛起/而读书。

指名读，齐读。

3. 提问："为中华之崛起而读书"是什么意思？

预设：为振兴中华而读书。

小结：这是周恩来读书的目的，他为什么会有这样的远大志向呢？学了本篇课文，我们就会找到答案。

4. 出示本课的学习任务。

任务一：扫清字词障碍，读通课文

任务二：讲述誓言故事，把握内容

二、学生完成学习任务

任务一：扫清字词障碍，读通课文

活动一：认字解词

1. 同桌互读"预习单"中的词语，交流识字方法。

老师总结学生用到的识字方法：形声字识字（崛、魏、晰、淮、惑）、借用熟字（难——淮）、借助同音字（掘——崛）、结合语境（崛起、疑惑不解、训斥）

等。强调“淮”“惩”“斥”三个字的读音。根据“据义定音”法则，明确“难”在表达“不容易”“使人感到困难”意思时读“nán”，表达“不幸的遭遇”“灾难”意思时读“nàn”。

设计意图：培养学生运用多种方法自主识字的能力，从而感知汉字形、音、义之间的关系，把握汉字的构字规律，建立汉字与生活中事物、行为的联系，进一步感受汉字的文化内涵，增强学生的文化自信。

2. 交流预习单中词语的意思。

指名展示：运用“我用某方法，理解某个词语的意思是……”句式作答。

预设：“光耀门楣”“当效此生”两个词语学生理解起来有困难，引导学生阅读文段中相关语句，联系上下文进行理解。

设计意图：让学生运用和巩固“运用多种方法理解词语”的方法。

活动二：识记汉字

1. 观察字形，注意笔顺。

出示课件，让学生观察并说出“赞”“效”两个字书写时的注意事项，从而明确汉字中的某些字作为部件后字形会发生变化。（“赞”左上部“先”的变化，“效”左半部分“交”的变化。）

出示动画，演示“肃”的笔顺，学生跟着数空，然后指名说出需要注意的地方。

2. 静心书写，当堂听写。

要求：①时间 3 分钟；②组词连写；③在保证书写规范、端正、整洁的前提下，逐步提高书写速度。

教师相机指导、纠正坐姿并进行当堂检测。

设计意图：培养学生主动观察的习惯和能力，掌握汉字的书写规律；注重即时效率，当堂书写，当下检测，及时反馈；强调坐姿，培养学生良好的书写习惯。

活动三：开火车读全文，师生、生生互评

要求：读准字音，读通句子，读准语气、语调；听读的同学注意读错的字音并加以纠正。

预设：

（1）易读错的字音：“为之一振”中的“为”误读成二声；“惩处”的“处”

误读成四声。

（2）读不出具体语境下人物应该有的语气、语调。如：周恩来说出读书志向时的坚定有力，魏校长的欣喜肯定；伯父感叹“中华不振”时的沉郁和悲伤。

任务二：讲述誓言故事，把握内容

活动一：读课文，知事件

课件出示问题：

围绕誓言的发生，文章一共写了几件事？分别写了什么？

设计意图：学生通过自主阅读，整体感知文章内容，厘清所写事件。

1. 自读第1—10自然段，概括第一件事的内容。

预设：学生抓不住主要人物，将所有人说的话都罗列出来。

教师引导：在概括一件事时，我们要抓住重点。有很多同学都回答了魏校长的问题，但文章重点写了周恩来的回答，其他同学的回答在概括时可以省略，请同学们根据表格提示再尝试概括。

事件	时间	地点	主要人物　干什么
第一件事			
第二件事			
第三件事			

2. 再读，概括、填写第一件事的相关内容并归纳概括事件的方法。

事件	时间	地点	主要人物　干什么
第一件事	新学年	修身课上	周恩来表明志向，要“为中华之崛起而读书”
第二件事			
第三件事			

预设：

（1）新学年的修身课上，周恩来表明志向，要“为中华之崛起而读书”。

（2）概括事件，要关注事件发生的时间、地点、主要人物做了什么事。

3. 运用习得的方法继续完成表格。

预设：第二件事中表示时间、地点的词语较多，学生不知道选择哪一个；第三件事出现的人物较多，学生抓不住主要内容。教师相机引导，师生共同完成表格并板书。

事件	时间	地点	主要人物、干什么
第一件事	新学年	修身课上	周恩来表明志向，要“为中华之崛起而读书”
第二件事	十二岁那年	奉天	听伯父说“中华不振”，周恩来疑惑不解
第三件事	一个星期天	被外国人占据的地方	看到的场景让周恩来真正体会到了“中华不振”

设计意图：立足学情，搭建支架，引导学生学会概括事件的方法，培养学生简洁提炼的能力。

活动二：讲故事，明内容

1. 一分钟故事会。

活动要求：同桌之间互相说一说整篇文章的主要内容，要求简洁明了，一分钟内讲完。学生展示，生生互评。

根据学生展示，引导归纳方法：要概括文章的主要内容，需要把三件事串联起来。板书：串联事件。

2. 按顺序讲故事。

活动要求：先独立思考三件事之间的关系，然后用恰当的关联词将三件事串起来讲给同桌听。

指名展示。

预设：

（1）之所以新学年的修身课上，周恩来立下了为中华之崛起而读书的伟大志向，是因为他听到伯父说中华不振，在租界看到了中华不振的情景。

（2）因为周恩来听伯父说到了中华不振，在租界又看到了中华不振的情景，所以在新学年的修身课上，他立下了为中华之崛起而读书的伟大志向。

教师总结：概括文章的主要内容，可以按照课文顺序把几件事连起来概括，也可以根据事件间的关系用关联词把事件串联起来概括。如本课可以用“因为……所以……”“之所以……是因为……”。

板书：按顺序。

设计意图：用限时讲故事的方法，继续训练学生简洁提炼的能力，进而培养学生的连贯概括能力。

三、课堂小结

教师：请谈谈今天这堂课的收获。

预设：

(1) 学了一些生字新词，并复习巩固了多种识字方法和理解词语的方法。

(2) 学会了概括文章主要内容的方法：通过关注主要人物和事件，来把握文章的主要内容；如果文章写了不止一件事，可以先弄清每件事讲了什么，然后按一定的顺序把几件事连起来，就能把握文章的主要内容了。

四、布置作业，深挖背景

1. 把周总理少年立志的故事讲给家长听。

2. 查阅资料，了解周恩来所作《大江歌罢掉头东》的意思和写作背景。

3. 查阅资料，了解“鸦片战争”“甲午中日战争”“八国联军侵华”的史实及签订的相关条约内容。

板书设计

㉒为中华之崛起而读书

简洁提炼 ⟶主要人物＋干什么

归纳概括 ⟶串联事件　按顺序

第二课时

学习目标

1. 能查找资料加深对课文内容的理解，体会周恩来立下“为中华之崛起而读书”志向的原因，感受周恩来救国济世的抱负。

2. 能写出自己的读书目的及理由，树立正确的读书观。

重点难点

明确周恩来立志的原因，感受其远大的抱负；明确读书目的，树立正确的读书观。

课前准备

教学课件、查找资料。

教学过程

一、复习旧知，明确任务

1. 复习概括文章主要内容的方法：抓住时间、地点、主要人物干什么概括每一件事；按照一定的顺序，用适当的连接词把几件事连起来概括文章的主要内容。

2. 指名学生运用上述方法概括文章的主要内容。

3. 出示本课的学习任务。

任务一：感“中华不振”，明立志原因

任务二：写读书目的，树读书志向

二、学生完成学习任务

任务一：感“中华不振”，明立志原因

教师提问：文章三次出现了同一个词语，告诉了我们少年周恩来立志的关键因素，你找到了吗？（齐答：中华不振。）你从文中哪些地方可以看出“中华不振”？

活动一：品读人物言行，感受“中华不振”

1. 快速默读课文，边读边勾画表现“中华不振”的语句。（教师展示。）

预设：

（1）奉天有些地方被外国人占据了，不要随便去玩，有事也要绕着走，免得惹出麻烦没有地方说理。

（2）街道上热闹非凡，往来的大多是外国人。

（3）这个女人的亲人被外国人的汽车轧死了，她原本指望巡警局给她撑腰，惩处这个外国人，谁知道中国巡警不但不惩处肇事的外国人，反而训斥了她。

（4）但这是在被外国人占据的地盘里，谁又敢怎么样呢？大家只能劝慰这个不幸的女人。

学生言之有理即可。

设计意图：让学生深入文本，提取有效信息，透过文字深切感受“中华不振”的社会现实，为体会周恩来立志做铺垫。

活动二：结合历史资料，感受“中华不振”

展示课前搜集的外国侵华资料，观看教师播放的外国侵华视频。思考、交流周恩来立下“为中华之崛起而读书”志向的原因。

教师结合图片总结：从鸦片战争开始，外国侵略者用武力打开了我国的国门。自此，我国一次次遭受外来侵略，一步步沦为半殖民地半封建社会。帝国主义列强在租界内建造领事馆，还在租界内任意欺辱中国人，甚至把中国人当成活靶子练习射击。在租界内，还出现了“华人与狗不准入内”的牌子。这些事情都说明了“中华不振”。

此时，所有的中国人都感受到了中华不振，有人义愤填膺，有人叹息。当时的周恩来深刻认识到只有学习更多知识才能找到拯救中国的道路，所以十二岁的周恩来立下伟大志向，要“为中华之崛起而读书”。

活动三：理解诗歌，明确立志原因

1917 年，十九岁的周恩来东渡留学，在出发前，他写下了《大江歌罢掉头东》。教师出示课件，介绍诗歌大意。

学生结合诗歌大意自由朗读诗歌或带着感情齐读诗歌。

活动四：朗读文本，体会立志原因

“为中华之崛起而读书”这个伟大志向伴随了周恩来的整个求学生涯。现在就让我们回到一百多年前，推开那间教室的门，走进那堂修身课，一起去见证誓言的诞生。

学生分角色朗读。

“你们为什么而读书？”

“为家父而读书。”

“为明理而读书。”

“为光耀门楣而读书。”

“为中华之崛起而读书！”

“你再说一遍，为什么而读书？”

“为中华之崛起而读书！”

“好哇！为中华之崛起，有志者当效此生！”

教师：其他同学读书是为了满足自己的需要，而少年周恩来读书是为了祖国兴盛和民族振兴。

设计意图：多角度、多层次地感受“中华不振”，让学生深入理解周恩来立志的原因。

任务二：写读书目的，树读书志向

教师：“为中华之崛起而读书”的誓言是那么清晰，那么坚定！而今的中国，已经走在了伟大复兴的道路上，我们国家的经济、科技、军事等方面都在飞速发展。如今的中国人，上可九天揽月，下可五洋捉鳖。载人航天、探月工程、北斗卫星导航技术、5G 技术等都已跻身世界前列；自主建造的战机升空、航母下海、“蛟龙”号载人深潜……生活在这个伟大的时代，作为祖国未来的主人，你们要为什么而读书呢？下面，让我们一起完成最后一个任务：写读书目的。

活动一：按照提示写读书目的

我为________________而读书，因为____。

或：因为____所以我为________________________________而读书。

活动二：小组内相互读一读，每小组选一名代表进行全班交流

教师总结：更高远的读书观能给学习带来更大的动力，能实现更有价值的人生。相信同学们会志存高远，去努力，去奋斗，实现你们的人生目标！

设计意图：引导学生树立远大的读书志向，形成正确的人生观、价值观。

三、布置作业

拓展阅读周恩来为“为中华之崛起而读书”这一志向而刻苦学习、勇敢实践的故事。

设计意图：通过拓展阅读，帮助学生理解“立志”与“成长”的关系，感悟革命英雄的爱国情怀，激发学生向模范学习的意愿，增强学习的动力和民族自豪感。

板书设计

㉒为中华之崛起而读书

周恩来　中华不振　为中华之崛起而读书

我　　　________　为________而读书

课后反思

结束了《为中华之崛起而读书》这课的教学，我静下心来，不断反思。总体来说，这次教学能站在新课程观的高度，本着为学生生命奠基的目的，围绕“爱国——立志”这一主题，让学生在文本及与文本有关的多个材料中浸润、沉潜，引领学生走进语文的殿堂，走进思想的乐园，走进智慧的王国，从而形成了一个开放的、充满活力的语文课堂。

我紧扣本单元的“人文主题”和“语文要素”制订教学目标，进行教学设计，开展课堂教学，旨在让学生通过本课的学习，习得“关注主要人物和事件，学习把握文章主要内容”的方法，学习少年周恩来博大的胸怀和远大的志向，思考读书的意义，树立正确的读书观。

教学中，我紧扣“中华不振”，整体解读文本。因为“为中华之崛起而读书”背后的深层原因是“中华不振”。课堂上，我抓住这个切入点组织教学，“中华不振”成了我解构、重组、整合课文的一条主线。依托这条主线，以“学习任务”为驱动，以“学生活动”为载体，通过听说读写等多种语文实践活动凸显学生的课堂主体地位，较好地践行了“任务驱动下的‘做中学’”理念，实现了教学方式的转变，学生在自主、合作、探究中发展了思维，训练了语言，提升了能力，升华了情感，促进了学生语文素养的生成和发展。同时，我用课文中生动鲜明的文字激活学生的思维，以真挚热烈的情感点化学生的认知，用凝练明白的语言陶冶学生的情操，启发学生的潜能。

对标新课标，本堂课在教学评价方面做得还不够，只做到了师生评价，而缺乏学生自评、生生互评，缺少评价量表的设计，“教—学—评”一体化落实不到位。

在今后的教学中，我将继续努力，不断改进自己的教学方法和手段，提高自己的教学水平。

课例4 《海上日出》教学实践

课例名片

年级：四年级（下）

设计者：冀凤桥　刘云（保定市顺平县实验小学）

执教者：冀凤桥　刘云

指导教师：赵秀青（保定市顺平县教育和体育局教研室）

第一课时

学习目标

1. 认识“扩”“刹”等3个生字，读准多音字“荷”，会写“扩”“范”等9个字，会写“清静”“扩大”等9个词语。

2. 初读课文，整体感知课文内容，厘清文章的结构。

重点难点

感知课文内容，厘清文章结构。

课前准备

教学课件；提前布置学生观看日出的任务，并通过摄影、画画、写日记等方式记录观察所得。

教学过程

一、谈话导入，了解作者

教师：同学们，这节课我们进入第五单元的学习。本单元是习作单元，人文主题是“妙笔写美景，巧手著奇观”；习作要求是“按照一定的顺序写一个地方的景物，把游览的过程写清楚”。我们该怎么写呢？让我们向本单元的课文学习，看看作家是怎么写的。我们首先走进本单元的第一篇课文，巴金先生写的《海上日出》。

在进行课文学习之前，我们先来了解一下作家巴金先生和这篇文章的写作背景吧。(课件出示材料，指名读。)

巴金，原名李尧棠。四川成都人。中国著名作家、翻译家。1904 年出生于四川成都一个非常富裕的家庭。1923 年，19 岁的巴金离家赴上海、南京等地求学，从此开始了他长达半个世纪的文学创作生涯。

本文选自巴金的《海行杂记》。1927 年 1 月，巴金从上海乘船去法国留学时，把旅途中的见闻随时记下，本文写的是船至红海时他看到日出时的实际情况。《海上日出》是巴金在船上几次看到海上日出所得出的总的印象的具体记录。

教师：现在，就让我们跟随巴金先生，去欣赏海上日出的美景奇观吧。

二、引导学生完成学习任务

任务一：识写字词，读通课文

活动一：按要求，读课文

要求：

1. 把字音读准确，句子读通顺。

2. 边读边给课文标出自然段。

3. 遇到不认识或读不准的字，可以根据拼音来拼读，读不通顺的地方要多读几遍。

活动二：我会读，我会写

1. 开火车读词语。

扩大　范围　努力　一刹那　灿烂

替代　镶嵌　紫色　不仅　重荷

2. 同桌交流加点字的识字方法及加线词语的理解方法，然后全班交流。

预设：

(1) 运用形声字的构字规律，知道提手旁和金字旁分别是“扩”和“镶”这两个字的形旁，这两个字表达的意思跟手和金属有关。

(2) 通过观察书中的插图理解“镶”字的意思是围在物体的边缘。

(3)“荷”是多音字，在文中组词是“重荷”，联系整句话“太阳好像负着重荷似的一步一步，慢慢地努力上升”，“负”是背着的意思，“负着重荷”就是背着很重的东西，表示“负担”这个意思时，“荷”读四声；我们前面学过的“荷花”“荷叶”中的“荷”读二声，“荷兰”中的“荷”也读二声。

课件出示：

荷 hé 1. 莲：荷花 荷叶 2. 荷兰

荷 hè 1. 背或扛：荷枪实弹 2. 负担：重荷

(4)“刹”字存在于文中句子“一刹那间”中，联系上下文，“一刹那”是表示极短的时间，和它意思相近的词语有转瞬间、一转眼、一会儿、一眨眼、瞬间等。

3. 观察字形。

扩 刹 烂 镶 仅 范 努 替 紫

教师：观察生字，你能发现什么？说说这些字的书写规律和书写注意事项吧。

预设：

(1) 前5个字都是左右结构，左右结构的字一般是左窄右宽，但“刹”字例外，它是左宽右窄。

(2) 后面4个字都是上下结构，“替”下边的“日”字要写得稍扁，托住上半部分的两个“夫”；“紫”上半部分的“此”要写得扁，下半部分注意不要多写笔画。

(3)“镶”字，两个“口”要写得小一点，“口”下面的三横长度要相等。

(课件出示“替”“紫”“镶”三个字。)

4. 静心练写汉字，当堂听写。

要求：

(1) 时间：3分钟。

(2) 在书写规范、端正、整洁的前提下，逐步提高书写速度。

教师相机指导、纠正坐姿并进行当堂检测。

设计意图：让学生运用多种方法识字，理解词语，观察字形，旨在培养学生自主识字的习惯和能力，建立汉字与生活的联系，掌握汉字的书写规律，感受汉字的文化内涵；注重即时效率，当堂书写，当下检测，及时反馈；强调坐姿，培养学生良好的书写习惯。

任务二：感知内容，厘清结构

活动一：说说海上日出的景象

1. 默读课文，思考课文中哪几个段落描写了海上日出的景象，据此给课文分段，并向同桌说明理由。

预设：

（1）课文第2—5自然段描写了海上日出的景象。

（2）课文分三部分：第1自然段是第一部分，写了作者看日出的时间、地点和周围的环境；第2—5自然段是第二部分，具体描绘了海上日出的景象；第6自然段是第三部分，总结全文，照应开头。

（如果学生梳理不出来，组织学生进行二次阅读。）

2. 默读第2—5自然段，看看巴金先生都写了哪些天气下的海上日出，并在文中标画出你的依据。

预设：

（1）首先写了晴天时的日出，依据是“天空还是一片浅蓝，颜色很浅”。

（2）第4自然段写了多云天气时的日出，依据是“有时太阳走进了云堆中”。

（3）第5自然段写了黑云天气时的日出，依据是“有时天边有黑云，而且云片很厚”。

教师：巴金先生写了天气晴朗时、多云时和有黑云时三种自然条件下的海上日出。最后，作者发出感慨：这不是很伟大的奇观吗？同学们，什么是“奇观”呢？

学生：可以用拆分词语的方法理解这个词：奇，就是奇特；观，就是景观、景象，连起来就是奇特的景象。

教师：在这句话里，“奇观”是指什么呢？就是指文中描写的海上日出的景象。作者运用反问句肯定海上日出是伟大的奇观。

活动二：看视频，想画面

教师：同学们，这节课我们跟随巴金先生一道欣赏了海上日出的美丽风景。我想，大多数同学都有一种冲动，都想到海边去看一看，去呼吸新鲜的空气，去欣赏日出的壮观景象。

（播放日出的视频。）

教师：下面，让我们用自己喜欢的方式再读课文，边读边想象海上日出的美丽画面吧。

设计意图：引导学生整体感知文章内容，厘清文章脉络，辅以图片、视频等资料，让学生初步感受海上日出的壮观，为下节课的学习做铺垫。

三、布置作业

再读课文，拿起小画笔，绘制出自己心中海上日出的美丽景象。

板书设计

⑯海上日出

晴天时的日出
多云时的日出　　　}伟大的奇观
天边有黑云时的日出

第二课时

学习目标

1. 了解课文按太阳变化顺序写景的方法。

2. 按照景物变化的顺序，交流自己观察到的日出景象，说说课文描写的精彩之处。

重点难点

感受日出的景象，领悟课文的写法。

课前准备

教学课件。

教学过程

一、复习旧知，导入新课

教师：通过上节课的学习，巴金爷爷带我们欣赏了三幅海上日出图，请说出它们的名字。

学生：晴天时的日出、多云时的日出、天边有黑云时的日出。

教师：它们给你留下了怎样的印象？

学生：美丽、壮观。

教师：对，巴金爷爷在文章结尾发出了这样的感叹：这不是很伟大的奇观吗？那么，巴金爷爷又是用什么方法写出这一伟大奇观的呢？让我们一起去探寻吧。

二、学生按要求完成学习任务

任务一：感受日出景象，领悟课文写法

活动一：赏晴天日出，寻景色之变

1. 自主默读课文第 2、3 自然段，画出能够体现海上日出变化的词句，作者写了海上日出的哪些变化？在文中空白处做批注。（独立完成后，同桌互相交流。）

预设：

（1）第 2、3 自然段："一片浅蓝""一道红霞""红是真红""红得非常可爱""深红"，这些词句写出了海上日出颜色的变化。

（2）第 3 自然段的"却没有亮光""忽然发出了夺目的亮光"，这些词句写出了海上日出时光亮的变化。

（3）第 3 自然段的"出现小半边脸""努力上升""冲破了云霞""完全跳出了海面"，这些词句写出了太阳位置的变化。

（4）文中一些表示时间的词语，如"转眼间""过了一会儿""到了最后"，还有"一刹那间""忽然"等。这些词语表明海上日出的景象是瞬息万变、变化多端的。

教师：刚才几位同学的分享很精彩，你们都是出色的观察者、思考者。接下来让我们继续观察，继续思考。（出示海上日出的颜色、光亮、位置变化的图片或视频的课件。）

2. 边观看图片边思考：作者是怎样写出日出的景象的？

预设：

（1）作者是按照早晨太阳变化的顺序来写海上日出的景象的。

（2）作者按照太阳颜色、光亮、位置的变化顺序写出了日出的壮丽奇观。

教师：一个比一个说得具体，说得全面，老师给你们点赞。这么奇特的景象，这么优美的文字，就让我们美美地读一读吧，边读边想象画面。（课件出示语句，老师相机评价和指导读法。）

3. 个别读、齐读，边读边想象画面。

转眼间天边出现了一道红霞，慢慢地在扩大它的范围，加强它的亮光。

一刹那间，这个深红的圆东西，忽然发出了夺目的亮光，射得人眼睛发痛，它旁边的云片也突然有了光彩。（教师提示：既然颜色的变化有快有慢，那我们在朗读的时候，语速也应该有变化。）

太阳好像负着重荷似的一步一步，慢慢地努力上升，到了最后，终于冲破了云霞，完全跳出了海面，颜色红得非常可爱。

教师：刚才我们欣赏了晴天时海上日出的景色，了解了作者写景的方法，采用了在文中找重点词句进行体会的方式学习了课文。当太阳走进云堆里和有黑云时，分别又是什么情景呢？

设计意图：引导学生通过语言文字感受晴天时海上日出的壮观景象，并在梳理、赏析、朗读中习得按景物变化的顺序来写景的方法，为接下来的习作打好基础，落实习作单元的教学要求。

活动二：赏云天日出，品景色之奇

1. 默读课文第 4、5 自然段，画出能够表现太阳走进云堆里和有黑云时情景的词句，分别说说作者写出了日出时怎样的景象，在文中空白处做批注。

预设：

（1）从“直射到”一词感受到太阳光的无穷威力，它能穿透云层，形成水天一色的壮观景象。这种水天一色的壮观景象，只有在欣赏海上日出时才会领略到。

（2）第 5 自然段中的第 2、3、4 句话，让人感受到黑云虽然遮住了太阳，却遮不住太阳的光芒。“甚至把黑云也染成了紫色或者红色”，“染”这个字让人觉得太阳就像魔术师，把天空变得绚丽多彩。

教师：当作者看到太阳被黑云挡住时，一定也为太阳担心，当太阳冲出重围时，云和周围的景物竟然都发生了神奇的变化，不仅把天空变得绚丽多彩，连作者自己也成了光亮的了。想必作者此时一定是非常高兴的。那现在让我们有感情地朗读第 4、5 自然段，感受这伟大的奇观吧。

3. 个别读、齐读第 4、5 自然段。

教师小结：今天，我们通过品读课文、想象画面，充分感受了海上日出的壮观美景。可能有的同学并没有看过真正的海上日出，但读了巴金爷爷的这篇文章，就如同亲眼看见了大自然的这一伟大奇观。巴金爷爷之所以能把海上日出的景象描绘得如此奇异、壮观，离不开他细致的观察，并运用按照景物变化的顺序、抓住日出的特点进行描写的方法。

课前，老师也给大家布置了观察、记录日出的任务，请把自己记录的成果分享一下吧。

设计意图：引导学生赏析云天时海上日出的景象，进一步体会海上日出的壮观、神奇和作者细致的观察及写作特点。

任务二：小小解说员，带你赏日出

教师：跟随巴金先生的笔触，我们欣赏了海上日出的伟大奇观。那么你们观察、记录到的日出又是什么样的呢？请大家一起分享吧。

活动一：分享观察、记录成果

预设：拍摄图片、画连环画、写观察日记等多种形式。

活动二：结合自己看日出的体会，说说课文补充描写自然精彩之处

预设：

（1）日出这一寻常的自然现象，课文却描述得如此形象、生动。如描写颜色的词语富于变化，巧用比喻、反问等修辞手法。

（2）作者不是单纯地写景，还融入了自己的感情，情景交融，更增强了表达效果。例如：日出前“周围非常清静，船上只有机器的响声”，作者的闲情逸趣，溢于言表；日出时“终于冲破了云霞，完全跳出了海面”，气象万千的壮观，渗透着作者热爱光明的喜悦之情；太阳在云层后“慢慢地冲出重围，出现在天空”，非凡的气魄和巨大的威力，显露出作者坚定的、乐观的、欢快的情绪。

（3）作者按照日出时太阳颜色、光亮、位置的变化顺序来写，层次清晰，景物特点突出。

设计意图：让学生观察日出、用多种形式记录观察所获，是学以致用的具体体现，即运用课内学到的方法尝试自己观察和写作；结合自己的体会说说课文描写的精彩之处，旨在让学生进一步体会作者的写景方法和表达效果，为自己接下来的写作做好更充分的准备。

三、课堂小结，布置作业

小结：这节课，我们领略了巴金笔下海上日出的伟大奇观，如此绝美的视觉盛宴得益于巴金仔细的观察和精妙的写法。学完本课后，我们应学以致用，将所学融会贯通。要想写好景物，就要像作者一样细致观察，抓住景物的特点，按一定的顺序表达真情实感。

作业：你注意到月出、日落、刮风、下雨、叶落等自然现象的变化过程了吗？试着运用按照变化顺序写景的方法写一段话，描述一种变化中的自然现象。

板书设计

⑯海上日出

仔细观察
伟大奇观 ——→ 抓住特点
按一定顺序

课后反思

《海上日出》是四年级下册第五单元的第一篇精读课文。本单元是习作单元，单元内每项内容的安排，目的都指向学生习作能力的培养，而习作单元精读课文的主要功能是引导学生从阅读中学习习作方法。

本单元的语文要素是“了解课文按一定顺序写景的方法”，习作要求是“学习按游览的顺序写景物”。《海上日出》这篇课文，按照早晨太阳变化的顺序，描绘了海上日出的壮观景象。所以，教学的重点确定为让学生借助课文学习“按景物变化的顺序写景”的方法。

作为习作单元中的精读课文，教学时，我牢牢把握单元教学的中心任务，把培养学生按顺序写景物的能力贯穿整个单元教学的始终，每一部分教学都围绕这一关键能力的培养展开。教学中，在让学生理解和感知课文内容的基础上，我着重引导学生了解日出时的景象发生了哪些变化，进而学习按景物变化的顺序写景的方法，并提前给学生布置观察任务，让学生运用学到的方法尝试写景，实现以读促写、读写融通的目的，扎实有效地落实了习作单元的教学要求。

课例 5 《盘古开天地》教学实践

课例名片

年级：四年级（上）

设计者：齐书娟 冀玉霞（保定市顺平县逸夫小学）

执教者：齐书娟 冀玉霞

指导教师：王英华（保定市顺平县逸夫小学）

第一课时

学习目标

1. 认识“劈”“浊”等 7 个生字，会写“翻”“劈”等 14 个字，会写“黑乎乎”“翻身”等 12 个词语。

2. 借助课文内容和插图，整体感知课文内容。

重点难点

识字写字，整体感知课文内容。

课前准备

教学课件。

教学过程

一、激趣导入，出示课题

1. 教师：同学们，你们看，他们是谁？

课件出示后羿、孙悟空、哪吒的图片，让学生说出人物名称。

2. 教师小结：他们都是神话中的人物，相信同学们一定也听过有关他们的故事。今天我们再认识一位神话中的人物，在中国文化中，他被称为人类的老祖宗，他就是——盘古。这节课，我们就一起学习《盘古开天地》的故事。

3. 教师板书课题，学生齐读。

二、学生按要求完成学习任务

任务一：初读，识生字

活动一：正确认读生词

教师：打开课本，自由读课文，注意要读准字音，读通句子，对特别感兴趣的地方多读几遍。

1. 学生自读课文。

2. 以各种形式认读生词。

翻身　劈开　缓缓　浑浊　四肢　躯干　血液　几丈　隆隆

3. 交流识字方法。

预设：

“劈、肢、躯、液”都是形声字，借助形声字声旁表音的规律读准字音，借助形旁了解字义。

活动二：认识文中的反义词

课件出示句子：

轻而清的东西，缓缓上升，变成了天；重而浊的东西，慢慢下降，变成了地。

1. 自由读句子，正音。

2. 注意加点和画线的词语，谈发现。

预设：

两组反义词：轻而清——重而浊　上升——下降

一组近义词：缓缓——慢慢

3. 再读句子，读出变化。

活动三：规范书写汉字

课件出示要求会写的生字。

睁　缓　浊　撑　竭　液　滋　翻　斧　劈　累　奔　茂　丈

1. 自由读，开火车读，检查读，齐读。

2. 观察字形，谈发现，说书写要点。

预设：

第一行都是左右结构，一般都是左窄右宽；“翻”是左右同宽，书写时要注意。“缓”字右半部分不要写成“爰”。“竭”字“立”的最后一笔为提，右下部分里面是一个“人”字，把捺改为点，最后一笔为竖折。

第二行都是上下结构，书写时笔画要紧凑，“茂”字下半部分不是“戊”，撇上不要多写短横。“奔”字下半部分的“卉”字，“十”字要写小一些，下面的横要长。

3. 学生练习写字，当堂听写。

教师巡视，指导书写姿势和写字要领，写后展示评价。

任务二：再读，知故事

活动一：看图片找段落

1. 教师：请同学们观察图画，轻声读一读课文，找到与图画对应的课文段落。

2. 学生自读课文后集体交流。

预设：

第一幅图——第 1 自然段

第二幅图——第 2 自然段

第三幅图——第 3、4 自然段

第四幅图——第 5、6 自然段

活动二：读段落说内容

1. 对照插图默读相应的段落，用一句话或者一两个词语概括四幅插图内容。

2. 学生默读思考后集体交流。

预设：

第 1 自然段：很久很久以前，宇宙混沌一片，盘古在混沌中沉睡了一万八千年。(混沌中沉睡。)

第 2 自然段：盘古醒来后拿起斧头向黑暗劈去，使天和地分开。(劈开天地。)

第 3、4 自然段：盘古怕天地合在一起，便头顶天，脚踏地，直到天地形成，自己累倒了。(顶天立地。)

第 5、6 自然段：盘古倒下后，用身体创造了美丽的世界。(化身万物。)

3. 了解故事的起因、经过、结果，思考课文的主要内容。

（1）根据文题及段落大意说一说故事的起因、经过、结果。

（2）集体交流。

（3）结合插图和刚才概括的段落的意思，按起因、经过、结果的顺序概括课文的主要内容。

设计意图：通过观察图画找到相应的段落，并用一两个词语概括相应段落的意思，了解故事起因、经过、结果，为概括课文的主要内容做铺垫，同时也是落实本单元语文要素。

三、课堂小结，布置作业

1. 学生交流本节课的收获。

2. 课后流利地朗读课文，抄写本课生字词。

板书设计

⑫盘古开天地

混沌中沉睡
劈开天地
顶天立地
化身万物

第二课时

学习目标

1. 能边读边想象画面，说出课文中神奇的地方。

2. 感受盘古伟大的开创精神和勇于献身的美好品质。

3. 能讲述盘古开天地的过程，交流对盘古的感受。

重点难点

1. 结合具体语句感受故事神奇的想象。

2. 在朗读、想象、交流中感受盘古鲜明的人物形象。

课前准备

教学课件。

教学过程

一、复习导入

1. 根据课文插图复习故事的起因、经过、结果。

2. 教师：《盘古开天地》是中国创世神话之一，巨人盘古用神力开辟天地，故事充满神奇的想象。盘古在混沌的世界中产生神力与天地同长，身体化为万物，让人不可思议。这节课我们就来感受故事的神奇。

二、完成学习任务

任务一：感受神奇想象，体会人物形象

活动一：读文本，知神奇

1. 自读第 1、2 自然段，感受天地变化的神奇。

(1) 勾画你觉得神奇的地方，读一读，边读边想象当时的情景，和同学交流自己的想法。

学生自由朗读课文，找出自己觉得神奇的语句，通过朗读、想象的方式感受神话故事的神奇想象。

(2) 集体交流神奇之处。

预设：

①想象混沌一片的景象，感受神奇的色彩。

②抓住“一万八千年”，体会时间的长久和盘古积攒力量的神奇。

③“清而轻的东西，缓缓上升，变成了天；重而浊的东西，慢慢下降，变成了地。”感受天地变化的神奇。

④采用对称的句式把天地形成的过程写得非常神奇。

2. 默读课文第 3、4 自然段，感受盘古顶天立地的神奇。

(1) 默读课文第 3、4 自然段，边读边思考，为了不让天和地再合在一起，盘古做了什么？画出相应的词句，和同学们一起交流。

(2) 体会身体变化的神奇。

预设：

“天和地分开后，盘古怕它们还会合在一起，就头顶天，脚踏地，站在天地当中，随着它们的变化而变化。天每天升高一丈，地每天加厚一丈，盘古的身体也

跟着长高。”抓住动词体会盘古形象的神奇。

（3）引导学生感受盘古顶天立地的景象。

出示句子：

这样过了一万八千年，天升得高极了，地变得厚极了。盘古这个巍峨的巨人就像一根柱子，撑在天和地之间，不让它们重新合拢。又不知过了多少年，天和地终于成形了，盘古也精疲力竭，累得倒下了。

①对比品读，感受形象。

盘古这个巍峨的巨人就像一根柱子，撑在天和地之间。

盘古这个巨人就像一根柱子，立在天地之间。

引导学生抓住“巍峨”“撑”等词语体会人物形象。

②引导学生交流时间的漫长、盘古的坚持等，体会盘古雄伟高大的形象。

3. 自读第5自然段，体会天地变化的神奇。

教师：天地形成后，盘古精疲力竭，最后累倒了，接着又发生了什么神奇的事情呢？

（1）自由读课文第5自然段，盘古的身体发生了哪些变化？请同学们借助表格找一找这些变化。

盘古的身体	变成了什么	你的发现
气息		
声音		
眼睛		
四肢和躯干		
血液		
汗毛		
汗水		

（2）集体交流汇报。

气息——风和云；声音——雷声；左眼和右眼——太阳和月亮；四肢和躯干——大地的四极和五方的名山；血液——江河；汗毛——花草树木；汗水——

雨露。

（3）对比变化前和变化后说说发现。

预设引导：

①体会事物的相似性。

②采用连续相同的句式进行描写。

③展开想象，进行语言和想象训练，盘古的身体还会变成什么？

教师小结：神话故事中充满了奇特的想象，这就是神话故事的独特魅力。

（4）带着神奇的想象读一读这一段吧。

设计意图：通过深入阅读体会神话的神奇，感受神话是超越经验的想象。

活动二：识形象，知品质

1. 说一说：故事中的盘古给你留下了怎样的印象？结合课文内容说一说自己的想法。

学生结合课文中具体的语句和情节交流自己的想法。引导学生体会盘古伟大的开创精神和彻底的牺牲精神。

2. 议一议：与人物对话，感受人物品质。

（1）伟大的巨人盘古用他的整个身体创造了美丽的世界。你想对盘古说什么？

（2）集体交流。

引导学生先说做法，再说感受，体会其品质。

3. 联一联：联系现代生活感悟精神。

（1）你觉得华为的大模型为什么会取名为“盘古”大模型？

（2）你还知道哪些以神话人物命名的事物？

（3）出示“嫦娥一号”“玉兔探月车”“祝融火星车”，交流为何以此命名。

教师小结：巨人盘古用神力开辟天地，以身躯化万物，我们从中感受到了他伟大的开创精神和彻底的牺牲精神。

4. 做一做：为盘古做一张英雄卡片。

要点：人物简介、人物主要成就、人物评价等。

设计意图：通过对话盘古，联系古今，体会盘古的精神和品质，感受神话中鲜明的人物形象。

任务二：想象“开天地”过程，复述故事

活动一：复述故事

1. 根据课文插图练习复述故事。

(1) 教师：课文上方的插图以连环画的形式描绘了盘古“混沌中沉睡”“开天辟地”“顶天立地”“化为万物”的过程，能帮助我们复述课文，你能自己讲一讲盘古开天地的故事吗？

(2) 学生自由练习讲故事，同桌互相讲故事。

活动二：创述故事

教师：神奇的想象、伟大的人物，这就是神话的魅力。我们也试着编一小段神话故事。

1. 发挥自己的想象，根据课文内容和提示，试着把盘古开天地的过程说清楚、说生动。

2. 依据评价量表，明确创编故事的方法。

评价量表

1	盘古在开天地的过程中可能会遇到怎样的困难	☆
2	用排比的句式列举多种困难	☆
3	盘古遇到困难时是怎样想的，加入适当的心理描写	☆

3. 学生自主想象，创编故事，同桌交流。

4. 集体交流，依据评价量表评价并完善故事。

设计意图：先梳理文章插图使复述简单化，再通过创造性复述让学生深入理解人物形象，由易到难，层层深入。

三、课堂小结

这节课我们认识了具有伟大开创精神和牺牲精神的盘古，感受到了古代劳动人民对自然、对世界的独特理解。神话是虚构的，是超越经验的想象，充满了神奇。

四、布置作业

1. 为自己的英雄卡片制作插图。再选择一位古代神话人物制作英雄卡片。

2. 阅读世界经典神话中的创世神话。

板书设计

⑫盘古开天地

天地变化的神奇		勇于献身
身体变化的神奇	盘古	无私奉献
以身化万物的神奇		
神奇		鲜明的人物

课后反思

《盘古开天地》是一篇神话故事，课文通过盘古开天辟地、顶天立地、以身化万物，体现了盘古不畏艰难的献身精神。故事处处充满神奇的想象，让学生感受到我国古代人民丰富的想象力。根据神话的特点和单元语文要素，确定本文的训练重点为：一是感受故事的神奇和鲜明的人物形象，二是学习复述故事。

第一，扎实有效落实地教学目标。本课的教学重点是引导学生进一步了解神话的特点，感受神奇的想象和鲜明的人物形象。围绕这一重点，设计了多种学习活动，使教学目标扎实有效地落实。让学生在朗读、想象、交流的有机融合中感受盘古鲜明的人物形象，在表达中进一步感受盘古为开天辟地而勇于献身的精神。在感受神奇的过程中，先让学生自读体会勾画天地变化的神奇，再默读交流顶天立地的神奇，最后自读填写身体变化的神奇，在逐步朗读想象体验中感受神话故事的无穷魅力，激发学生阅读神话故事的兴趣，为学习本单元后面的课文提供方法支持。

第二，思维训练注重方法引导。学生完成任务一时，在读中感知、感受神奇，劈开天地时采用对称的描写，把天地形成的过程写得非常神奇；盘古倒下后身体化为风云雷雨、日月山川、花草树木，用了连续相同的句式进行描写。学生领悟方法后，再进行想象思维训练，使学生有话可说，有法可依。这样设计教学过程，既降低了难度，又层层深入地训练了学生的思维。创造性复述故事的教学也是如此，学生由依插图复述、同桌合作分述，再到创造性复述，通过阶梯达标的方法，使学习过程由易到难，降低了学生的畏难情绪，有效落实了语文要素。

第三，自然渗透中华传统文化。《义务教育语文课程标准（2022 年版）》明确规定，语文课程的学习内容“体现中华优秀传统文化、革命文化、社会主义先进文化的作品，应占 60%—70%”。建立文化自信是新课标的要求之一，而继承和弘扬中华优秀传统文化是建立文化自信的重要内容。读好中国神话故事，让学生从中汲取成长的力量，对落实立德树人根本任务、增强文化自信，具有不可替代的作用。本课教学，在感受盘古英雄品质的同时，与盘古对话，深入体会其勇于献身的精神，体会祖先在探索和改造世界过程中的美好向往，进而产生自身征服世界的刚勇；古今相连，通过观看以神话人物命名的现代科技图片，体会神话故事在先民中的地位，体会现代人用科技改变世界的力量，从而让学生产生自己要改变世界的勇气和信心，培养学生树立正确的人生观和价值观。在这一系列学习活动中，让学生潜移默化地感受到中华传统文化的魅力，进而增强文化自信和民族自豪感。

课例 6　《精卫填海》教学实践

课例名片

年级：四年级（上）

设计者：牛玉童（保定市徐水区徐水小学）

执教者：牛玉童

指导教师：薛丽娟（保定市顺平县逸夫小学）

学习目标

1. 认识“曰”“溺”等 4 个生字。读准多音字“少”，会写“曰”“衔”等 5 个字。

2. 正确、流利地朗读课文，背诵课文。

3. 结合注释，理解课文内容，用自己的话讲述精卫填海的故事。

4. 感受精卫的形象，体会故事中蕴含的伟大民族精神。

重点难点

结合注释，理解内容，用自己的话讲述精卫填海的故事；感受神话鲜明的人物形象，体会精卫坚韧与执着的意志。

课前准备

教学课件、预习单。

预 习 单

1. 借助注音，读通、读顺课文。

2. 查阅《山海经》的相关资料。

教学过程

一、激趣导入，了解出处

1. 教师：2022 年一场举世瞩目的盛会在我国北京举行，这就是北京冬奥会，本次冬奥会的纪念徽章集合了很多中国神话元素。看这两枚徽章，你能猜出是哪两个神话故事吗？（出示“盘古开天地”“精卫填海”徽章图片。）

2. 教师板书课题，学生齐读。

3. 由课题质疑。

预设：

精卫是谁？精卫为什么填海？精卫是怎么填海的？

结合注释、插图了解“精卫”：神话中鸟的名字，形状像乌鸦，头上有花纹，白色的嘴，红色的脚，传说是炎帝小女儿溺水身亡后的化身。

4. 了解《山海经》。

《山海经》是我国第一部描述山川、物产、风情的大型地理著作，也是我国记载神话最多的古书。

二、完成学习任务

任务一：读通课文，学习生字

活动一：预习反馈，通读课文

教师：先来检查同学们的预习情况，试着读一读。

炎帝之少女　　名曰女娃　　溺而不返

故为精卫　　常衔西山之木石　　以堙于东海

1. 多种形式读，交流易读错字的读音。

预设：

多音字“少”，在本文中读“shào”，意思是“年纪轻”，可以组词为“少女”“少年”；“溺”“堙”不要误读为其他音。

2. 自由练读整篇课文，读通句子。

3. 学生展示读。

活动二：正确书写生字。

1. 学生自读写字表中的生字：曰、溺、返、衔。

2. 仔细观察生字，交流书写要点。

预设：

“曰”注意和“日”区分，“曰”的字形扁一些，宽一些；“溺”要写得左窄右宽；“返”字书写时注意笔顺，先写“反”，再写“辶”；“衔”字为左中右结构，三个部件等宽。

3. 正确美观地书写生字，当堂检测。

设计意图：通过多种形式的朗读落实读准字音、读通课文的目标，正确规范地书写汉字，为后边理解文意扫清障碍。

任务二：疏通文意，朗读背诵

活动一：回顾旧知，总结方法

教师：三年级时，我们学习了《司马光》和《守株待兔》这两篇文言文，初步了解了学习文言文的方法。

1. 交流理解文言文意思的方法。

预设：可以通过借助注释、组词、反复诵读、联系上下文、结合插图等方法理解文言文的意思。

2. 学生自由读课文，用学过的办法试着理解这篇文言文的意思。

活动二：理解句意，提升朗读

教师：课文讲了一个怎样的故事呢？我们一起来交流。

1. 交流第一句：“炎帝之少女，名曰女娃。”

(1) 说一说句子的意思。

预设：

结合注释，可以知道“炎帝”是上古时期的部落首领，“少女”是小女儿的意思；“名”可以组词为“名字”；联系句子猜一猜，可以知道“之”的意思是“的”，“曰”的意思是“叫”。所以这句话的意思就是“炎帝的小女儿，名叫女娃。”

教师提示：“少女”在文中是指炎帝的小女儿，现在“少女”一般指的是年龄在十二岁到十六岁之间的女孩子，古今异义。

(2) 学生练读句子，齐读。

炎帝/之少女，名曰/女娃。

教师小结：先读句子，然后通过看注释、组词、联系句子猜一猜的方法了解字义，最后把字义连起来就能明确句意。

2. 交流第二句：“女娃游于东海，溺而不返，故为精卫，常衔西山之木石，以堙于东海。”

（1）理解句子的意思。

预设：

结合注释，可以知道“溺”“故”“湮”的意思分别是“溺水、淹没”“因此”“填塞”。这句话的意思是：“女娃到东海去游泳，不幸溺水而亡，再也回不来了，因而化作了一只名叫‘精卫’的小鸟。精卫常常衔着西山的树枝和石子来填塞东海，想把东海填平。”

（2）练读句子，读出节奏。

女娃/游于东海，溺/而不返，故为/精卫，常衔/西山之木石，以堙于/东海。

3. 连起来说说全文大意。

4. 学生展示朗读，有感情地齐读全文。

活动三：明晰情节，背诵全文

教师：通过自读课文，你能解开刚开始上课时心中的疑问吗？用文中的语言来回答。

1. 交流：精卫为什么填海？精卫是怎么填海的？

预设：

女娃游于东海，溺而不返；常衔西山之木石，以堙于东海。

2. 了解故事的起因、经过。

预设：

“精卫为什么填海？”因为“女娃游于东海，溺而不返”，这是故事的“起因”。“精卫是怎样填海的？”精卫“常衔西山之木石，以堙于东海”，这是故事的经过。

3. 学生练习背诵全文，指名展示，齐诵。

设计意图：学生利用之前获得的学习文言文的方法，充分利用教材提供的注释、插图自主学习，理解课文，明晰情节，有感情地朗读，背诵积累。

任务三：感悟形象，讲述故事

活动一：展开想象，感悟形象

教师："女娃游于东海，溺而不返，故为精卫，常衔西山之木石，以堙于东海。"读这句话时，大家想到了怎样的画面？

1. 学生自读，想象画面，集体交流。

预设：

想到了女娃游于东海时的情景以及东海的美丽景色；女娃不幸溺水时的场景；精卫衔树枝、石子填塞东海的场景……

2. 想一想精卫会遇到哪些困难？面对这些困难，精卫又是怎样做的，说一说。

面对波涛汹涌的大海，精卫____________________________________。

面对别人的劝阻，精卫______________________________________。

面对__________，精卫______________________________________。

3. 根据学生的感受，教师引读。

面对波涛汹涌的海浪，小小的精卫无所畏惧——常衔西山之木石，以堙于东海。

面对别人的劝阻，精卫仍然义无反顾，日复一日、年复一年地——常衔西山之木石，以堙于东海。

盛夏，面对炎炎烈日，精卫毫不在意——常衔西山之木石，以堙于东海。

4. 教师追问：精卫给你留下了怎样的印象？

预设：

这是一只坚韧、执着的精卫鸟。大海无边无际，而她填海的工具仅仅是树枝、石子，尽管困难重重，但精卫奋力填海，方向从未改变。

板书：坚韧、执着。

活动二：总结方法，讲述故事

教师：学习了《盘古开天地》一文，我们练习了把盘古开天地的过程讲清楚，学习了讲故事的方法，一起来回顾。

1. 梳理讲故事的方法。

预设：

借助书中的语言和关键词；借助故事中的插图；按起因、经过、结果讲述故事；适当加入想象。

2. 同桌两人讲述《精卫填海》的故事，对照评价量表进行互评，指出各自的优缺点。

教师提示：可以在故事开始时加入时间，如“很久很久以前，有一天……”

评价量表

1	借助课文，按照一定顺序完整地讲述故事	☆
2	借助插图把故事内容讲清楚	☆
3	加入适当的想象，把故事讲生动	☆

3. 学生展示讲故事。

设计意图：在疏通文意的基础上，充分发挥想象，感悟精卫坚韧、执着的精神；依托文本情境，借助评价量表，指导学生讲故事，把故事讲得声情并茂。

三、拓展提升，布置作业

1. 寻找生活中的“精卫”。

教师：这节课，我们一起读上古神话《精卫填海》，我们读的是坚持不懈、百折不挠的精神，这种“精卫填海”的精神，在我们的生活中，你看到过吗？谁是我们当代的精卫呢？

预设：

中国飞人苏炳添，一次次摔倒，一次次重新站起，一次次冲刺，突破自我，领跑亚洲，他就是当代的“精卫”；疫情防控期间，医护人员冒着生命危险去救治病人，研究战胜病魔的方法，他们也是当代的“精卫”……

2. 课堂小结。

自古以来，“精卫填海”的精神一直在影响、激励着我们每一个中国人克服重重困难，创造了一个又一个奇迹。

3. 布置作业。

把《精卫填海》的故事讲给家人听；继续阅读自己喜欢的中国神话故事。

板书设计

⑬精卫填海

起因：女娃	游于东海	⟶	溺而不返	坚韧	执着
经过：精卫	化鸟衔木石	⟶	堙于东海		

课后反思

《精卫填海》选自《山海经·北海经》，讲述了炎帝的小女儿女娃去东海游玩时不幸溺水，化为精卫鸟，衔来西山木石填塞东海的故事，塑造了坚韧、执着的精卫形象。结合单元语文要素“了解故事的起因、经过、结果，学习把握文章的主要内容；感受神话中神奇的想象和鲜明的人物形象”，将本篇课文的教学重点确定为：结合注释，理解课文内容，用自己的话讲述精卫填海的故事；感受神话中鲜明的人物形象，体会精卫坚韧与执着的意志。

第一，疏通文意，讲好神话故事。《精卫填海》是部编版《语文》教材中的第三篇文言文，学生已经掌握了一些学习文言文的方法。在学生读通课文之后，带领学生回顾三年级学习的《司马光》《守株待兔》两篇文言文的学习方法，引导学生通过借助注释、组词、反复诵读、联系上下文、结合插图等方法自主理解文言文的意思，了解故事的起因、经过，并进行积累背诵，学生在把握课文主要内容的同时，也为讲故事做好铺垫。在讲故事环节，回顾《盘古开天地》一文习得的讲故事的方法，依据评价量表，指导学生借助课文内容及文中插图，展开想象，把故事讲完整、讲清楚、讲生动。

第二，深入探究，感受人物形象。学生在理解课文内容之后，对精卫的形象已经有了自己的认识和理解。在此基础上，让学生依据课文内容展开想象，在头脑中形成画面，想象在填海过程中精卫可能遇到哪些困难，又是如何做的，感受精卫的坚韧、执着。学生在想象的过程中感受到了神话的神奇色彩与鲜明的人物形象，落实了语文要素。最后引导学生联系生活实际，体会祖国强大的深层意义，坚定文化自信，培养爱国情感，传承精卫填海的民族精神。

课例7 《落花生》教学实践

课例名片

年级：五年级（上）

设计者：薛丽娟　李海桥（保定市顺平县逸夫小学）

执教者：薛丽娟　李海桥

指导教师：王英华（保定市顺平县逸夫小学）

第一课时

学习目标

1. 通过预习反馈，正确读写生字词，利用形声字规律和联系上下文的方法，重点理解“吩咐””爱慕”“开辟”的意思。

2. 正确流利地朗读课文，借助流程图，了解课文主要内容。

3. 朗读课文，通过对话部分初步了解花生的特点和用途。

重点难点

识字写字，理解重点词语的意思；朗读课文，借助流程图了解课文的主要内容。

课前准备

教学课件、预习单、学习任务单。

预习单

1. 读了《落花生》这个题目，产生了什么疑问？

2. 自学生字词，写出三个你认为最容易读错和最容易写错的词语。

3. 联系上下文理解“爱慕”“开辟”的意思。

4. 查阅资料：了解作者许地山；了解花生籽、花生壳、花生渣、花生秧分别有什么用途。

教学过程

一、猜谜导入，了解作者

1. 教师：请大家猜一个谜语。“根根胡须入泥沙，自造房屋自安家，地上开花不结果，地下结果不开花。”（谜底为花生，教师板书课题，学生齐读。）

2. 看视频，补充相关知识。

（1）质疑：读了课题你有什么疑问？

（2）根据预习单和学生交流，梳理汇总问题。

预设：

落花生和我们平时吃的花生是一种植物吗？

为什么叫“落花生”？

（3）观看花生生长过程的视频，交流看法。

预设：

“落花生”就是花生，它在地上开花，花落后，果针钻到地里长成了花生，因为它是落花而生，所以又叫落花生。

3. 了解作者。

（1）学生交流课前查阅的作者资料。

（2）教师出示许地山有关资料。

许地山是现代小说家、散文家，1922年毕业于燕京大学，是文学研究会的发起人之一。抗日战争前后，许地山在香港大学任教并从事进步的文化活动，著有《空山灵雨》等作品。笔名落华生。

教师：作者为什么起了这样的笔名，为什么对这小小的花生情有独钟呢？相信随着课文的学习，同学们会知晓答案。

二、引导学生完成学习任务

任务一：初读课文，反馈预习

活动一：认读词语，理解意思

教师：正确读写生字词是学习文章的基础，请同学们看屏幕上的词语，试着自己读一读。

空地　开辟　播种　吩咐　榨油　便宜　石榴　爱慕　半亩　茅亭

1. 学生自由朗读，交流易读错字的读音。

预设：

“播种”的“种”，“空地”的“空”，“便宜”的“便”，都是多音字。“吩咐”的“咐”，“便宜”的“宜”，“石榴”的“榴”，读轻声。

2. 重点理解“吩咐”“爱慕”“开辟”的意思。

（1）教师：你能结合形声字的特点说说怎么理解“吩咐”这个词吗？

预设：

“吩咐”根据形声字的特点，口字旁表示和嘴巴有关，无论是吩咐还是嘱咐，都是通过嘴巴说出来的。

（2）教师：请同学们浏览第10自然段，找到“爱慕”所在的句子，读一读，想一想这句话中的“爱慕”是什么意思？

它的果实埋在地里，不像桃子、石榴、苹果那样，把鲜红嫩绿的果实高高地挂在枝头，使人一见就生爱慕之心。

预设：

“爱慕”的意思是说桃子、苹果、石榴等，鲜红嫩绿，颜色好看，让人一见就心生喜爱之情。

教师：“爱慕”就是由于心里喜爱而愿意接近的意思，所以“慕”的下面是“心”字的变形。（板书：慕。）

（3）教师：刚才我们结合上下文理解了“爱慕”的意思，你能用同样的方法理解“开辟”的意思吗？

预设：

学生把“开辟”带入句子中理解。“让它荒着怪可惜的，你们那么爱吃花生，就开辟出来种花生吧。”这句话是说这块地本是荒着的，杂草丛生，要种花生就必须拔草、翻地。所以“开辟”在这里是开垦的意思。

教师小结：根据形声字的特点我们理解了“吩咐”的意思，把词语带入句子，联系上下文，我们理解了“爱慕、开辟”的意思，这些都是理解词语的好方法。

3. 学生齐读词语，加深记忆。

活动二：正确书写词语

1. 学生自读写字表中的生字。

亩　播　浇　吩　咐　亭　榨　慕　矮

2. 交流易错字“播”“浇”书写要点。

预设：

“播”字右上是“㇒＋米”不是“爫＋木”。“浇”右上不要加点。（板书：播、浇。）

3. 正确美观地书写词语。

（1）集体交流“吩、咐、矮”三个字的书写要领。

预设：

“吩咐”这两个字，口字旁要写得小一点，位置要稍稍靠上。“矮”字，左半部分最后一笔点要和右半部分“女”的最后一笔撇形成避让。（板书：吩、咐、矮。）

（2）学生练写，当堂检测。

设计意图：利用形声字和联系上下文的方法识记并理解词语，正确规范地书写汉字，为学习课文扫清障碍。

任务二：梳理概括主要内容

活动一：梳理文章内容，完成流程图

教师：学会了字词，我们再来默读课文，边读边思考，课文围绕落花生写了哪些内容，在文中圈画关键词语，填写学习任务单中的流程图。

②落花生

种花生 → ☐ → ☐ → ☐

1. 学生默读课文，圈画关键词，完成任务单。

2. 集体交流。

预设：

第 1 自然段抓住关键词“种花生”“收获”，明确这一段写了“种花生”和“收花生”。

第 2 自然段抓住关键词“母亲说”“把花生做成了好几样食品”“茅亭”，可以概括为“准备过收获节”。

后边几个自然段都是对话，是大家在讨论花生，可以概括为“议花生”。

活动二：明确课文重点内容

教师提问：刚才我们知道了课文围绕落花生写了种花生、收花生、准备过收获节和议花生四方面的内容。下面请同学们浏览课文，想一想在这四部分内容中，你认为作者重点写的是什么，为什么？

学生思考后集体交流。

预设：

文章用大量篇幅写了父亲和我们在收获节时的对话，所以文章重点写了“议花生”部分，这部分内容写得最详细，是文章的重点。

教师追问：在“议花生”部分，父亲重点是想告诉我们什么？我从父亲的话中明白了什么？

学生再读对话后集体交流。

预设：

父亲重点是想告诉我们花生的品格，我从父亲的话中明白了做人的道理。

活动三：概括文章主要内容

教师：你能把这些内容连起来，完整地概括文章的主要内容吗？

1. 学生根据流程图自己练习，同桌之间进行交流。

2. 集体交流。

预设：

本文写了我们和母亲在后院的空地上种了一些花生，收获季节时，请父亲一起来品尝花生，父亲对花生品格的赞扬使我懂得了做人的道理。

设计意图：先梳理文章内容，完成流程图，再借助流程图完整地概括文章的主要内容，由易到难，层层深入。

任务三：阅读对话，感悟特点

活动一：聚焦对话，初步感悟花生特点

教师：下面让我们聚焦课文中孩子们的对话部分，思考花生的特点是什么？把关键词语圈画出来。

1. 学生默读对话，圈画出关键词。

2. 集体交流，教师引导学生抓关键词提取重要信息。

预设：

味道很美、可以榨油、价钱便宜。

活动二：补充资料，进一步感受花生的用途

交流课前查阅的关于花生的相关资料，了解花生的用途。

预设：

花生籽是榨油的好原料，花生壳是很好的肥料，花生渣和花生秧是鱼类、牛羊的好饲料。花生浑身都是宝。

活动三：联系上文感受花生好种易活的特点

1. 学生自主阅读第 1 自然段，了解花生还有哪些特点。

2. 集体交流。

预设：

通过“居然”一词，体会到花生好种易活的特点。

设计意图：通过文中对话、课前查阅的资料，结合课文第 1 自然段，全面了解花生的特点，为下节课学习花生的可贵之处做好铺垫。

三、教师小结，引导质疑

这节课我们随着作者许地山走进了他的童年，在朦胧的月光下，低矮的花生丛边，一家人围坐在茅亭里过收获节。从文章第 1 自然段中发现花生好种易活，从孩子的对话中知道花生味道很美、可以榨油、价钱便宜，从课前查阅的资料中我们了解到花生浑身都是宝。看，花生有这么多的用途，但是在父亲看来这些是花生最可贵的吗？花生最可贵的品格到底是什么呢？下节课我们继续探究。

板书设计

②落花生

慕 播 浇 吩 咐 矮

第二课时

学习目标

1. 朗读课文，能说出父亲借花生告诉我们的道理。

2. 初步了解作者借助具体事物抒发感情的方法，并试着选择一种事物写一段话。

重点难点

学习作者借助具体事物抒发情感的方法，并尝试运用，完成课后小练笔。

课前准备

教学课件、学习任务单。

教学过程

一、复习导入，引出新课

教师：这节课我们继续学习许地山的《落花生》。通过上节课的学习，我们了解了课文的主要内容。谁来说说文章围绕“落花生”写了哪些内容？花生有哪些特点？

二、完成学习任务

任务一：聚焦对话，体会道理

活动一：细读文本，体会花生的可贵

教师：默读课文第10—15自然段，找出父亲说的话，思考：花生还有哪些不易被人察觉的特点？父亲想借花生告诉“我们”什么道理？勾画出关键词。

1. 学生自主学习。

2. 集体交流，教师引导点拨。

（1）父亲第一次“议花生”。

教师：花生还有哪些不易被人察觉的特点？来看父亲第一次“议花生”。

父亲说：“花生的好处很多，有一样最可贵。它的果实埋在地里，不像桃子、石榴、苹果那样，把鲜红嫩绿的果实高高地挂在枝上，使人一见就生爱慕之心。你们看它矮矮地长在地上，等到成熟了，也不能立刻分辨出来它有没有果实，必须挖起来才知道。”

预设：

①花生埋在地里、矮矮的、挖起来才知道，而水果却是鲜红嫩绿、高高地挂在枝上，通过对比两者外形和生长位置的不同，体会水果外形漂亮，而花生朴实无华、默默无闻的特点。

②父亲把花生和桃子、石榴、苹果相比，比较了果实的外形和生长位置的不同，说明花生没有桃子、石榴、苹果那样外在的美丽，它低调而朴实，默默无闻，这就是花生不易被人察觉的特点。

（2）父亲第二次“议花生”。

教师：父亲说花生可贵，可贵之处到底在哪里？我们继续交流。

所以你们要像花生，它虽然不好看，可是很有用。

预设：

引导学生抓关键词“不好看”“很有用”，体会花生的可贵之处，这也是父亲对孩子们的期望。

（3）“我”说的话。

教师：作为孩子的我，有没有明白父亲对我们的期望呢？我们继续交流。

预设：

“那么，人要做有用的人，不要做只讲体面，而对别人没有好处的人。”这句话表明作者明白了父亲的期望，父亲是借花生告诉孩子们应该做怎样的人。做人不能只讲外表美，还要有真才实学，注重内在美。（板书：要做有用的人。）

3. 学生有感情地朗读父亲的话。

教师：父亲期望孩子们要做有用的人，让我们再来读一读父亲说过的话，读出父亲的希望，读出语重心长的感觉。

师生合作读。

教师小结：通过刚才的交流，我们感受到了花生朴实无华、默默无闻的特点，也明白了父亲是借花生来告诉我们做人的道理，人要做有用的人，要有真才实学，要注重内在美。

活动二：朗读对话，加深理解

1. 学生分角色读第 10—14 自然段。

2. 教师读最后一个自然段：我们谈到深夜才散，花生做的食品都吃完了，父亲的话却深深地印在了我的心上。

3. 教师小结：作者许地山把父亲的话印在了心上，牢牢记住了父亲的教诲。当他开始创作的时候，就以“落华生”为笔名，默默奉献。在抗日战争前后，他因四处奔波，劳累过度而去世。许地山不仅把父亲的话印在了心上，更深深地落实到了行动中。

设计意图：通过对话，聚焦文本，体会父亲想借花生告诉我们做人的道理。

任务二：学习表达，仿写练笔

活动一：联系生活，拓展认识

教师：同学们，父亲借花生告诉我们要默默奉献，做一个有用的人。其实，生活中到处都是这样的人。此时，你的脑海里想到了谁？

预设：

清洁工人每天早晨起得很早，默默地清扫大街小巷，使我们的城市既干净又美丽。警察叔叔帮我们解决困难，为人们排忧解难。每当有了灾情，洪水、地震、疫情……解放军叔叔们总是冲在最前面，奋战在第一线，为了挽救别人的生命而奋不顾身。还有老师、航天员、科技工作者，他们都是作者说的有用的人。

教师小结：交通警察在烈日下指挥交通，使道路畅通，让我们的出行更方便；医生救死扶伤，为人们驱走病魔；建筑工人建起一座座高楼，让我们有安身之所；环卫工人让我们的城市干净又美丽。他们都是默默奉献的有用的人，我们这个社会需要有用的人，我们这个国家需要默默奉献的精神。

活动二：事物特点与人物品质联结，与身边人物联结

教师：看到下面这些事物，你会想到哪些人？请你结合事物特点与人物品质连一连。

路灯	蜜蜂	梅花	竹子
辛勤忙碌的人	默默奉献的人	谦虚正直的人	顽强不屈的人

学生连线后集体交流。

预设：

路灯在夜晚为行人照亮黑暗中的道路，就像文中的花生一样让我们想到默默奉献的人；蜜蜂辛勤地采蜜，就像身边辛勤忙碌的人；梅花在最寒冷的季节开放，不畏严寒，傲霜斗雪，就像我们身边那些顽强不屈的人；竹子是空心的，并且长得非常直，所以由竹子想到了谦虚正直的人。

教师追问：同学们能不能由蜜蜂、梅花、竹子这些事物联想到我们身边具有相同品质的人呢？

预设：

蜜蜂——农民、建筑工人、航天员、科研工作者

梅花——革命者

竹子——法律工作者

活动三：迁移方法，完成小练笔

教师：请同学们选择其中的一种事物，用上对比的手法，借这种事物来赞美一类人，写一段话。（板书：借助一种事物赞美一类人。）

1. 借助例文，明确写法。

蜜蜂是自然界中非常普通且勤劳的昆虫。它不像蝴蝶那样拥有美丽的翅膀，也不像甲虫那样拥有坚硬的铠甲。它们不辞辛劳地穿梭于花草之间，默默地采花酿蜜，从来不求回报。就像农民伯伯，没有华丽的外表，终日与泥土为伴，却用汗水为我们换来粮食、蔬菜、水果。

教师：请大家自由朗读，思考这段话借什么事物赞美了哪一类人？（借蜜蜂赞美农民伯伯。）

教师：再读，思考每句话写了什么。

预设：

第一句话描述蜜蜂的显著特点是普通而勤劳；第二句话把蜜蜂与蝴蝶、甲虫进行对比，写出蜜蜂的普通；第三句话找到蜜蜂和农民的共同点——勤劳，不求回报，由物过渡到人；第四句话写出农民的具体行为，用汗水换来粮食、蔬菜、

水果等。

2. 依据评价量表，以路灯、梅花为例拓展写作思路。

评价量表

1	描述事物本身的显著特点	☆
2	把事物和其他同类事物进行对比	☆
3	找到事物和人物的共同点，由物过渡到人	☆
4	写出人物的具体行为和品质。	☆

路灯、梅花的显著特点是什么?（路灯普通，随处可见；梅花不惧严寒，傲霜斗雪。）路灯、梅花可以与哪些同类事物进行对比?（路灯可以与招牌灯、霓虹灯进行对比；梅花可以与牡丹、芍药等花进行对比。）路灯、梅花与要赞美的人物的共同点是什么?（路灯默默地散发着朴实的光芒；梅花凌寒独放，顽强不屈。）最后写出要赞美的人物的具体行为和品质。

3. 学生依据评价标准进行小练笔，教师巡视指导。

4. 展示小练笔，集体交流，依据评价标准修改完善。

教师小结：在我们的生活中还有很多像这样蕴含着情感的事物，相信它们也能给你带来无尽的思考。

设计意图：学生联系生活，通过花生的特点和生活中的人物特点相联系，拓展开来，也把现实生活中的事物特点与人物品质联结，与身边的人物联结，完成写话。

三、回顾总结，布置作业

1. 教师小结。

这节课，我们通过课文的学习了解到了花生朴实无华、默默无闻的高贵品质，也明白了做人的道理；通过小练笔，学习了怎样借助一种事物来赞美一类人。

2. 布置作业。

（1）给自己取一个笔名，写一写为什么要取这个名字。

（2）对比阅读季羡林的《夹竹桃》，查阅季羡林的简介，思考：夹竹桃与季羡林之间有哪些共通之处。

板书设计

②落花生

一、体会道理：要做有用的人

二、学习表达：借助一种事物赞美一类人

课后反思

《落花生》一文，作者选取花生这一平凡事物，围绕全家聚会这件小事展开叙述，语言浅显，但所说明的道理深刻，富有教育意义，以小见大，引人深思。本文教学，有两点成功之处：

第一，单元语文要素得到有效落实。本单元的语文要素是“初步了解课文借助具体事物抒发感情的方法”。《落花生》正是借助花生的特点，抒发了“要做有用的人”的感悟。教学过程中，首先聚焦父亲和孩子们的对话部分，结合资料，引导学生发现花生的外在特点，然后重点研读父亲的话，体会花生朴实无华、默默无闻的特点，进而体会作者要表达的“要做有用的人”的感悟。引导学生发现事物的特征与抒发的感情之间的关联，在落实单元语文要素的同时，为后面的小练笔做好铺垫，也帮助学生树立了正确的人生观、价值观，在学生心中埋下了一颗种子：做人要像花生一样默默无闻，无私奉献。

第二，“小练笔”作为一个重要的教学目标得到了落实。课后的小练笔由事物的特点联想到身边人，把自己的所思所想写下来，这是教学的重点，也是难点。为了突破难点，在活动设计上，首先引导学生把事物的特点与人物品质相联结，进而与身边人物联结。然后借助例文支架，为小练笔提供章法支持，依据评价量表拓展思路，学生自主完成初稿。最后进行展示，集体交流，依据评价标准自评，修改完善，这样一来，大多数学生较高质量地完成了小练笔。

课例 8 《慈母情深》教学实践

课例名片

年级：五年级（上）

设计者：牛玉童　梁辉（保定市徐水区徐水小学）

执教者：牛玉童　杨坤

指导教师：薛丽娟（保定市顺平县逸夫小学）

第一课时

学习目标

1. 通过预习反馈，正确读写生字词，利用联系上下文和联系生活实际的方法，重点理解“皲裂”“数落”两个词语的意思。

2. 正确流利地朗读课文，整体感知，厘清脉络，了解课文的主要内容。

3. 学习课文第 1—5 自然段，了解故事背景；梳理出课文中的四个场景。

重点难点

识字写字，理解重点词语的意思；正确流利地朗读课文，了解课文的主要内容。

课前准备

教学课件、预习单、学习任务单。

预习单

1. 自学生字词，写出三个你认为最容易读错和最容易写错的词语。

2. 联系上下文理解“皲裂”的意思。

3. 查阅资料：了解作者梁晓声。

4. 查一查："一元钱"在20世纪60年代，能买到什么，或者能做什么。

教学过程

一、导入新课，了解作者

1. 出示古诗《游子吟》，导入新课。

（1）教师：有这样一首古诗，只有短短六行，却千古传唱，引人共鸣。让我们齐读《游子吟》。

（2）教师：这首诗赞颂了伟大的母爱，本节课我们来学习一篇与母亲有关的课文——《慈母情深》。

教师板书课题，学生齐读。

2. 了解作者。

梁晓声，小说家，1949年出生，1977年毕业于复旦大学，先后在北京电影制片厂、北京儿童电影制片厂、北京语言大学工作。主要作品有短篇小说《父亲》、中篇小说《今夜有暴风雪》、长篇小说《人世间》等。

二、引导学生完成学习任务

任务一：反馈预习，巩固基础

活动一：巩固生词，理解意思

教师：先来检查同学们的预习情况，这些词语大家都认识吗？试着读一读。

压抑　颓败　噪声　衣兜　皲裂　缝纫机

褐色　疲惫　耽误　数落　权利　失魂落魄

1. 多种形式读，教师重点指导以下生字的读音。

（1）颓：读tuí，不要误读。

（2）噪、皲、纫、褐、惫、魄：利用形声字的特点来识记。

2. 重点理解"皲裂"的意思。

结合文本和图片理解"皲裂"。

预设：

"皲裂"的意思是皮肤因干燥而开裂，母亲"皲裂的手指"，让我们感受到她常年工作非常辛苦，手指上的皮肤开裂，一动就会很疼。

活动二：正确书写生字

教师：我们来看本课要求会写的生字。

辞 抑 碌 吊 酷 暑 噪 脊 罩 竟 哇 忍 械 酸 权

1. 学生交流，提醒易错字的书写要点。

预设：

“脊”字书写时要注意笔顺，上面部分要先写两边，再写中间；“抑”字注意右半部分，不要写成“卯”。

2. 学生练习写字，教师巡视指导书写姿势和写字要领，写完后展示并评价。

设计意图：本文出现的会认字和会写字较多，通过自主识记、集体交流等方式组织学生识记、书写汉字。联系上下文，理解重点词语的意思，为课文学习扫清字词障碍。

任务二：整体感知，概括主要内容

活动：概括课文主要内容

1. 学生默读课文，边读边思考，课文主要讲了一件什么事。

预设：

课文讲了“我”向母亲要钱买书的事。

2. 给课文划分层次，把握主要内容。

教师：课文段落较多，请同学们按照事情的起因、经过、结果把文章划分为三个部分，想一想每一部分讲了什么内容。

（1）学生浏览课文，给文章划分层次，集体交流。

预设：

第 1—5 自然段主要讲的是“我”想买一本《青年近卫军》，这是事情的起因；第 6—34 自然段主要讲了“我”向母亲要钱的经过；第 35—38 自然段主要讲“我”最终拥有了想要的书，是事情的结果。

（2）学生尝试把事情的起因、经过、结果串联起来说一说课文的主要内容。

预设：家境贫寒的“我”非常想买一本《青年近卫军》，就到母亲工作的厂房向她要钱，辛苦忙碌的母亲毫不犹豫地把钱给了“我”，“我”买到了书。

教师小结：弄清事情的起因、经过和结果，可以帮助我们把握课文的主要内容。

任务三：了解家境，梳理场景

活动一：了解家境的贫寒

教师：通过刚才的学习，我们了解了课文的主要内容。按理说，向母亲要钱买书，本来是一件很平常的事，可文中的“我”为什么纠结不安呢？默读第 1—5 自然段，勾画出相关语句，做好批注。

1. 学生自读课文，勾画批注。

2. 集体交流。

预设：

（1）为了填饱肚子，家里连破收音机都卖了，可以看出“我”家的极度贫困。这本书定价一元多钱，母亲一个月的收入是二十七元，相当于母亲两天的收入，对于“我”家来说，这一元多钱是一笔不小的开支。

（2）“母亲还从来没有一次给过我这么多钱。我也从来没有向母亲一次要过这么多钱。”家里太穷了，这一元多钱对于“我”家来说是一笔巨款，而“我”对于家庭贫困的现实是清楚的，所以从来没有向母亲要过这么多钱。

教师小结：正是因为家境的贫寒使“我”不忍心向母亲要钱，然而对于书的渴望还是怂恿着“我”来到母亲工作的地方，从中看出“我”渴望买书的程度之深。

活动二：梳理场景

教师：课文第二部分主要讲了“我”向母亲要钱的经过，作者写到了哪几个场景呢？默读第 6—34 自然段，完成学习任务单。

梳理第 6—34 自然段写了哪几个场景。

（6—9 自然段）：初到厂房（　　　　　）：____________

（　　　　　）：________（　　　　　）：____________

1. 学生默读课文，填写学习任务单。

2. 全班交流。

预设：课文写了四个场景。

场景一：第 6—9 自然段，初到厂房。

场景二：第 10—19 自然段，寻找母亲。

场景三：第 20—28 自然段，向母亲要钱。

场景四：第 29—34 自然段，塞钱给我。

设计意图：本环节以问题导入，引导学生通过阅读交流，整体感知课文内容，厘清文章脉络，梳理第二部分的四个场景，为理解课文内容与感悟作者表达的情感做铺垫。

三、教师小结，总结设悬

这节课我们学习了课文的生字词，了解了课文的主要内容，感受到了“我”家境的贫寒，梳理出了课文重点写了哪几个场景。下节课，我们将继续学习《慈母情深》，一起体会场景描写的魅力所在，感受其中蕴含的浓浓深情。

板书设计

⑱慈母情深

初到厂房

寻找母亲

向母亲要钱

塞钱给我

第二课时

学习目标

1. 默读课文，想象所描写的场景、细节，体会“慈母情深”。

2. 体会文中反复出现的词语的表达效果。

3. 联系生活实际，写出自己“鼻子一酸”的经历。

重点难点

想象描写的场景、细节，体会“慈母情深”；完成课后小练笔。

课前准备

教学课件、学习任务单。

教学过程

一、复习导入，引出新课

教师：这节课我们继续走进梁晓声的《慈母情深》，共同体会文中场景、细节描写的魅力所在。请同学们翻开课本，谁来说一说上节课我们梳理的几个场景？

二、引导学生完成学习任务

任务一：聚焦场景，体会情感

活动一：聚焦场景一，把握方法

教师：同学们，作者梁晓声正是将“慈母情深”藏在了这一个个场景之中，我们首先来关注第一个场景，初到厂房。默读第 6—9 自然段，想一想：“我”看到了什么？听到了什么？感受到了什么？“我”的心情是怎样的？勾画相关语句，做好批注。

1. 学生默读课文，勾画批注。

2. 集体交流，教师相机引导。

（1）交流“我”的所见。

预设：“我”看到了厂房的空间很低矮，而且墙壁都是潮湿的，感觉到了压抑。“我”还看到了“不足二百平米的地方”，放着“七八十台破缝纫机”，非常拥挤。

教师追问：你觉得当“我”看到母亲是在这样的环境中工作，“我”的心情是什么样的？

预设：“我”当时一定十分震惊和自责，“我”没想到母亲是在如此恶劣的环境下工作，同时“我”也体会到母亲挣钱养家的不易。

（2）交流“我”的所闻。

预设：母亲工作的厂房特别吵，是从“震耳欲聋”这个词感受到的，同时，结合下文说话要“大声嚷”，可见厂房里面噪声特别大。

播放缝纫机工作时的音频，帮助学生理解“七八十台缝纫机”发出的震耳欲聋的噪声是怎样的，感受母亲工作环境的恶劣。

（3）交流“我”的所感。

教师：谁还有想说的？大家可以结合自己的生活经验，设身处地地想象厂房的环境，说说自己的体会。

预设：“我”感受到了厂房的闷热。在夏天最热的时候，窗户不能开，那个年代更别提空调了，还有那么多人和东西挤在一起，每个人头顶还挂着发热的灯泡，怪不得“我”觉得“犹如身在蒸笼”。可见母亲工作的环境是多么差啊！由此“我”更体会到了母亲的不易。

(4) 抓住“七八十”，体会反复的手法。

教师：有一个词语在这几段反复出现，你们发现了吗？

预设：第7自然段多次出现了“七八十”，让我感受到母亲工作的地方非常拥挤。

教师：多次出现的“七八十”是“反复”的修辞手法，为了突出某个意思、强调某种感情，特意重复某个词语或句子。“不足二百平米的厂房”内容纳着“七八十台破缝纫机”“七八十个女人”“七八十只灯泡”，让我感觉母亲工作的环境是多么恶劣。(板书：反复。)

3. 有感情地朗读第7自然段。

教师小结：在聚焦场景一的过程中，我们通过把握关键词，想象场景，联系上下文，联系生活，抓住“反复”的修辞手法，体会作者描写的场景和细节中流露出的“慈母情深”。相信在其他三个场景，你们一定会有更深刻的感触！

活动二：小组合作，体会其他场景蕴含的情感

教师：我们继续关注另外三个场景，以小组为单位，运用场景一中获得的方法，选择印象最深的一个场景，思考：从哪里体会到了“慈母情深”，勾画关键词句，完成学习任务单。

我们小组聚焦的是场景______，重点关注的是____(提示：关键词、句子，或者第几段到第几段)，我体会到了____

____

1. 小组合作学习，完成学习任务单。

2. 全班汇报交流，教师适时引导点拨，指导有感情地朗读。

(1) 交流“寻找母亲”的场景。

预设：

“我”寻找母亲时，连叫了两声“妈——”，母亲工作的环境非常拥挤、压抑，

“我”不确定哪一个是母亲，所以才叫了两声妈。同时也说明，“我”无法相信眼前的人就是母亲，“我”要一次又一次地喊她，才能确定是不是母亲，从中也能体会到“我”很心疼母亲在这样的环境中工作。

这里反复出现了三次“我的母亲”：“背直起来了，我的母亲。转过身来了，我的母亲。褐色的口罩上方，一双眼神疲惫的眼睛吃惊地望着我，我的母亲的眼睛……”这几个分开的动作描写，让我们从中感受到母亲长时间俯身工作，身体已经麻木僵硬的状态。“我”当时的心情是震惊的、心疼的。

(2) 交流“向母亲要钱”的场景。

①教师：母子之间一问一答特别简短，读完你有什么感受？为什么？

预设：

母亲的问话干脆利落，能看出母亲工作紧张忙碌的状态；“我”的回答中有省略号，表示说话时吞吞吐吐。

“我”说话吞吞吐吐说明“我”对辛苦工作的母亲非常心疼，不忍心要钱，但想买书的冲动又使“我”说出了口，看得出“我”内心对“要钱”这件事是有迟疑和懊悔的。

②教师播放缝纫机工作的声音，创设厂房的情境，学生分角色朗读对话。

(3) 交流母亲塞钱给“我”的场景。

①教师：当母亲给“我”钱时，遭到了女工的劝阻，然而母亲还是塞钱给“我”，你从中感受到了什么？

预设：

女工的抱怨和责备，让“我”进一步感受到母亲养育儿女的不易，这时“我”的内心是愧疚不安的。

母亲不顾女工的劝阻把钱给我，从“塞”这个字能看出母亲是毫不犹豫的。在这么艰难的条件下，她还是这么支持“我”读书，“我”感到了母亲无私的爱。

②教师追问：母亲把钱塞给我后，“立刻又坐了下去，立刻又弯曲了背，立刻又将头俯在缝纫机板上了，立刻又陷入手脚并用的机械忙碌状态……”“我”看到这一切，内心会有怎样的触动？接连出现了四个“立刻”，你从中感受到了什么？

预设：

四个“立刻”，写出了母亲丝毫不敢停歇，立即投入工作，表现出一种紧张感，更能显出母亲挣钱养家的不容易，联系前文母亲毫不犹豫地给“我”买书的钱，让我们感受到“慈母情深”。

③同桌合作分角色朗读母亲和女工的对话。

④学生展示朗读。

活动三：整体感知，鼻子一酸

1. 课件出示：

那一天我第一次发现，母亲原来是那么瘦小！那一天我第一次觉得自己长大了，应该是一个大人了。

我鼻子一酸，攥着钱跑了出去……

2. 教师：同学们，此刻的“我”得偿所愿，跟母亲要到了买书的钱，可为何却是鼻子一酸呢？我们还可以结合全文来体会。

预设：通过课文的第一部分，我们了解到“我”家境贫寒，后来“我”又亲眼看到瘦弱疲惫的母亲竟那样辛苦忙碌地工作，“我”已经完全理解了母亲的不容易，母亲毫不犹豫地给“我”买书的钱，让“我”深刻感受到了母亲对自己的爱，内心充满了感动，同时也觉得自己不应该要钱买书，有些自责，所以当拿到钱后，“我”鼻子一酸。

3. 有感情地朗读第 33、34 自然段。

设计意图：聚焦场景一时引导学生抓住文本中的细节，想象画面，结合生活经验，设身处地地想象厂房的环境，并总结学习方法。接下来由扶到放，让孩子们能够运用场景一中获取的方法，自行品读其他三个场景中蕴含的“慈母情深”。

任务二：联系生活实际，进行小练笔

活动一：交流经历，明确要求

1. 联系生活实际，谈经历。

教师：文中的母亲多么爱自己的孩子，孩子又是那么懂事，那么心疼自己的母亲。我们的父母何尝不是如此。你有过“鼻子一酸”的生活经历吗？是什么原因让你的“鼻子一酸”。

预设：多种原因会让人“鼻子一酸”：感动时、后悔时、幸福时……

2. 借助评价量表，明确练笔要求。

教师：接下来，请同学们试着用一段话写写自己“鼻子一酸”的经历。

出示评价量表，师生共同解读评价标准。

评价量表

1	能写出引发自己“鼻子一酸”的所见、所闻	☆
2	能写出自己由见闻引发的联想、感受或行为	☆

活动二：完成练笔，集体交流

1. 学生依据评价标准进行小练笔，教师巡视指导。

2. 学生展示小练笔，集体交流，依据评价标准修改完善。

三、回顾总结，布置作业

教师：这节课，我们通过研读一个个场景、细节的描写深刻地体会到了“慈母情深”，还运用课文中学到的通过场景、细节表达情感的方法写下了自己“鼻子一酸”的经历。（板书：场景、细节。）课下，请同学们阅读梁晓声的《母亲》。

板书设计

⑱慈母情深

初到厂房 寻找母亲 向母亲要钱 塞钱给我	反复 场景 细节

课后反思

《慈母情深》选自梁晓声的自传体小说《母亲》。课文篇幅较长，需要关注的点也比较多，通过研读课标和教材，我决定从单元整体目标出发，抓住场景和细节描写，带领学生体会文中蕴含的母亲对孩子无私的爱，在这个基础上，引发学生的情感共鸣，回忆父母对自己的爱，写下“鼻子一酸”的经历。

基于这篇课文教学的重点难点，将重点放到了第二课时。首先带领孩子们聚焦场景一“初到厂房”，学生默读课文，勾画关键语句，根据“我”的所见、所闻、所感，写下自己的感受。通过集体交流，体会母亲工作环境的恶劣，“我”初到厂房时的震惊。同时挖掘出体会场景中蕴含的感情的方法，如抓关键词、捕捉与众不同的表达手法、联系生活、展开想象等。接下来运用场景一中学到的方法，以小组为单位，选择其余三个场景中印象最深的一个，以学习任务单为支架，体会其中蕴含的“慈母情深”。

在让学生充分体会到文中母亲对儿子的深情后，也会唤起他们记忆中曾经让自己感动过的一幕一幕。在“小练笔”环节，先让学生回忆自己“鼻子一酸”的经历，说一说，然后借助评价量表搭建从说到写的支架，学习文中的表达方法，写出引发自己“鼻子一酸”的所见、所闻、所感，完成“小练笔”。

总之，这篇课文的教学遵循由扶到放、由读到写的过程，让学生既有方法的习得与运用，也有情感的体验与表达。

课例9　《我的“长生果”》教学实践

课例名片

年级：五年级（上）

设计者：郑文（保定市顺平县逸夫小学）

执教者：郑文（保定市顺平县逸夫小学）

指导教师：薛丽娟（保定市顺平县逸夫小学）

学习目标

1. 认识“喻”“瘾”等13个生字，读准“差”“奔”两个多音字，理解“囫囵吞枣”“不求甚解”等词语。

2. 用较快的速度默读课文，梳理作者读过哪些类型的书，体会作者从读书、作文中悟出的道理。

重点难点

梳理信息，把握文章要点。

课前准备

教学课件、学习任务单。

教学过程

一、复习导入，明确目标

1. 揭示课题。

教师：今天，让我们继续读书的话题，一起走进作家叶文玲的读书生活。

学生齐读课题。

2. 回顾单元语文要素。

课件出示语文要素，学生齐读——根据要求梳理信息，把握内容要点。

3. 出示本课的学习任务。

任务一：积累词语，初感受

任务二：梳理经历，谈感受

任务三：梳理道理，明关系

设计意图：通过回顾单元语文要素，明确本节课的学习任务。

二、完成学习任务

任务一：积累词语，初感受

活动一：认读词语

教师：读准生字词是学习文章的基础，请同学们看屏幕上的词语，你能读准确吗？先试着自己读一读吧。

比喻　美差　过瘾　直奔　书籍　报偿　沉甸甸

馈赠　磁石　委屈　酵母　皎洁　借鉴

学生以各种形式认读，交流识记方法。

预设：

“美差”的“差”和“直奔”的“奔”都是多音字，我们可以借助词义区分读音。“美差”一词中“差”的意思是“被派遣做某事”，所以应读作 chāi，还可以组词为“交差”“出差”等。“奔”字在读 bēn 时，是“急走、跑”的意思，可以组词为“奔跑”“奔驰”“奔腾”等；读 bèn 时，是“直接向具体的目的地走去”的意思，可以组词为“直奔”“投奔”等。

“瘾”“沥”是形声字，可以按照形声字的构字规律识记。

“馈”“磁”“酵”三个字易读错，可以结合生活实际来认读。

活动二：理解词语

教师：课文中还出现了多个四字词语，我们一起来认读。

如痴如醉　浮想联翩　泪落如珠　囫囵吞枣

牵肠挂肚　不求甚解　呕心沥血　如饥似渴

1. 多种形式认读。

2. 联结文中句子，重点理解词语“囫囵吞枣”“不求甚解”。

我读得很快，囫囵吞枣，大有“不求甚解”的味道。

预设：“囫囵吞枣”的意思是把枣整个咽下去，文中指读书时不加思考。“不求甚解”指的是只求懂得个大概，不求深刻了解。

3. 学以致用，完成练习。

（1）一位爱好美术的小学教师，他有几套连环画，我看得（　　　　）：《七色花》引得我（　　　　），《血泪仇》又叫我（　　　　）。

（2）各种人物的命运遭遇，他们的悲欢离合常常使我（　　　　）。

教师小结：根据形声字和多音字的特点，我们读准了字音，把词语带入句子，联系上下文，我们理解了词语的意思，这些都是认读词语、理解词语的好方法。

设计意图：引导学生运用多种方法认读、理解词语意思，扫清阅读障碍，为梳理文章内容做铺垫。

任务二：梳理经历，谈感受

活动一：观察表格，完成梳理任务

教师：认读了生词，我们一起走进作家叶文玲的读书故事，用较快的速度默读课文，梳理作者的读书经历。

类型	“香烟人”小画片			大部头小说
感受			牵肠挂肚	

1. 学生默读课文，独立填写表格。

2. 全班交流，师生共同完善表格。

预设：

类型	“香烟人”小画片	连环画	文艺书籍	大部头小说
感受	津津有味	如醉如痴　废寝忘食	牵肠挂肚	使“我”着迷

活动二：借助表格，谈读书经历或感受

1. 借助表格，同桌之间互相说说作者的读书经历。

预设：作者最早看的是“香烟人”小画片，她看得津津有味；后来她开始看连环画，连环画让她如醉如痴，甚至到了废寝忘食的地步；渐渐地，连环画不能满足她的要求，于是又去图书馆阅读一些文艺书籍，里边的人物命运让她牵肠挂肚；最后，她看的是古今中外的大部头小说，这些大部头小说令她十分着迷。

2. 小组内交流自己的读书经历，推荐代表汇报。

3. 有感情地朗读。

教师：看来，同学们和作者一样，都如此痴迷于读书，难怪作者在文中写道：

(1) 开始我看得津津有味，天长日久，就感到不过瘾了。

(2) 渐渐地，连环画一类的小书已不能使我满足了……

(3) 后来，我又不满足于只看一般的故事书了，学校图书馆那丰富的图书又像磁石一样吸引着我。

教师小结：本环节，我们借助表格从读书类型和感受两方面梳理了作者的读书经历，这是梳理信息、把握文章要点的好方法。

设计意图：引导学生通过借助表格的方法梳理信息，落实本课的课时目标和单元语文要素。

任务三：梳理道理，明关系

活动一：梳理道理

教师：作者从读书和习作中悟出了哪些道理呢？下面，请同学们快速默读课文，用“____”画出作者从读书中悟出的道理，用“~~~~”画出作者从作文中悟出的道理。

1. 学生默读课文，独立勾画关键词句。（教师适时引导学生先找到描写阅读的段落和作文的段落，再勾画相关词句。）

2. 全班交流。

预设：

阅读扩展了想象力，做读书笔记锻炼了记忆力，增强了理解力。

作文构思要别出心裁，落笔要与众不同，还要写出真情实感，可以借鉴、模仿，更要创造。

3. 自由朗读相关语句，感受作者醉心阅读的原因。

活动二：明确读书和作文的关系

1. 默读第 8—14 自然段，思考读书和作文之间有什么关系？勾画出相关语句，试着根据自己的理解进行概括。

2. 小组交流，代表汇报。

预设：

阅读使作者的想象力变得丰富，而丰富的想象力能让作者在写作时构思新颖，写出与众不同的文章。

阅读使作者的记忆力和理解力增强，为写作时准确借鉴、模仿和创造打下了基础。

3. 联系自己的生活实际，说一说阅读和写作的关系。

4. 学以致用。

(1) 完成语文园地中的第二题。

(　　) 阅读是什么？是吸收。

(　　) 把脑子里的东西拿出来，让人家知道，或者用嘴说，或者用笔写。

(　　) 好像每天吃饭吸收营养一样，阅读就是吸收精神上的营养。

(　　) 阅读和写作，吸收和表达，一个是进，从外到内；一个是出，从内到外。

(　　) 写作是什么？是表达。

(2) 学生按顺序读一读。

教师小结：是的，阅读是从外到内的吸收，写作是从内到外的表达，广泛阅读、潜心阅读是写作的基础。

设计意图：通过梳理作者在读书和作文中悟出的道理，联结“词句段运用”的习题，让学生明白读书和写作的关系，了解阅读厚积薄发的作用。

三、联结“交流平台”，激发读书兴趣

读一读“语文园地·交流平台”中学习小伙伴说的话，思考：我们平时可以通过什么途径找书读，可以读哪些类型的书。

学生汇报。

预设：

可以沿着课文找书读；可以读与课文介绍的事物相关的书；读书的类型可以多样化；从读一篇文章到读整本书，从读整本书到读同一类书。

四、课堂小结

是的，我们不妨用上我们学过的梳理方法，把你们之前读过的书找出来，进行梳理，听了小伙伴的介绍，我们还能找到更多的好书来品读。著名主持人董卿说：“我始终相信，我读过的所有书都不会白读，它总会在未来的某一个场合帮助我表现得更出色。”同学们，去读书吧，去遇见那个更出色的自己吧！

板书设计

㉗我的“长生果”

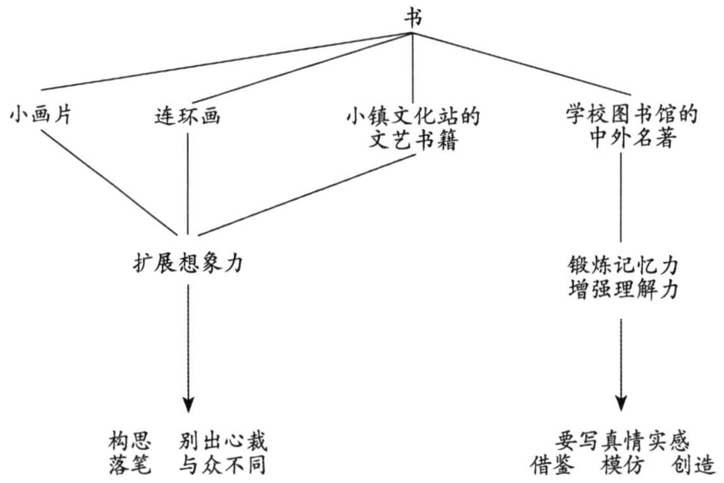

课后反思

《我的“长生果”》是著名作家叶文玲的一篇散文，作者满怀深情地回忆了少年时代的读书生活，阐明了从读书、作文中悟出的道理，全文感情真挚，层次分明。结合本单元语文要素“根据要求梳理信息，把握内容要点”确定本篇课文的教学重点为：梳理作者的读书经历，体会作者从读书、作文中悟出的道理。

这篇课文是本单元的一篇略读课文，通过前面两篇课文的学习，学生对于梳理信息的方法已基本掌握。这节课，学生主要通过自读自悟，运用合适的方法，根据要求梳理信息。

课文中作者的读书经历表述得很清楚，所以让学生用较快的速度默读课文，借助表格梳理出作者阅读书籍的类型及阅读感受。作者从书中悟出的道理是穿插在文章内容中的，学生可能会遗漏。在教学时，引导学生先找到描写阅读的段落和描写作文的段落，再勾画相关词句，然后通过朗读，进一步感受作者醉心于阅读的原因。作者借助自己两次作文的事例，讲述了阅读和作文的关系，二者的关系在文中没有直接说明。学生自主阅读之后，在小组内交流，明确作者作品中丰富的想象、传神的借鉴等方面与阅读的关系。最后联结“词句段运用”的习题，进一步明确读书和写作的关系，了解阅读厚积薄发的作用。

课例 10　《梅花魂》教学实践

课例名片

年级：五年级（下）

设计者：王卫（保定市顺平县实验小学）

执教者：王卫

指导教师：解胜辉（保定市顺平县高于铺镇小学总校亭北庄学区）

学习目标

1. 认识“腮”“虬”等 11 个生字。

2. 默读课文，能说出课文写了外祖父的哪几件事，表达了外祖父怎样的感情。

3. 能结合课文内容，说出自己对题目“梅花魂”的理解。

重点难点

通过具体事例和细节描写，体会外祖父对祖国的思念之情；对课文题目的理解。

课前准备

教学课件、预习单、查找资料。

预 习 单

1. 运用多种识字方法认识下面的 11 个生字。

腮　虬　玷　郑　秉　飕　码　撩　绢　侨　眷

2. 查字典理解词语。

华侨：

老干虬枝：

低头折节：

教学过程

一、谈话导入，激发兴趣

梅花历来为文人墨客所钟爱，有关梅花的诗文不胜枚举，你能想起哪些呢？

预设：

（1）王安石的《梅花》：墙角数枝梅，凌寒独自开。遥知不是雪，为有暗香来。

（2）王冕的《墨梅》：我家洗砚池头树，朵朵花开淡墨痕。不要人夸颜色好，只留清气满乾坤。

教师小结：是啊，古往今来，多少人通过画梅、唱梅、写梅来歌颂梅花。他们为什么要歌颂梅花呢？梅花具有哪些品格呢？今天，我们就来学习一个与梅花有关的动人故事。

教师板书课题，学生齐读。

设计意图：以描写梅花的诗文导入新课程，让学生了解梅花在文人笔下常常是某种精神的象征，为后面学生理解题目的含义做铺垫。

二、交流预习单，明确学习任务

1. 集体交流识字方法。

（1）形声字识字法识记：腮　飕　码　撩　绢　侨

（2）形近字识字法识记：虬　玷　眷

（3）根据汉字的演变过程识记：郑　秉

2. 默读阅读提示，明确学习任务。

任务一：明确事件

任务二：体会情感

任务三：理解题目

三、引导学生完成学习任务

任务一：明确事件

活动一：了解背景

自读课件内容，了解课文的写作背景。

本文作者陈慧瑛，1946年出生于新加坡，祖籍福建厦门。她的家庭是一个三代华侨世家，家族中有许多知名人物，外祖父就是其中的一位。她的外祖父洪镜湖是新加坡知名的爱国华侨，对祖国的抗日事业和家乡的教育与建设有诸多捐助。本文作者回忆了童年时代和外祖父之间的一些经历，表现了外祖父思念家乡、眷恋祖国的深情。

活动二：概括事件

1. 默读课文，概括课文写了外祖父的哪几件事，完成表格。（提示：先根据时间顺序，把全文分成几部分，再想想每部分的主要内容。）

事件	时间	外祖父干了什么
第一件事	我很小的时候	外祖父教我念诗词落泪
第二件事		
第三件事		
第四件事		
第五件事		

2. 小组内交流，然后每小组选一名代表向全班汇报。

事件	时间	外祖父干了什么
第一件事	我很小的时候	外祖父教我念诗词落泪
第二件事	我五岁那年	外祖父分外爱惜墨梅图
第三件事	有一天	外祖父因不能回国哭了
第四件事	离别的前一天早上	外祖父郑重送我墨梅图
第五件事	回国的那一天	外祖父含泪送我血梅绢

设计意图：让学生带着问题自由默读课文，培养学生自主阅读的能力，提高学生提炼关键信息的能力和语言概括能力。

任务二：体会情感

活动一：回顾方法

教师：请同学们回顾一下，在《祖父的园子》《月是故乡明》这两篇课文中用到的体会思想感情的方法是什么？

预设：

（1）将感情蕴含在园中的花朵、虫子、鸟儿等具体事物中。

（2）用典型事例和直抒胸臆的语句表达强烈的思乡之情。

设计意图：让学生回顾前面课文中学到的体会表达思想感情的方法，旨在引导学生迁移运用这些方法深入体会本课所表达的思想感情，落实部编版《语文》教材“精读课文学方法、略读课文用方法”的编排意图，进而提升学生的自主阅读理解能力。

活动二：运用方法，勾画批注，体会情感

1. 再读课文，边读边批注，运用学过的方法深入体会文章表达的思想感情。（学生独立学习。）

2. 小组内围绕两个问题进行交流：我体会到外祖父怎样的感情？是怎样体会到的？

3. 每小组选一名代表进行全班交流。

预设：

（1）从外祖父教“我”读唐诗宋词，读到思乡的句子时会落泪这件事上，体会到外祖父浓浓的思乡之情。

师：课文写了外祖父的三次流泪，这三次流泪有什么共同之处？

（2）外祖父后两次流泪都是因为不能回国，内心痛楚。这三次流泪的共同之处是都表现了外祖父对祖国、对故土的思念和热爱。

（3）“我”不小心弄脏了墨梅图，外祖父“训斥我母亲”，小心修复图画，“用刀片细细刮去污迹”，“用绸子慢慢抹净”，由“慈祥到大发脾气”，从这些对外祖父神态变化、动作细节的描写中，感受到外祖父对墨梅图的珍爱。

教师：文中共写了三件和梅花有关的事情，你从第二件事和第三件事中又能体会到外祖父怎样的思想感情？

（4）第二件和梅花有关的事情是外祖父送“我”墨梅图。第13自然段外祖父这一番深情的话语揭示了他珍爱墨梅图的原因：梅花不惧严寒，不畏风雪，是有品格、有灵魂、有骨气的花，有气节的中华儿女也具备和梅花一样的秉性。

（5）在外祖父心目中，梅花就是祖国的象征，他把爱祖国的情怀寄托在梅花上。虽然他漂泊海外，但身为中国人的气节没有变，对祖国的爱没有变。

（6）第三件事是送“我”绣着梅花的手绢。“血色的梅花”再次表明外祖父对祖国的思念。

（教师根据学生的展示，相机引导并指导相关语句的朗读。）

设计意图：为了让学生对外祖父的情感形成更完整、更深刻的认识和感受，在交流过程中，相机引导学生将五件事联系起来，避免体会的零散和碎片化，使学生的感悟更深刻、更全面。

任务三：理解题目

教师：根据刚才对文本内容的把握及对外祖父情感的体会，你怎样理解“梅花魂”这个题目呢？（课件出示“魂”的几种释义。）“梅花魂”的“魂”，你认为哪种解释最恰当？“梅花魂”是什么意思？

预设：

（1）“魂”在这里指崇高的精神，“梅花魂”指像梅花一样的精神。

（2）“梅花魂”指的是外祖父的思乡之情和爱国精神。

（3）把前面两位同学说的合起来才是“梅花魂”的真正含义：既指外祖父的爱国精神，也指坚毅不屈的民族精神。

教师：这位同学说得太好了！是啊，课文中说：“几千年来，我们中华民族出了许多有气节的人物……他们就像这梅花一样。”你知道哪些像梅花一样有气节的人物？

预设：

刘胡兰、狼牙山五壮士、夏明翰、文天祥……

设计意图：引导学生从课文内容出发，拓展到自己知道的中国历史上有气节的人物，让学生对“梅花魂”的理解不仅局限于外祖父的爱国情怀上，而且进一步感受“梅花”所代表的坚毅不屈的民族精神，这才是“魂”的真正含义。

三、教师小结，布置作业

教师小结：梅花的这种铮铮傲骨，镌刻在中华民族的灵魂里、血脉里，代代相传，越遇风雪和磨难，越发精神，这就是傲骨梅花成为中国最有名的花的原因。“梅花魂”既表现了梅花迎寒怒放的精神，又表现出漂泊海外的外祖父的爱国之情，更写出了中国人坚毅不屈的民族精神。作为新时代的少年，我们要把这种精神传承和延续下去，为祖国的发展做出更大的贡献。

布置作业：

创作一首小诗或写一篇小随笔，运用学过的方法表达你对某个人物或某个地方的思念之情。

板书设计

④* 梅花魂

象征：坚毅不屈的民族精神

寄托：思念家乡眷恋祖国的情怀

课后反思

《梅花魂》是部编版《语文》教材五年级下册第一单元的略读课文。本单元的语文要素是“体会课文表达的思想感情”。在本单元的前几篇课文中，学生已经练习了运用多种方法体会文章的感情。本节课重在引导学生通过具体的事例和细节体会外祖父对祖国的思念之情。

践行略读课文的教学要求，我放手让学生自主阅读、结合表格提示自行概括事件；通过勾画批注、小组合作、集体交流等方式，让学生体会外祖父的情感；立足文本，再通过积累拓展，让学生深入领悟题目的深刻含义，获得情感的升华和思想的启迪。

总之，本课的教学思路较清晰，由浅入深，由感性到理性，层层递进，符合学生的认知规律。转变了教学方式，真正让学生成为课堂的主体。注重培养学生的关键能力和必备品格，让学生在自主、合作、交流、探究中习得方法，提升能力，生成素养，受到熏陶。

课例 11 《红楼春趣》教学实践

课例名片

年级：五年级（下）

设计者：苑宁宁（保定市满城区实验小学）

执教者：苑宁宁

指导教师：王英华（保定市顺平县逸夫小学）

学习目标

1. 认识“恰”“屉”等 10 个生字，读准多音字“喇”。利用联系上下文和结合生活实际的方法理解“放晦气”“忌讳”等 8 个词语。

2. 默读课文，梳理文章情节，大致了解故事内容。

3. 能借助描写宝玉语言、动作、神态的句子说出对宝玉的印象。

4. 通过猜一猜、连一连、看一看等活动，激发学生继续阅读《红楼梦》的兴趣。

重点难点

大致了解故事内容，能说出对宝玉的印象。

课前准备

教学课件、学习任务单。

教学过程

一、梳理方法，明确任务

1. 导入新课，了解原著的相关内容。

教师：今天我们一起学习第 8 课《红楼春趣》。打开课本第 31 页，读第一行注释，你得到了哪些信息？

预设：文章作者是曹雪芹，选自中国古典名著《红楼梦》第七十回。

2. 借助“交流平台”，梳理阅读方法。

教师：中国古典名著应该怎么去读呢？一起来看这个单元“交流平台”中给出的建议。

（1）出示“交流平台”，学生逐条读，提炼阅读古典名著的方法。教师出示课件并随机板书——猜读、跳读、借助资料、结合影视。

①联系上下文猜测意思。

②难解词语，暂且放过。

③借助资料扩大了解。

④结合影视加深理解。

（2）明确学习任务。

教师：本节课，我们就借助以上方法阅读《红楼春趣》，完成三个学习任务。

任务一：古典文本我能读

任务二：人物书签我会做

任务三：人物命运我会猜

设计意图：前置“交流平台”，回忆并梳理阅读古典名著的方法，明确本节课阅读任务，为后续学习奠定基础。

二、学生按要求完成学习任务

任务一：古典文本我能读

活动一：圈画难词，读准字音

1. 自读文本，圈画难词。

教师：这是一篇古代白话文，文中有好多难词、新词、陌生词，要想读通、读懂可不是一件容易的事。请同学们默读课文，圈出你认为的难词、新词和陌生词，并试着想一想它们的意思。

2. 学生读文圈画词语后集体交流，重点指导多音字“喇”。

3. 汇总词语，朗读正音。

放晦气　忌讳

搬高墩　捆剪子股儿　拔篗子

豁喇喇　铰断线　飘飘飖飖

活动二：理解词语，梳理情节

1. 借助注释，联系上下文，理解“放晦气”“忌讳”等词语。

（1）自由读句子，思考画线词语的意思。

探春笑道：“紫鹃也太小器，你们一般有的，这会子拾人走了的，也不嫌个忌讳？”黛玉笑道：“可是呢。把咱们的拿出来，咱们也放放晦气。”

（2）学生交流意思和理解方法。

预设：结合注释，知道了“放晦气”是一种民俗。文中放风筝就是放晦气。联系后文知道，放风筝就放走了林黛玉的病根儿，所以捡别人的风筝，是忌讳的，忌讳就是禁忌。

教师小结：结合注释，联系上下文理解词语意思是我们最常用的方法。通过读句子，我们知道了这是与捡风筝相关的内容。（板书：捡风筝。）

2. 通过猜读，理解“搬高墩”“捆剪子股儿”“拨籰子”等词语。

（1）自由读句子，猜一猜画线词语的意思。

丫头们听见放风筝，巴不得一声儿，七手八脚，都忙着拿出来：也有美人儿的，也有沙雁儿的。丫头们搬高墩，捆剪子股儿，一面拨起籰子来。宝钗等立在院门前，命丫头们在院外敞地下放去。

（2）学生思考后集体交流。

预设：引导学生联系“放风筝”这件事，猜测“捆”“拨”是放风筝前的动作，“剪子股儿”“籰子”这些物品是与风筝相关的工具。

教师小结：在阅读中国古典名著时，经常会遇到一些难懂的词语，文中没有注释，上下文也没有提示。这时读书不要停下来，停下来故事就断了，就失去了阅读的乐趣。在不影响理解主要内容的情况下，我们可以大致猜一猜，跳过难懂的词，继续阅读。就像这几句话，虽然我们不理解其中好几个词的意思，但我们还是读明白了这部分内容写的是丫头们七手八脚地取风筝。（板书：取风筝。）

3. 结合上下文和生活实际，理解“豁喇喇”“铰断线”“飘飘飖飖”等词语。

学生自由朗读思考，集体交流。

黛玉见风力紧了，过去将籰子一松，只听“豁喇喇”一阵响，登时线尽，风筝随风去了。黛玉因让众人来放。众人都说：“林姑娘的病根儿都放了去了，咱们大家都放了罢。”于是丫头们拿过一把剪子来，铰断了线，那风筝都飘飘飖飖随风而去。

预设：“豁喇喇”是个拟声词，是篗子发出呼啦啦的响声，所以应读得稍快。结合上下文和生活实际，知道用剪刀剪断线，风筝就飘飘摇摇地飞走了。

教师小结：结合上下文和生活实际，也是理解词语的好方法。显而易见，这部分写的是放风筝。（板书：放风筝。）

4. 结合小标题概括文章的主要内容。

预设：这篇文章写了宝玉和众姑娘们捡风筝、取风筝、放风筝的故事。

教师小结：同学们通过借助注释、联系上下文等方法，解决了在阅读中遇到的困难，不但读通了句子，还读懂了故事内容。顺利完成了第一项任务，古典文本我们也能阅读了。

设计意图：引导学生运用多种方法理解词语意思，扫清阅读障碍，为梳理文章内容、感悟人物形象做铺垫。

任务二：人物书签我会做

活动一：厘清人物关系，确定主要人物

教师：同学们，读中国古典名著，光知道个大概内容是不够的。我们更应该关注故事里形形色色的人物。《红楼春趣》中写了众多人物，你能说出几个吗？

1. 学生交流汇报。

预设：宝玉、宝钗、黛玉、探春、宝琴、三爷、紫鹃、晴雯、袭人、翠墨……

2. 借助关键问题的引领，厘清人物关系。

教师：这么多人物，他们之间是什么关系呢？

教师点拨：这篇文章人物众多，既有公子、小姐，如宝玉、黛玉、宝钗、探春；也有仆人、丫头，如宝玉的丫鬟晴雯、袭人，黛玉的丫鬟紫鹃，探春的丫鬟翠墨。所以，我们可以按照人物身份的不同，把他们分为主人和仆人。

教师小结：当小说中人物众多时，厘清人物关系能够帮助我们更好地读懂故事。贾宝玉不仅是《红楼春趣》的主要人物，也是《红楼梦》这部小说的主要人物。

活动二：学生自主阅读，制作人物书签

教师：贾宝玉到底是一个怎样的人呢？下面咱们就通过制作人物书签的方式来认识他。

课件出示人物书签制作要求：

画一画：默读课文，画出文中描写宝玉的语句。

想一想：宝玉这些表现给你留下了什么印象。

写一写：在书签上摘录描写宝玉的句子，并在点评处写上批注。

1. 学生明确制作人物书签的三个步骤，边读边摘录、写批注。教师巡视指导。

2. 学生展示人物书签，结合具体内容谈对宝玉的印象。

（1）宝玉笑道：“我认得这风筝，这是大老爷那院里嫣红姑娘放的。拿下来给她送过去罢。”

预设：宝玉在拾到嫣红的风筝时，马上吩咐人拿下来给她送回去，可见他心肠很好、热心、善良。（板书：心肠好、热心。）

（2）宝玉又兴头起来，也打发个小丫头子家去，说：“把昨日赖大娘送的那个大鱼取来。”小丫头去了半天，空手回来，笑道：“晴雯姑娘昨儿放走了。”宝玉道：“我还没放一遭儿呢！”探春笑道：“横竖是给你放晦气罢了！”宝玉道：“再把大螃蟹拿来罢。”丫头去了，同了几个人，扛了一个美人并篗子来，回说：“袭姑娘说：昨儿把螃蟹给了三爷了，这一个是林大娘才送来的，放这一个罢。”

预设：宝玉的大鱼风筝自己还没放一回，就被丫头晴雯放走了。螃蟹风筝又被丫头袭人给了三爷了，但他一点儿也不气恼，可见他并没有贵族公子的架子。（板书：没有贵族公子的架子。）

（3）宝玉细看了一回，只见这美人做的十分精致，心中欢喜，便叫：“放起来！”

众人都笑他，他便恨的摔在地下，指着风筝说道：“要不是个美人儿，我一顿脚跺个稀烂！”

预设：宝玉看到美人风筝做得十分精致，马上就高兴起来，可放了半天还是放不起来，被众人一笑，又把风筝摔在地下，指着风筝说：“要不是个美人儿，我一顿脚跺个稀烂！”从这些言行举止中可以看出他十分率直、纯真，还爱美人儿。

（板书：率直、纯真。）

活动三：补充资料，进一步体会宝玉的人物形象

教师：有同学认为宝玉喜欢美人儿，真是这样的吗？宝玉说过这样一句话，请大家读一读，说说你的体会。

女儿是水做的骨肉，男人是泥做的骨肉。我见了女儿我便清爽，见了男子便觉浊臭逼人。

——《红楼梦》第二回

1. 学生朗读句子，教师借助关键问题引领学生深入思考和交流。

宝玉口中的“女儿”都有谁？黛玉、宝钗等小姐们是宝玉口中的女儿，紫鹃、晴雯等丫头们是宝玉口中的女儿吗？

教师点拨：这里的“女儿”指清纯少女。黛玉、宝钗、探春、宝琴是“女儿”，紫鹃、晴雯、袭人、翠墨也是“女儿”。

2. 借助相关资料，体会宝玉对女性的尊重。

宝玉所处的时代，封建等级制度森严，男尊女卑，丫鬟、仆人地位低下。但是宝玉并不是这样的。他身为王公贵族，平等待人，不把丫鬟当下人，而是当兄弟姐妹，他亲近处于被压迫地位的女性。宝玉的这种情感，正是源于他内心深处对女性的尊重。

（板书：尊重女性。）

教师小结：同学们通过制作人物书签，抓住描写宝玉语言、神态、动作的语句，感受到了宝玉率真、热心、平等待人、没有公子哥的架子，并通过补充的资料，加深了对人物的理解。以后，我们在阅读时，也要借助文章的细节描写来品味人物的性格特点。这也是我们阅读古典名著的一个好方法。（板书：抓住细节。）

设计意图：学生借助制作人物书签，完成“宝玉给你留下什么印象”这一核心学习任务。通过自读感悟、做批注、教师追问、全班交流等方法，引导学生学习“抓住人物的细节描写，品味人物性格特点”这一阅读方法，落实本课教学目标。

任务三：人物命运我会猜

活动一：猜一猜，连一连。

教师：同学们，如果用心读，你会发现，《红楼春趣》中每个人物放的风筝是不一样的。是曹雪芹随意一写，还是另有玄机呢？

1. 学生结合课文内容，补充与人物相对应的风筝。

预设：宝琴放的蝙蝠风筝；宝钗放的一连七个大雁风筝；宝玉放的美人风筝；探春放的大凤凰风筝；三爷贾环放的大螃蟹风筝。

2. 学生结合风筝的寓意、谐音等，猜测人物命运并连线。

宝琴（蝙蝠）	有福气，幸福
宝钗（一连七个大雁）	成为王妃
宝玉（美人儿）	孤独，独守空房
探春（大凤凰）	林黛玉，有情人不成眷属
三爷贾环（大螃蟹）	横冲直撞、横行霸道

预设：蝙蝠的寓意是福气无边，所以宝琴的未来有福气；七个大雁有“弃雁”的谐音，所以宝钗后来独守空房；美人儿指林黛玉，宝玉和林黛玉两个有情人最终没能成为眷属；龙凤呈祥，凤凰代表皇后，后来探春远嫁海外，成了王妃；螃蟹是横冲直撞的，代表三爷的横行霸道。

教师小结：曹雪芹笔下的风筝不是普通的风筝，它是有暗喻的，暗示了人物的命运。这就是风筝的隐喻。

活动二：看一看，思一思。

教师：这篇文章的题目是《红楼春趣》。放风筝的民俗是有趣的，放风筝的场面是热闹的，放风筝的过程是有说有笑的。但是，《红楼梦》里的这些姑娘们，从第七十回以后，她们的快乐却慢慢远去，就像断了线的风筝，开始散了。贾府整个家族也开始败落了。

1. 观看影视剧——探春远嫁前与宝玉惜别的片段，初步感知《红楼梦》第七十回之后贾府开始没落。

2. 朗读《红楼春趣》结尾处的句子，读出隐含的情感变化，在反复朗读中感受欢乐背后的落寞。

教师小结：学生读出了忧伤、惋惜、落寞、担忧……

设计意图：结合风筝的隐喻，猜读人物命运；播放影视剧片段，初步感知贾府的没落。这一系列活动，能进一步激发学生阅读古典名著的期待，为阅读《红楼梦》整本书蓄势。

三、推荐阅读，学以致用

同学们，今天我们用阅读古典名著的方法，学习了《红楼春趣》，还制作了人物书签，认识了善良、率真、平等待人、尊重女性的贾宝玉。《红楼梦》中还有许多精彩的故事等着我们去阅读，还有众多个性鲜明的人物等着我们去认识。同学们可以继续制作人物书签，并交流、分享。

板书设计

⑧* 红楼春趣

曹雪芹

捡风筝		猜读、跳读
取风筝	贾宝玉	借助资料
放风筝	↓	结合影视
		抓住细节

心肠好、热心

没有贵族公子的架子

率直、纯真、尊重女性

课后反思

《红楼春趣》是部编版《语文》教材五年级下册第二单元的一篇略读课文，意在带领学生走进中国古典名著，初步学习阅读古典名著的方法，产生阅读古典名著的兴趣。

《红楼春趣》是古代白话文，学生有两方面的阅读障碍：一是“语言难，不易懂”；二是“人物多，难厘清”。如何突破这些难点呢？我引导学生将“交流平台”中阅读古典名著的方法，结合语境法、联系生活法、跳读法、猜读法等迁移运用到本节课的学习中。在学生能大致读懂文本内容的基础上，把文中人物按身份不同，分为主人和仆人，迅速帮学生厘清了人物关系，减轻了阅读障碍。

学生借助“制作人物书签”这一核心任务，聚焦文本中人物描写的句子，品读、感悟宝玉的人物形象。学生谈对“宝玉”的印象，是建立在自主读懂文本的基础上的，感受应该是多元而丰富的，因此学生表达只要言之有理即可。学生在交流时，教师要做的就是鼓励学生大胆地表达自己的看法，并适时点拨和总结阅读方法。

贾宝玉作为《红楼梦》这部文学巨著的核心人物，其特点尤为突出。为了让学生更加深刻地感受到主人公丰满而立体的形象，教师适时补充资料，结合时代背景，让学生体会到在等级制度森严、男尊女卑的封建社会，宝玉平等对待身边的每一位女性，这正是源于他内心深处对女性的尊重。

《红楼梦》草蛇灰线，伏脉千里。曹雪芹笔下的风筝暗示了人物的不同命运。所以，我让学生猜一猜，连一连，在猜读命运中，感受《红楼梦》热闹背后的落寞，引发学生深思。播放影视剧片段，加深对第七十回之后贾府开始没落的理解，进而对《红楼梦》中更多故事产生更多的阅读期待，为阅读《红楼梦》整本书做准备。

课例 12　《军神》教学实践

课例名片

年级：五年级（下）

设计者：薛丽娟　赵艳涛（保定市顺平县逸夫小学）

执教者：赵艳涛

指导教师：王英华（保定市顺平县逸夫小学）

第一课时

学习目标

1. 认识“沃”“匪”等 5 个生字，会写“庆”“诊”等 14 个字，会写“诊所”“年龄”等 15 个词语。

2. 了解课文的主要内容，能说出沃克医生是怎么发现刘伯承是军人的。

3. 能从描写刘伯承动作、语言、神态的语句中体会他的内心。

重点难点

了解课文的主要内容，借助语言、动作、神态描写体会刘伯承的内心。

课前准备

教学课件、学习任务单。

教学过程

一、谈话导入

1. 教师：今天我们来学习第四单元第三篇课文《军神》，“神”的意思是不平凡的、特别高超的。“军神”就是不平凡的军人、伟大的军人。今天我们就来认识这样一位不平凡的军人，他就是——刘伯承。

2. 教师板书课题，生齐读。

3. 出示本节课的学习任务。

任务一：学习词语，初识“军神”

任务二：整体感知，概括内容

任务三：聚焦军神，感受精神

设计意图：从“神”字入手，激发学生学习课文的兴趣，导入新课。

二、引导学生完成学习任务

任务一：学习词语，初识“军神”

活动一：正确读写生字词

1. 读词语，正音。

年龄　土匪　绷带　崭新　由衷　堪称　慈祥　荣幸

麻醉剂　一针见血　一声不吭　肃然起敬

2. 学生观察识记字形，交流书写要点。

龄　匪　崭　衷　慈祥

预设：

“匪”字强调书写笔顺，最后一笔是竖折。

“衷”字中间的“中”，竖要写得短一些，以免和下面的部件交叉；下面的部件中，撇和捺要写得舒展一些，使整个字的结构稳定。

“崭”“慈”两个字笔画较多，书写时要注意每一部分的占比，把字写得正确、美观，“崭”字上半部分的“山”要写得扁一些，“慈”字的心字底要写得扁而宽，并注意不要漏写上半部分“兹”的两点。

3. 学生练写，当堂检测。

活动二：理解“一针见血”，初识“军神”

1. 结合课文内容，理解重点词语“一针见血”，了解沃克医生如何发现了刘伯承的军人身份。

（1）理解“一针见血”的字面义和比喻义。

一针见血：针一下就扎出血来了，比喻话说得简短而又切中要害。

（2）结合文中句子理解“一针见血”。

教师：让我们回到文中，看看沃克医生切中了什么要害。

“你是军人！”沃克医生一针见血地说：“我当过军医，这么重的伤势，只有军人才能这样从容镇定！”

预设：

沃克医生当过军医，经验丰富，他根据刘伯承的伤势和表现一下子就判断出了他军人的身份。

2. 结合查阅的资料，了解刘伯承就医前的伤情。

（1）学生交流预习中查找到的相关资料。

（2）学生自由读资料。

1916年，袁世凯为做皇帝发动了战争，刘伯承带领军队和袁世凯反动军阀进行战斗。在一次战斗中，刘伯承为了照顾一位落在后边的士兵，不幸被一颗子弹射中。子弹从刘伯承的颅顶射入，从右眼眶飞出。他的眼球当即破裂，流出眼窝。刘伯承疼得昏倒在地。反动军阀到处通缉他，在躲藏中，他没有得到好的治疗，到沃克医生诊所时，眼睛里面已经化脓腐烂了。

3. 结合插图，教师小结：看课文插图，此时沃克医生已经愣住了，这么严重的伤势，眼前的年轻人还如此从容镇定，难怪沃克医生判断出他的身份是军人。

设计意图：通过重点词语“一针见血”，并结合课前查阅的相关资料初步认识“军神”。

任务二：整体感知，概括内容

活动一：借助鱼骨图，梳理课文内容

教师：在刘伯承身上发生了怎样的故事呢？我们再来默读课文，按照事情发展的顺序找出刘伯承和沃克医生的表现，完成学习任务单中的鱼骨图。

⑪军神

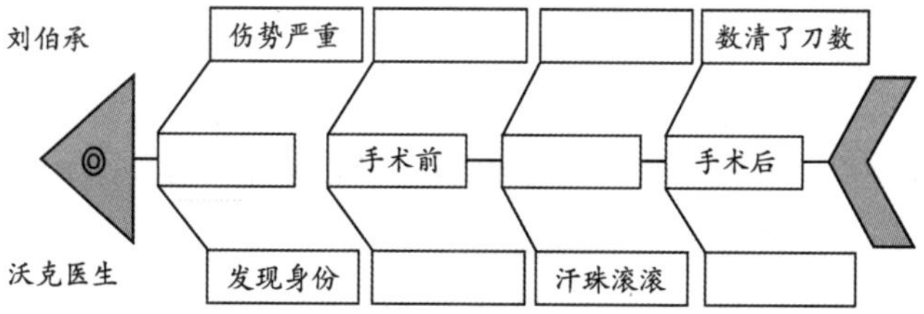

1. 学生默读课文，完成学习任务单。

2. 展示学生任务单，集体交流，修改完善鱼骨图。

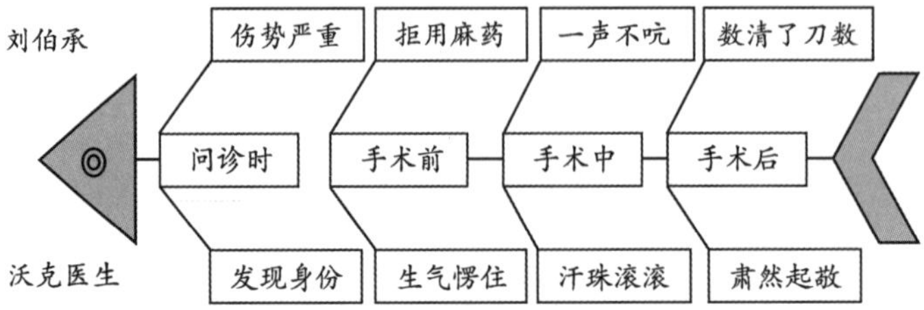

活动二：运用串联法，概括主要内容

1. 借助鱼骨图，运用串联法，同桌互相说一说课文的主要内容。

2. 集体交流，教师相机引导。

预设：

刘伯承伤势严重，沃克医生发现他是军人。刘伯承不想伤害脑神经，不顾沃克医生劝说，拒绝使用麻醉剂。手术中他一声不吭，还数清了刀数。手术结束后，沃克医生称赞刘伯承是军神。（板书：病人——军人——军神。）

设计意图：以鱼骨图为支架，指导学生运用串联法概括课文的主要内容，训练学生的总结概括能力。

任务三：聚焦军神，感受精神

活动一：关注重点语句，猜测“军神”内心想法

教师：通过人物的语言、动作、神态的描写，我们可以体会到人物的内心。请同学们默读课文，勾画出描写刘伯承动作、语言、神态的句子。

1. 学生自读课文，勾画相关语句。

2. 聚焦“问诊时”刘伯承的表现，猜测他内心的想法。

病人微微一笑，说：“沃克医生，你说我是军人，我就是军人吧。”

教师点拨：

（1）病人为什么会微微一笑？此时他在想些什么？

这是刘伯承对沃克医生的肯定与赞赏。沃克医生当过军医，经验丰富，一下就识破了刘伯承的军人身份。

此时他可能在想："这位医生不简单，居然能看出我军人的身份，看来经验非常丰富，我就不和他争辩了吧。"

（2）刘伯承被识破了身份，普通人可能会怎样？

害怕，惊慌失措。刘伯承却微微一笑说："你说我是军人，我就是军人吧。"可见，刘伯承有着超出常人的从容与镇定。

（3）指导朗读：读出刘伯承的从容与镇定。

3. 学生依据刘伯承的表现继续体会刘伯承内心的想法。

教师：接下来，我们继续抓住对刘伯承语言、动作、神态的描写来体会他的内心。

刘伯承动作、语言、神态的描写		体会其内心想法
1	病人平静地回答："沃克医生，眼睛离脑子太近，我担心施行麻醉会影响脑神经。而我，今后需要一个非常清醒的大脑！" "试试看吧。"	
2	病人一声不吭，他双手紧紧抓住身下的白床单，手背青筋暴起，汗如雨下。他越来越使劲，崭新的白床单居然被抓破了。	

（1）学生完成学习任务单。

（2）集体汇报交流，教师相机引导。

①交流第 1 句。

预设：

刘伯承此时可能在想：为了继续战斗，我必须保证有一个清醒的大脑，一个智慧的大脑。我坚决不用麻醉剂。

教师引导：是啊！为了能够继续战斗，为了祖国的解放事业，刘伯承需要一颗清醒的大脑，一颗智慧的大脑，所以他宁可忍受巨大的痛苦，也坚决不使用麻醉剂。

指导朗读：读出刘伯承的坚决和勇敢。

②交流第 2 句。

预设：

刘伯承此时可能在想：

“真疼啊！再坚持一会儿，我一定会挺过去的。”

“我一定可以战胜疼痛，痛过之后，我依然带着一颗清醒的大脑去战斗。”

“我是军人，我可以忍受得住，我一定能战胜它！一刀，两刀，三刀……”

教师引导：你从哪些词语中体会到刘伯承此时承受了巨大的痛苦？

从“紧紧抓住”“青筋暴起”“汗如雨下”及抓破床单等描写，可以感受到刘伯承承受了巨大的痛苦。

教师：可他却一声不吭，此时只能听到手术器具碰撞的声音，只能听到崭新的白床单被抓破的声音，可见刘伯承顽强的毅力和强大的意志力。让我们再来读一读这句话，读出刘伯承顽强的毅力。（板书：钢铁般的意志。）

活动二：观看相关视频，感受“军神”的钢铁意志

教师：七十二刀，为了心中的信念，为了肩上的责任，刘伯承挺过来了，许多影视作品都再现过这个震撼人心的场景。现在，让我们通过影视片段，再一次感受“军神”的钢铁意志。

1. 学生观看视频。

2. 有感情地朗读“手术中”这一部分。

设计意图：通过展开想象、集体交流、有感情地朗读等方式深入体会人物内心，感受刘伯承钢铁般的意志。

三、课堂小结，布置作业

这节课，我们借助鱼骨图了解了课文的主要内容，通过“一针见血”这个词知道了沃克医生是怎么发现刘伯承是军人的，我们也走进了刘伯承的内心，体会到了刘伯承钢铁般的意志。课下，把这个故事讲给家人听。

设计意图：教师总结本课的学习重点，课下让学生把这个故事讲给家人听，为下节课的学习做好铺垫。

板书设计

⑪军神

病人——军人——军神

钢铁般的意志

第二课时

学习目标

1. 了解课文正面描写和侧面描写相结合的写作方法，能从描写沃克医生动作、语言、神态的相关语句中体会其内心变化。

2. 能用沃克医生的口吻讲述“手术中”这一故事片段。

重点难点

借助对沃克医生语言、动作、神态描写的句子，体会其内心变化。

课前准备

教学课件、学习任务单。

教学过程

一、复习导入，明确学习任务

1. 回顾上节课内容。

教师：通过上节课的学习，我们初步了解了《军神》这篇课文的主要内容，走进了“军神”的内心，感受到了他钢铁般的意志。

2. 明确本节课的学习任务。

这节课，我们换一个角度，从沃克医生的角度去思考，他为什么称刘伯承为“军神”。

任务一：聚焦医生，走进内心

任务二：讲述故事，再现情景

二、引导学生完成学习任务

任务一：聚焦医生，走进内心

活动一：引导学生对课文的表达方式进行质疑

教师：上节课，我们借助对刘伯承语言、动作、神态的描写，感受到了他的超出常人之处。接下来，我们来关注作者的表达方式，你有什么发现吗？（课件出示课文，对刘伯承的描写用红色字体标注；对沃克医生的描写用黑色字体标注。）

学生质疑：刘伯承是主要人物，课文为什么要花这么多的笔墨来写沃克医生呢？

教师小结：我们在读书的时候，不仅要关注文章表达了些什么，还要关注它是如何表达的。

活动二：体会沃克医生的内心变化

1. 体会“问诊时”沃克医生的内心变化。

教师：我们来关注作者对沃克医生的描写，走进他的内心。默读“问诊时”这一部分，开始时，沃克医生对待病人是怎样的态度，后来发生了什么变化，抓住相关语句，体会沃克医生内心的变化。

（1）学生默读课文，勾画相关语句，做批注。

（2）学生集体交流，教师相机引导。

预设：

刚开始沃克医生头也不抬，态度冷淡，但当看到刘伯承身受重伤却从容镇定，目光柔和下来，沃克医生的内心由冷漠变为默默地赞许。（板书：冷漠——赞许）

教师追问：沃克医生的目光柔和下来，他吩咐护士：“准备手术。”这时，他心中在想些什么呢？

预设：他心中可能在想：“真是个坚强的小伙子，我得赶紧帮他治疗。”

2. 体会“手术前”“手术中”“手术后”沃克医生的内心变化。

教师：刚才，我们聚焦“问诊时”这一部分，体会到了沃克医生的内心变化，后来，他的内心又有怎样的变化呢？

沃克医生的内心变化	
问诊时	冷漠　赞许
手术前	
手术中	
手术后	

（1）默读“手术前”“手术中”“手术后”这三部分，勾画相关语句，体会沃克医生内心的变化，完成学习任务单。

（2）学生集体交流，教师相机引导。

预设：

①手术前："生气地说……""再一次愣住了，竟有点口吃地说……"

当刘伯承拒绝使用麻醉剂时，沃克医生非常生气，但当他得知刘伯承不使用麻醉剂的原因时又感到非常惊讶。

②手术中："颤抖""汗珠滚滚""忍不住开口对病人说……"

在手术的过程中，一向从容镇定的沃克医生双手却有些颤抖，额头上汗珠滚滚，可以体会到沃克医生内心的紧张、心疼。

③手术后："惊呆了，大声嚷道……""慈祥的神情""肃然起敬"

在和刘伯承对话时，沃克医生得知刘伯承在数刀数时，他吓了一跳，惊呆了，他被刘伯承的钢铁意志震撼了，他变得慈祥，可以体会到沃克医生内心对刘伯承的钦佩，充满敬意。（板书：钦佩。）

教师小结：刚才同学们结合沃克医生的表现，走进了他的内心，体会到了他内心情感的变化。

活动三：学习写法，体会作用

出示完整的鱼骨图，教师引导学生质疑。

教师：课文对沃克医生进行了更加细致入微的描写，表现出了沃克医生对刘伯承由冷漠到赞许，再到关心、钦佩、敬仰的内心变化。课文中，刘伯承是主要人物，对他的描写是从正面直接刻画，我们称之为"正面描写"，而对沃克医生的描写属于"侧面描写"，作者为什么用大量的笔墨进行侧面描写呢？

预设：

沃克医生的一系列变化都是因刘伯承而发生的，通过沃克医生的表现，更能烘托出刘伯承钢铁般的坚强意志，有助于表现刘伯承这个人物。

教师小结：这篇课文之所以能把刘伯承的形象塑造得这样深入人心，是因为正面描写和侧面描写交替使用，在共同发挥作用。

设计意图：首先引导学生对课文的表达方式进行质疑，然后借助学习任务单让学生独立思考，再进行集体交流，深入体会沃克医生的内心变化，进而引导学生在阅读时不仅关注课文内容，同时关注表达方法，学习写法。

任务二：讲述故事，再现情景

活动一：转换视角，讲述故事

教师：手术结束后，目送着刘伯承渐行渐远的背影，沃克医生的心情久久不能平静，他迫不及待地想把这件事讲给家人听。如果你是沃克医生，你会怎样把这个故事讲给别人听呢？

出示活动要求：

以沃克医生的口吻，抓住刘伯承的语言、动作、神态，结合沃克医生的内心活动。讲述“手术中”这个片段。

1. 体会沃克医生的内心活动。

教师：我们要想讲好这个故事，需要讲出沃克医生的内心活动。在手术过程中，沃克医生有哪些心理活动呢？我们关注他的语言、动作来体会其心理活动。

沃克医生动作、语言的描写		体会其心理活动
1	手术台上，一向从容镇定的沃克医生，这次双手却有些颤抖。	
2	他额上汗珠滚滚，护士帮他擦了一次又一次。最后他忍不住开口对病人说：“你挺不住可以哼叫。”	

（1）学生完成学习任务单。

（2）集体交流。

预设：

手术马上就要开始了，握着手术刀，沃克医生可能在想：不打麻醉剂就进行手术，这得多疼呀，病人能坚持得住吗？他会不会疼得晕过去？手术能顺利结束吗？手术过程中，沃克医生额上汗珠滚滚，他可能在想：这个小伙子真坚强，我的动作要轻一些，我要尽量减轻他的痛苦，已经割了这么多刀，他还能挺得住吗？

2. 交流讲述方法，明确标准。

预设：

要注意人称上的变化，说到沃克医生的时候，就需要说“我”，“我”看到……，“我”听到……；要讲出沃克医生看到的刘伯承的表现；要讲出沃克医生的心理活动。

3. 同桌两人讲述故事片段，对照评价量表，同桌互评，指出各自的优缺点。

评价标准

1	以“我”的口吻讲	☆
2	讲出“我”看到的刘伯承的表现	☆
3	说出“我”的内心活动（两处），把故事讲生动	☆

4. 展示讲故事。

教师小结：沃克医生的讲述又把我们带回了故事的情节之中，我们再一次感受到了刘伯承钢铁般的意志。

活动二：感受刘伯承的丰功伟绩

1. 出示刘伯承戎马一生的相关资料。

教师：同学们请看，就是这位军神，在硝烟与战火中，度过了几十个春秋，戎马生涯七十多载，为中华民族的解放事业建立了不朽的功勋，他是中华人民共和国的元帅，一个真正的男子汉，一块会说话的钢板，他就是刘伯承。

2. 教师引导：让我们一起像沃克医生那样大声地称赞刘伯承。

学生有感情地朗读：“你是一个真正的男子汉，一块会说话的钢板！你堪称军神！”。

设计意图：通过用沃克医生的口吻讲故事，提升学生的表达能力和语文素养。了解刘伯承的戎马一生，激发学生对革命领袖的崇敬之情。

三、回顾全文，布置作业

1. 教师小结。

今天，我们继续学习通过人物的动作、语言、神态体会人物内心的方法，走进语言文字之中，借助正面描写和侧面描写感受到了人物形象和精神品质。课文后面还有一个故事《丰碑》，里边也有两个人物，其中的军需处长牺牲了，于是全文就采用侧面描写的方法刻画了军长内心活动的变化，以此来塑造军需处长“丰碑”的形象。

2. 布置作业。

(1) 阅读《丰碑》，用上本课学到的通过人物的动作、语言、神态的方法，体会军长的内心。

(2) 以沃克医生的口吻，把军神的故事完整地讲给家人听。

设计意图：自主阅读《丰碑》，进一步巩固通过人物的动作、语言、神态体会人物形象的方法。把军神的故事完整地讲给家人听，加深对课文内容的理解，进一步提升学生的表达能力。

板书设计

⑪军神

刘伯承：病人——军人——军神（钢铁般的意志）

沃克医生：冷漠——赞许——钦佩

课后反思

《军神》是部编版《语文》教材五年级下册第四单元的一篇精读课文，这个单元的人文主题是“责任”。这是一篇小说，写了刘伯承的眼睛受了重伤后，到德国人开设的诊所就医的故事。刘伯承为了尽量减少对大脑的影响，拒绝使用麻醉剂，强忍巨大的疼痛接受了手术，表现出钢铁般的意志，体现出他为了能全身心地投入革命，不惜自己承受巨大痛苦的精神。

本单元的阅读要素是：通过课文中对动作、语言、神态的描写，体会人物的内心。内心就是内心的情感，就是“心里头”，“心里头”是很宽泛的概念，指的是文本中描述的人物的思想、情感和意识等内在层面的状态。所以本单元的学习，既包括体会人物的感情，也包括体会人物的心理活动及其变化，要求体会的角度更丰富、细腻、深入。再进一步思考，体会人物内心的目的是什么呢？是感受人物品质。具体到本篇课文，就是通过体会刘伯承和沃克医生的内心变化，感受刘伯承钢铁般的意志。

在本篇课文教学实践中的五个学习任务中，第一课时的“任务三：聚焦军神，感受精神”，第二课时的“任务一：聚焦医生，走进内心”，“任务二：讲述故事，再现情景”，都是为了落实语文要素而设置的。“聚焦军神，感受精神”，通过体会刘伯承的心理活动，感受其顽强坚持、乐观无畏的惊人毅力和强大内心。“聚焦医生，走进内心”，通过体会沃克医生的内心变化，从另外一个角度感受刘伯承顽强的意志。“讲述故事，再现情景”，要求学生以沃克医生的口吻讲述故事片段，讲出沃克医生看到的、听到的、想到的，让学生体会沃克医生的内心世界的同时，进一步感受刘伯承钢铁般的意志，同时加深对课文的理解，并提升学生的表达能力。三个学习任务环环相扣、层层递进，把学生的情感推向高潮。

课例13 《田忌赛马》教学实践

课例名片

年级：五年级（下）

设计者：张婷 王立君（保定市顺平县实验小学）

执教者：张婷 王立君

指导教师：赵秀青（保定市顺平县教育和体育局教研室）

第一课时

学习目标

1. 认识“策”“荐”2个生字，会写“赢”“拳”等5个生字，会写“赏识”“脚力”等8个词语。

2. 了解事件，把握课文的主要内容。

重点难点

把握故事中的关键信息，更好地把握课文内容。

课前准备

教学课件。

教学过程

一、导入新课

上节课，通过对《自相矛盾》的学习，我们明白了说话做事要前后相应，不能自相矛盾。这节课，让我们继续穿越时空，和古人进行思维的碰撞吧。今天我们来学习一个关于赛马的故事，题目是《田忌赛马》。（老师板书课题，学生齐读。）赛马是古人很喜欢的一项活动，赛马不仅体现了马的实力，还体现了人的智慧。

二、引导学生完成学习任务

任务一：了解资料，识写汉字

活动一：展示资料，初识人物

1. 回顾以前学过的司马迁的文章。

教师：《田忌赛马》是根据汉代史学家司马迁的《史记·孙子吴起列传》相关内容改写的。你还记得我们学过司马迁的哪些文章吗？

预设：二年级上册的《大禹治水》、四年级上册的《西门豹治邺》、五年级上册的《将相和》。

2. 展示课前搜集的相关资料，了解《史记》和文中的主要人物。

预设：

(1)《史记》，中国历史上第一部纪传体通史，记载了上古传说中的黄帝至西汉汉武帝约 3000 年的历史。鲁迅称它为“史家之绝唱，无韵之离骚”。

(2) 齐威王是战国时期齐国的国君，田忌是战国时期齐国的名将。

(3) 孙膑，战国时期的军事家，孙武的后代。孙膑曾与庞涓同学兵法，因受庞涓迫害遭受膑刑，后在齐国使者帮助下投奔齐国，成为田忌的门客，后被齐威王任命为军师。代表作是《孙膑兵法》。

3. 学生齐读课件出示的内容。（教师课件出示人物简介和《史记》的相关资料。）

活动二：认读词语，书写汉字

1. 自读课文，读准字音，读通句子，遇到自己喜欢的语句可以多读几遍，把不认识的字和不理解的词语圈画出来。

2. 开火车读词语。

赏识　脚力　胸有成竹　摩拳擦掌　跃跃欲试　兴致勃勃　出谋划策　引荐

3. 交流“策”和“荐”的识字方法。

预设：

(1) 结合词语来理解，“策”字可以组词：出谋划策、策略、计策等，“策”的意思就是计谋、主意。

(2)“荐”字可以组词：引荐、推荐、举荐等，“荐”的意思就是推举、介绍。

（3）“策”字还有一个意思是“头上有刺的鞭子”，所以上面的竹字头是表意的形旁。

（4）“荐”的本义是“草垫子”，所以草字头也是这个字表意的形旁。

教师：你们真棒！不仅采用结合词语的方法认识和理解了这两个字，还运用形声字的构字规律加深了对字的理解，给你们点赞！

4. 观察字形，交流书写时的注意事项。

预设：

（1）“赢”字上面的“亡”和中间的“口”要写得扁一些，下面的“月”“贝”“凡”要写得窄一些，下面部分整体比上面部分和中间部分稍宽一点。

（2）“拳”字上半部分的撇、捺要舒展，盖住下半部分的“手”。

（3）“策”的下半部分“朿”的第四笔竖，以及“荐”的下半部分“存”中的撇，要稍稍穿插在竹字头、草字头中间，注意笔画之间的避让。

（4）特别提醒：“赢”的下部中间是“贝”，“策”的下半部分不要误写成“束”。

5. 练习生字 2 分钟，当堂听写。两名同学上台听写，其他同学在听写本上写。

校对后教师强调易错字：“赢”字“亡”多加了一点。

设计意图：当堂扎实有效地落实识字写字教学，让学生感受汉字的构字组词特点，体会汉字蕴含的智慧，发现汉字形、音、义和书写的特点，发展学生独立识字能力和写字能力。

任务二：明确事件，了解内容

活动一：初读感知

1. 默读课文，根据课文题目说说文章主要写了一件什么事、事件的结果是什么、田忌为什么能赢。

2. 集体交流。

预设：

根据课文题目知道本文讲的是田忌赛马的故事；故事的结果是田忌赢了齐威王；田忌能赢的原因是孙膑出谋划策。

活动二：梳理脉络

1. 再读课文，思考：本文是按什么顺序写的？写了哪几部分内容？

2. 同桌交流，然后全班交流。

预设：

本文是按故事发展的顺序写的。先写了赛马的背景条件（包括主要人物、马的脚力等）；接着讲孙膑向田忌献策，表明自己有必胜的办法；最后讲了田忌和齐威王赛马的经过和结果。

设计意图：引导学生在充分阅读文本的基础上，整体感知故事内容，把握文章顺序，梳理文章脉络，培养学生的整体把握能力，为进一步了解孙膑的思维过程和复述故事奠定基础。

任务三：提取信息，把握内容

活动一：仿照示例，发现关键信息

示例：第 1、2 自然段的关键信息是众人的马所具备的条件：一是马的脚力相差不多；二是每个人的马都有差别，都能分成上、中、下三等。这两个条件缺一不可。

教师引导：接下来田忌和孙膑的这段对话有什么作用？在赛马的过程中和赛马结束时，田忌的反应如何？他为什么会有这样的表现？

活动二：充分交流，深入把握内容

预设：

（1）田忌和孙膑的这番对话是引发田忌赛马的关键因素。正是由于孙膑胸有成竹，田忌又很信任他，决定全听他的，所以才放心约了齐威王等人赛马。

（2）在三场比赛中，田忌的反应各不相同。第一场比赛虽然输了。但他不动声色，一点儿也不着急。因为他知道这是孙膑的策略，用自己的下等马对齐威王的上等马，输一场是为了赢两场。第二场赢了后他微微一笑，表示一切都在预料之中，稳操胜券。第三场赢了后他满意地笑了，表明策略奏效，对孙膑的谋划很是满意。

设计意图：通过梳理文中的关键信息和细节描述，学生能更好地把握课文内容，为后面复述故事做准备。

三、教师小结

孙膑为什么让田忌这样安排马的出场顺序呢？这里面蕴含着孙膑怎样的思维过程和智慧呢？让我们下节课一起去学习吧。

四、布置作业

尝试用自己的话把田忌赛马的故事讲给家人听。

板书设计

⑯田忌赛马

田忌（胜）←——→齐威王（败）

↑

孙膑（出谋划策）

第二课时

学习目标

1. 能借助图示，推想孙膑制订计策的思维过程。

2. 能用自己的话讲述田忌赛马的故事。

3. 能运用学到的方法，根据实际情况选择恰当的办法解决问题。

课前准备

教学课件。

教学过程

一、复习回顾

教师：通过上节课的学习，我们知道孙膑调整了马的出场顺序，使得田忌赢了比赛。那么孙膑为什么这样安排呢？这里面蕴含着孙膑怎样的思维过程呢？接下来，让我们一探究竟。

二、引导学生完成学习任务

任务一：聚焦赛事，探究妙计

活动一：标画对阵图，陈述比赛过程

1. 默读课文，完成课后习题第二题：连一连，把齐威王和田忌赛马的对阵图画出来。

2. 用自己的话说说每场比赛马的参赛情况及比赛结果。

预设：

（1）第一场比赛，田忌用下等马对齐威王的上等马，输了比赛。

（2）第二场比赛，田忌用上等马对齐威王的中等马，赢了比赛。

（3）第三场比赛，田忌用中等马对齐威王的下等马，赢了比赛。

（4）田忌胜两场，输一场，最终赢了齐威王。

设计意图：引导学生从具象到抽象，再到语言输出，把握比赛过程，训练语言表达，为后面推测孙膑的思维过程打下基础。

教师：为什么还是原来的马，孙膑只是对马的出场顺序做了一些安排，就能使田忌稳操胜券呢？

活动二：推想思维过程，探究取胜秘密

1. 补充学习单，丰富课文内容，揣摩孙膑的思维过程。

要求：先独立思考完成，再同桌交流。

孙膑通过日常观察发现：＿＿＿＿＿＿＿＿＿＿＿＿＿＿＿＿＿＿＿＿＿＿＿，当时孙膑可能会想：如果按＿＿＿＿＿＿＿＿＿＿＿＿＿＿＿＿正常顺序进行比赛，结果可能＿＿＿＿＿＿＿＿；但要是＿＿，就极有可能＿＿＿＿＿＿＿＿＿＿＿＿＿＿＿＿＿＿＿＿＿＿＿＿＿＿＿＿＿＿。

2. 集体交流。

预设：

（1）孙膑通过日常观察发现，大家的马脚力相差不多，而且都能分成上、中、下三等。如果按上等马对上等马、中等马对中等马、下等马对下等马的正常顺序进行比赛，结果可能胜负难以预料。

（2）但要是用田忌的下等马对齐威王的上等马，用田忌的上等马对齐威王的中等马，用田忌的中等马对齐威王的下等马，就极有可能实现三局两胜，从而保证最终的胜利。

设计意图：给学生搭建学习支架，丰富人物所观所想，具体把握人物的思维过程，感受人物思维逻辑的缜密。

活动三：画出思维导图，明晰思维过程

预设：

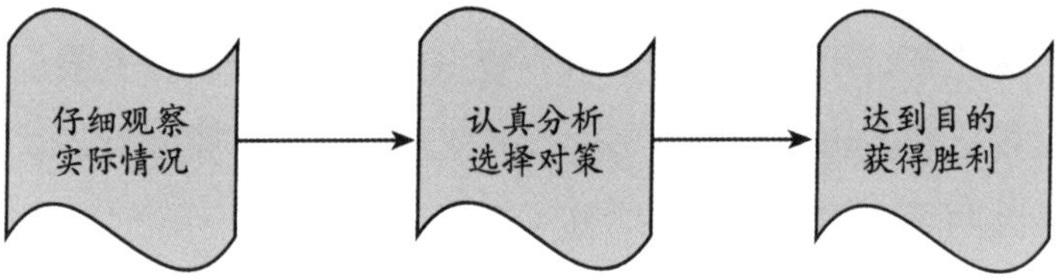

设计意图：透过现象看本质，通过分析归纳，培养学生的形象思维和逻辑思维。

任务二：运用方法，讲述故事

活动一：自选讲述方法，同桌互讲互评

方法一：简要复述。讲述时不要遗漏故事的主要情节和关键信息，对话要采用转述的形式。

方法二：创造性复述。在适当的地方发挥想象，合理丰富故事情节。例如：

1. 孙膑在观察众人赛马时的所思所想。

2. 田忌和齐威王赛马时，现场的气氛是怎样的。

3. 每一轮赛马后齐威王和观众的反应。

活动二：全班交流展示，评选“故事之星”

1. 采取单人或团队自愿讲述、表演的原则，时间限定在 3 分钟内。

2. 成立七人评委组，评委依据评分标准现场打分。去掉最高分和最低分，取剩余分数的平均分作为表演者的最后得分。

3. 前五名获得物质奖励和精神奖励各一份。

4. 评分标准：

(1) 内容呈现（30分）。

①准确性（15分）：故事内容完整，情节与《田忌赛马》原文一致，包括人物、事件起因、经过和结果，无错、漏信息。

②丰富度（10分）：能适当补充细节，如描述人物心理、赛场氛围，使故事更生动，增添趣味性。

③主题理解（5分）：清晰阐述故事蕴含的智慧、策略等道理，体现对主题的准确把握。

(2) 语言表达（30分）。

①流畅度（10分）：语句连贯，无明显卡顿、重复、结巴，语速适中。

②清晰度（10分）：发音标准，吐字清晰，声音洪亮，让听众能轻松听清内容。

③感染力（10分）：根据故事场景，运用恰当语调、语气，融入情感，吸引听众注意力。

(3) 舞台表现（25分）。

①肢体语言（10分）：姿态端正自然，运用手势、眼神、表情等辅助表达，与讲述内容配合默契。

②舞台掌控（10分）：在舞台上位置移动合理，不局促或随意乱动，能与评委、观众保持良好互动。

③仪态（5分）：符合故事背景或角色特点，展现良好精神面貌。

(4) 创新创意（15分）。

①讲述形式创新（10分）：采用独特的讲述方式，如加入角色扮演、改编成短剧片段等，给人耳目一新之感。

②观点独特性（5分）：对故事有新颖解读，提出独特见解，引发听众思考。

设计意图：让学生在把握课文内容、了解人物思维过程之后讲述故事，进一步培养学生的整体把握能力、语言表达能力和思维能力；采用评选办法，有利于激发学生的学习兴趣。

任务三：开启思维之门，跨越时空救援

教师：灵活的思维不仅能够解决生活中的难题，甚至可以挽救一个国家的危亡。下面老师带同学们穿越时空，用自己的智慧去帮助战国时期的赵国度过一次重大的劫难。请同学们打开手中的求救信和战事地形图，结合齐、赵、魏三国的地理位置及各方军事力量，去寻求解救赵国的办法吧。

课件出示材料及示意图：

战国时期，魏国和赵国之间隔着一条漳河，魏国强大，赵国弱小，魏国早就想吞并赵国。

公元前354年，魏国将军庞涓率领八万精兵出征赵国，一路所向披靡，势如破竹，很快就直抵赵国都城邯郸，把一个小小的邯郸城围得严严实实。

赵国危在旦夕。赵国国君一面竭力防卫，一面派人去齐国求救。

1. 小组讨论，寻求救助办法。

2. 全班交流，展示解决策略。

要求：按照“仔细观察实际情况—认真分析，选择对策—达到目的，获得胜利”的思维过程进行思考和展示。既要说出解决的策略，也要说出理由和依据。

设计意图：鼓励学生尝试用课文中学到的思考问题的方法，解决现实生活中遇到的问题，培养学生根据实际情况选择恰当的办法解决问题的能力，促进学生思维水平的提升。

三、课堂小结

同学们，学了《田忌赛马》这篇课文，你有什么收获呢？可举例说明。

预设：

以后在学习和生活中遇到问题时，不要习惯性地求助父母、老师或能力比自己强的人，要独立面对，仔细观察，认真分析，积极寻找解决问题的办法……

四、布置作业

1. 给家人讲一讲田忌赛马的故事。

2. （选做）历史上有不少运用谋略取得胜利的故事，找一找相关资料，和同学交流。

板书设计

⑯田忌赛马

仔细观察		认真分析		达到目的
实际情况	→	选择对策	→	获得胜利

课后反思

《田忌赛马》是部编版《语文》教材五年级下册第六单元的一篇精读课文。本单元以“思维的火花”为主题，意在引导学生树立结合实际思考问题的意识，知道要根据具体情况选择恰当的解决问题的办法。本单元的语文要素是“了解人物的思维过程，加深对课文内容的理解”，目的是引导学生在把握课文内容的基础上，进一步了解文中人物解决问题的思维过程，从而培养学生对文章的整体把握能力和根据具体情况思考问题、解决问题的意识。

根据本单元的编排意图，我确定本课的教学思路为：引导学生先大致了解本文讲述的主要事件及其结果；接着通读全文，厘清故事的发展脉络，并关注文中的关键信息；然后重点理解孙膑制订计策的思维过程；在充分理解课文内容的基础上，用自己的话讲述田忌赛马的故事；最后创设情境，训练学生根据具体情况思考问题、解决问题的能力。

课例 14 《跳水》教学实践

课例名片

年级：五年级（下）

设计者：刘灿（保定市顺平县逸夫小学）

王璐（保定市顺平县实验小学）

执教者：刘灿

指导教师：薛丽娟（保定市顺平县逸夫小学）

鲍红娜（保定市顺平县逸夫小学）

第一课时

学习目标

1. 运用多种方法认识“肆”“桅”等 7 个生字，会写“艘”“航”等 14 个字，会写“航行”“风平浪静”等 12 个词语。

2. 能厘清故事的起因、经过和结果，并连起来说清楚课文的主要内容。

3. 能说出水手们的“笑”对推动故事情节发展的作用。

重点难点

了解课文的主要内容；能说出水手们的“笑”对推动故事情节发展的作用。

课前准备

教学课件、学习任务单。

教学过程

一、谈话导入，明确任务

1. 谈话导入。

教师：同学们，今天我们要阅读一个充满惊险与智慧的故事，题目是《跳水》。故事中的人物经历了惊心动魄的时刻，他们的选择和行为都让人印象深刻。让我们一起去感受故事的精彩吧！

2. 出示学习任务。

教师：本节课我们要共同完成三个任务。

任务一：扫字词障碍，读通课文

任务二：填跳水事件，把握内容

任务三：探情节发展，寻罪魁祸首

二、引导学生完成学习任务

任务一：扫字词障碍，读通课文

活动一：认读并理解词语

1. 认读生词。

甲板　放肆　桅杆　撕扯　吓唬　横木　龇牙咧嘴　瞄准

（1）学生读词语，正音。

（2）交流易读错的词语。

预设：

“唬”单字读三声，在“吓唬”一词中读轻声；“龇”的读音为“zī”，不要误读为“cī”。

2. 理解重点词语的意思。

（1）结合图片理解。

甲板　桅杆　横木

教师：这三个词语都和船体构造有关，你知道它们分别是船的什么位置吗？

课件出示帆船图片，学生指出具体位置。

教师小结：甲板是船上分隔上下各层的板，是最上面的一层；桅杆在船的正中央，它是船上用来悬挂帆和旗帜的柱杆，上面有绳索；横木凌空而搭，没有任何支撑，用来撑帆，最高的横木距甲板有几十米高。

（2）联系上下文理解。

它显然知道大家拿它取乐，因而更加放肆起来。

学生找一找猴子放肆的行为表现，联系上下文说一说“放肆”是什么意思。

预设：

猴子开始只是模仿人的动作，看到人们哈哈大笑后，猴子摘了孩子的帽子，爬到桅杆上，并且又撕又咬，最后还把帽子挂在最高的横木一端，朝孩子龇牙咧嘴。猴子的行为越来越“放肆”。“放肆”的意思就是毫无顾忌，任意妄为。

3. 齐读词语。

活动二：正确书写生字

教师：课前我们已经自学了本课生字，以下 3 个生字，书写时应该注意些什么呢？

肆　帽　艘

1. 交流书写要点。

预设：

“肆”的第一笔是横，不要写成撇；“帽”右上部分不是“日”，横左右不相连；“艘”注意右上部分的笔顺。

2. 学生练写，当堂检测。

设计意图：借助图片理解词语意思，明确桅杆顶端横木的位置，为后面了解孩子处境危险做好铺垫。指导书写汉字时引导学生关注易错字，培养学生的自学能力。

任务二：填跳水事件，把握内容

活动一：了解故事的起因、经过、结果

教师：学习了字词，我们再来默读课文。边读边思考，文章讲了一件什么事，按照事情的起因、经过、结果完成填空。

⑰跳水

起因（第 1 自然段）　经过（第 2—4 自然段）　结果（第 5、6 自然段）

水手拿猴子取乐──→（　　　　　　　）──→（　　　　　　）

1. 默读课文，完成任务单，教师巡视指导。

2. 汇报交流。

预设：

课文按照事情发展的顺序分为三个部分，第 1 自然段交代了故事的起因：水面风平浪静，水手们拿船上的猴子取乐，猴子更加放肆起来，概括为“水手拿猴子取乐”；第2—4自然段是故事的经过：猴子抢走孩子的帽子，孩子追猴子遇到危险，概括为“猴子逗孩子，孩子追猴子遇险”；第5、6自然段是故事的结果：船长看到危急情况，逼孩子跳入大海，孩子得救，概括为“船长逼孩子跳水，孩子得救”。（教师板书要点。）

活动二：概括文章主要内容

教师：你能把故事的起因、经过、结果串联起来，讲讲这个故事吗？

1. 自由练说，同桌互说。

2. 汇报交流，教师相机点评。

预设：

课文主要讲的是一艘环游世界的帆船在返航途中，水手们在甲板上拿猴子取乐，猴子抢走孩子的帽子，孩子去追猴子爬上了桅杆最顶端的横木，危急时刻，船长用枪逼孩子跳水，孩子最终得救。

设计意图：借助学习单让学生梳理故事的起因、经过、结果，再指导学生把各部分串联起来，进而把握文章的主要内容。

任务三：探情节发展，寻罪魁祸首

活动一：感悟水手“笑”的推动作用

教师：通过刚才的交流，我们了解到，正是因为猴子的放肆行为，激怒了孩子，才让孩子在不知不觉中陷入了危险境地。其实，在这个过程中，还有人起到了关键的作用，那就是水手。

浏览课文第1—4自然段，找出描写水手笑以及猴子和孩子表现的关键词，填在表格相应位置。

水手的笑	猴子的表现	孩子的表现

1. 快速浏览课文，找到水手的三次笑，填入表格。

2. 细读文本，用不同符号勾画在水手的笑声中猴子和孩子的不同表现，提炼关键词填入表格。

3. 汇报交流，师生共同完善表格。

水手的笑	猴子的表现	孩子的表现
哈哈大笑	模仿人的动作	开心
大笑起来	放肆 摘孩子帽子戴在头上 爬上桅杆 用牙齿咬、用爪子撕 撕得更凶	哭笑不得 吓唬它、大喊大叫 气得脸都红了 脱了衣服 爬上桅杆追猴子
笑得更欢	抓着桅杆又往上爬 爬到桅杆顶端 帽子挂在最高横木一头 坐在桅杆顶端扭身子 龇牙咧嘴做怪样	边追边喊 气极了 手放开绳子和桅杆 张开胳膊 摇摇晃晃去取帽子

4. 观察表格，交流自己的发现。

预设：

水手的笑越来越厉害，猴子的行为越来越放肆，孩子越来越生气。

教师追问：说说孩子心情变化的原因。如果没有水手的笑，你认为孩子还会一步步陷入险境吗？(学生自由谈看法。)

教师小结：通过观察和交流，我们发现水手的笑声是促使猴子行为放肆的原因，更是孩子不管不顾走上桅杆顶端横木去追猴子的不可或缺的因素。在猴子和水手的双重影响下，孩子自尊心受挫，逐渐变得愤怒并失去理智，一步步使自己陷入了危险境地。

活动二：朗读课文，加深理解

师生合作，有感情地朗读第1—4自然段。

教师小结：水手的笑在不断刺激着猴子，水手的笑也在不断伤害着孩子，在水手的笑声中事情发展到了不可控制的局面。文中对水手的笑描写并不多，但水手的笑在故事情节的发展中起到了推波助澜的作用。

设计意图：立足学情，借助表格进行梳理，引导学生发现孩子遇险与水手拿猴子取乐有密切关系，并通过朗读练习，加深理解。

三、课堂小结，布置作业

教师：此时水手们吓呆了，孩子的两条腿也开始发抖，随时都有生命危险。危急时刻船长为什么要逼孩子跳水，下节课我们继续探究。

板书设计

⑰跳水

起因——水手拿猴子取乐

经过——猴子逗孩子，孩子追猴子遇险

结果——船长逼孩子跳水，孩子得救

第二课时

学习目标

1. 了解船长的思维过程，能说出船长所用办法的好处。

2. 拓展阅读，深化思维训练。

重点难点

了解船长的思维过程，能说出船长所用办法的好处。

课前准备

教学课件、学习任务单。

教学过程

一、复习旧知，明确任务

1. 复习旧知。

教师：同学们，上节课我们了解到，水手的笑声是促使猴子行为放肆的原因，更是导致孩子一步一步走向危险境地的罪魁祸首。在孩子命悬一线，水手们手足无措的紧急关头，船长出现了，他在关键时刻救下了孩子。这节课就让我们来见证这危险时刻的机智行为。

2. 出示本课的学习任务。

任务一：明思维过程，感受人物形象

任务二：知作者信息，拓展阅读练习

二、引导学生完成学习任务

任务一：明思维过程，感受人物形象

活动一：聚焦船长行为，明思维过程

1. 了解船长的行为。

（1）默读课文第 5 自然段，画出船长在危急时刻言行的相关语句。

（2）汇报交流。

2. 复盘船长的思维过程。

（1）联系全文内容，梳理船长的观察发现与所思所想，完成表格。

观察发现	不利条件（孩子的处境）	1.
		2.
	有利条件（天气、人员等）	1.
		2.
		3.
所思所想	如果孩子摔下来	
	如果孩子跳下海	
做出决定		

（2）汇报交流，师生共同完善表格。

观察发现	不利条件（孩子的处境）	1. 孩子站在最高横木上摇摇晃晃
		2. 下面是硬邦邦的甲板
	有利条件（天气、人员等）	1. 海面上风平浪静
		2. 水手们都在甲板上
		3. 自己手里有枪
所思所想	孩子摔下来	掉到甲板上，孩子侥幸不死也是重伤
	孩子跳下海	极有可能被水手们救上来，孩子平安
做出决定	用枪逼孩子跳水	

（3）学生根据表格还原船长的思维过程。

预设：

孩子站得这么高，如果摔到甲板上，必死无疑；现在风平浪静，水手们又都在甲板上，只有让孩子跳进水里，才会有一线生机，还是用枪逼他跳水吧。

3. 聚焦水手行动，亲历营救过程。

（1）教师提问：通过刚才的分析，我们明白了船长用枪逼孩子跳水是为了救孩子，那水手们明白船长的意思吗？你是怎么知道的？

（2）汇报交流。

预设：

水手们是明白船长意思的。当孩子像炮弹一样扎进海里，二十来个水手已经跳进了大海，从“已经”一词可以看出速度之快，可见水手们是明白船长意思的，所以在最短时间内营救了孩子。

（3）教师追问：可见船长在做决定之前，在相当短的时间里已经有了通盘考虑，他和水手们彼此相知，短短的四十秒钟，孩子被顺利救上甲板。“四十秒钟！”和“大家已经觉得时间太长了”互相矛盾吗？说说你的理解。

四十秒钟——大家已经觉得时间太长了。

（4）学生谈看法，教师引导。

预设：

一般而言，四十秒钟是短暂的。但当孩子落水后，他在水中的安危牵动着每一个人的心，大家都心急如焚。在这种情况下，四十秒钟就显得很漫长了。

活动二：入情朗读，体会人物形象

1. 再读船长逼孩子跳水时说的话，找到这些句子的特点，你从中感受到了什么？

向海里跳！快！不跳我就开枪了！

向海里跳！不然我就开枪了！一！二！

2. 集体交流。

预设：

在对船长的语言描写中，共有七个叹号，可见船长当时语气的坚决，同时也体现出了船长的当机立断。

3. 感悟船长的人物特点。

预设：

短时间内能综合自己的观察发现，分析利弊，迅速做出判断，使孩子脱离险境。由此可见船长遇事沉着、机智而又果断。

4. 齐读危急关头船长铿锵有力的话语。

活动三：联系生活实际谈收获

1. 想一想：在危急时刻，如果当时你也在现场，你会想到哪些方法救孩子？

2. 学生交流。

预设：用软垫接、水手们爬上桅杆救孩子、找直升机……

比较每种方法的可行性和用时，明白用软垫接既费时又不一定与孩子下落位置一致；水手们爬上桅杆救孩子、求助飞机则需要更多时间，而孩子在等待期间随时会摔下来。

3. 回顾文中不同人物的行为、思维，你受到了怎样的启发？可以选择从孩子、水手和船长三个不同角度来思考。

预设：

从孩子的角度：冲动是魔鬼，遇事要沉着冷静。

从水手的角度：不要瞎起哄，否则会把别人推入危险境地。

从船长的角度：遇到突发情况不要慌张，要根据实际情况，综合分析利弊，果断采取最有效的行动。

设计意图：引导学生了解船长沉着、机智、果断地帮助儿子脱离险境这一思维过程，感受人物形象的同时得到启发。

任务二：知作者信息，拓展阅读练习

活动一：了解作者

教师：《跳水》的故事，情节环环相扣，引人入胜。故事的主人公船长虽然最后出场，但他那非凡的胆识、超人的智慧令我们印象深刻。这么好的作品是谁写的呢？

出示列夫·托尔斯泰的相关资料，让学生默读，了解作者。

列夫·托尔斯泰是19世纪末20世纪初俄国最伟大的文学家，也是世界文学史上最杰出的作家之一，他的文学作品在世界文学中占有重要地位。

活动二：拓展阅读

教师：列夫·托尔斯泰的笔下还有一位像船长这样沉着、机智、果断的人物，我们来认识一下。

鲨鱼

列夫·托尔斯泰

我们的军舰停泊在非洲的海岸边。白天很凉快。海上拂着凉风，但是傍晚的时候，从撒哈拉沙漠吹来了干燥的热空气，天气突然变了，变得闷热起来。

太阳落山之前，舰长走到甲板上，大声喊道："游泳吧!"于是水兵们马上跳进水里去，放下救生圈，把它拴好，便在救生圈里练习游泳。

军舰上还有两个男孩跟我们在一起。这两个孩子是最先跳入水里去的，他们觉得救生圈里人多拥挤，想在大海里比谁游得快。两个孩子活像两条蜥蜴在水里伸开四肢，拼命朝锚上边有个小桶的地方游去。

一个孩子起先追过了他的伙伴，但是后来落后了。这孩子的父亲是个老炮手，他站在甲板上很高兴地看着自己心爱的儿子。当他看见儿子开始落后的时候。就嚷着鼓励他的儿子："别泄气！加把劲呀!"

甲板上突然有人大叫一声："鲨鱼!"我们在水里马上看到这海上魔王的脊梁。

鲨鱼朝孩子们这边游过来。

"回头游呀！回头游呀！游回来呀！有鲨鱼!"炮手扯开嗓子喊叫。但是孩子们没听见，仍继续向前游。他们笑着，嚷着，比起先还要快乐，还要喧闹。

炮手吓得脸色发白，一动也不动地瞧着两个孩子。

水兵们放下小艇，跳了进去，划着桨，拼命朝孩子那边飞也似的划去。这时候，鲨鱼离孩子至多不过二十步远，可是他们离孩子还远着呢。

起先，孩子们没听到有人喊自己，也没看到鲨鱼，但是后来，有一个回头看了看，马上就听到一声尖叫，孩子们已经朝不同的方向游开了。

也许是尖叫声提醒了炮手吧。他忽然离开甲板，奔到大炮面前。他把炮口向下弯，瞄准好了，马上安上引火线。

军舰上的人个个都吓呆了。大家都担心着出事故。

炮一响，我们就见到炮手倒在炮旁边，双手捂着脸。至于鲨鱼和孩子们的情形怎么样，我们没看见，因为我们的眼睛一时给硝烟遮住了。

当水上的硝烟散了的时候。从四面八方传来了低沉而含糊的声音。后来这声音愈来愈响，终于年老的炮手放开了捂脸的手，站起身来，往海上望望。

死鲨鱼黄色的肚皮顺着浪潮漂荡着。一会儿，小艇划到那两个孩子身边，把他们带到兵舰上来了。

1. 学生默读短文《鲨鱼》，边读边思考：在孩子处于可能被鲨鱼撕咬的危险境地中，老炮手是怎么做的？试着写出老炮手的思维过程，完成学习任务单。

<table>
<tr><td rowspan="5">观察发现</td><td rowspan="2">不利条件</td><td>1.</td></tr>
<tr><td>2.</td></tr>
<tr><td rowspan="3">有利条件</td><td>1.</td></tr>
<tr><td>2.</td></tr>
<tr><td>3.</td></tr>
<tr><td rowspan="2">所思所想</td><td>等小艇救孩子</td><td></td></tr>
<tr><td>用大炮射鲨鱼</td><td></td></tr>
<tr><td>做出决定</td><td colspan="2"></td></tr>
<tr><td>老炮手的思维过程</td><td colspan="2"></td></tr>
</table>

2. 集体交流。

预设：

老炮手观察发现不利条件：一是鲨鱼距离孩子不到二十步；二是去营救的小艇距离孩子太远。有利条件：一是鲨鱼在大炮的射程范围内；二是孩子们发现鲨鱼已经改变游泳方向；三是自己是个经验丰富的炮手。老炮手想，如果等小艇救孩子，时间来不及，孩子可能葬身鱼口；如果用大炮射鲨鱼，只要瞄得准，孩子就有一线生机。老炮手做出决定，用大炮射鲨鱼。

老炮手的思维过程：鲨鱼距离孩子不到二十步，营救孩子的小艇距离孩子又太远，等到小艇靠近孩子，他们可能已经葬身鱼口。鲨鱼在大炮的射程范围，凭我多年的经验，用大炮射杀鲨鱼，孩子们也许还有一线生机。对！就这么办！

教师小结：危急时刻，《跳水》中的船长用枪逼孩子跳水。《鲨鱼》中的老炮手用大炮射杀鲨鱼，他们的智慧和勇气令人惊叹。

设计意图：扩展阅读《鲨鱼》，“了解人物的思维过程”的方法在新文本中得到实践。

三、布置作业

把《跳水》的故事讲给家人听。

板书设计

⑰跳水

船长　沉着　机智　果断

课后反思

《跳水》讲述了一个惊险的故事，在孩子命悬一线、水手们都手足无措的情况下，船长用枪逼孩子跳水，表现了他处事的惊人智慧和当机立断的非凡勇气。本单元的人文主题是“思维的火花”，语文要素是“了解人物的思维过程，加深对课文内容的理解”。

教学本课时，共设置了五个学习任务。在扫清字词障碍、读通课文的基础上，首先引导学生梳理并概括事情的起因、经过和结果，初步把握课文主要内容。然后借助表格梳理孩子心情变化过程，理解水手们的“笑”在故事情节发展中所起到的推波助澜的作用。接着，指导学生联系船长出舱时观察到的情况，尝试还原船长的思维过程，感受他遇事沉着冷静、当机立断的处事风格。最后，拓展阅读小说《鲨鱼》，揣摩老炮手的思维过程，进一步训练学生的思维。

本课的教学难点是把握船长的思维过程，感受其思维逻辑的缜密。为了突破难点，首先引导学生聚焦船长的行为，了解在危急时刻船长的做法，然后再次借助表格梳理信息，让学生从文中找出说明天气、人员等环境条件的语句，以及描写孩子处境的语句，分析哪些是有利条件，哪些是不利条件，进而推想船长的思维过程。在此基础上，再次聚焦船长的言行，通过有感情地朗读，体会船长沉着、机智、果断的人物形象。最后组织学生讨论是否有其他的救助方法，在训练学生思维的同时交流从这个故事中得到的启发。

在整个教学过程中，通过设置具体的学习任务、操作性强的学习活动，学生的主体地位得到了充分体现，培养了学生根据具体情况思考问题、解决问题的意识，思维能力得到了进一步发展。

课例 15　《狼牙山五壮士》教学实践

课例名片

年级：六年级（上）

设计者：刘迎霞　李娜（保定市顺平县逸夫小学）

执教者：刘迎霞　李娜

指导教师：王英华（保定市顺平县逸夫小学）

第一课时

学习目标

1. 会写“寇”“副”等 14 个生字，会写“日寇”“奋战”等 19 个词语。

2. 会用提炼小标题的方式梳理文章结构，了解主要内容。

重点难点

抓住关键信息，概括小标题，了解主要内容。

课前准备

学生查阅“狼牙山五壮士”“晋察冀根据地”“抗日战争”等相关资料、教学课件、学习任务单。

教学过程

一、情境导入，明确任务

1. 出示“狼牙山五勇士纪念塔”图片，情境导入。

教师：今天我们一起学习第 6 课《狼牙山五壮士》。同学们请看，这是位于河北省保定市易县狼牙山风景区的一座特别的建筑——狼牙山五勇士纪念塔，它记录着五位英雄的动人故事。五位英雄在狼牙山抗击日本侵略者的壮举，惊天动地，气壮山河。这节课就让我们一同走进 1941 年的狼牙山，一起去认识这五位英雄。

2. 初步了解“壮士”的含义。

教师：课文的题目叫作《狼牙山五壮士》，什么样的人才能称为“壮士”呢？（学生交流对壮士的初步认识。）请大家带着对壮士的理解，齐读课题。

3. 出示本节课的学习任务。

任务一：检查预习，了解背景

任务二：整体感知，概括内容

设计意图：创设情境，导入新课。通过质疑，激发学生对“壮士”的初步理解，为后面感受人物形象奠定基础。

二、完成学习任务

任务一：检查预习，了解背景

活动一：认读生词，正确书写

1. 自由朗读课文，读准字音，读通语句。

2. 读易错词语，正音。

沉着　晋察冀　热血沸腾

3. 出示两组四字词语，积累，体会感情色彩的不同。

英勇奋战　全神贯注　斩钉截铁　热血沸腾　居高临下

昂首挺胸　壮烈豪迈　坚强不屈　惊天动地　气壮山河

大举进犯　横七竖八　坠落山涧

粉身碎骨　叽里呱啦　滚落深谷

自由读，小组对读，谈发现。

4. 书写易错生字。

寇　抡　贯　悬

（1）交流书写要点。

预设：

“寇”字由三个部件构成。下面“元”字包住的部件上面的“横”左边不出头，下边是个“又”。

“抡”字，右边的部件是“昆仑”的“仑”。

“贯”字上面的部件里边是“竖”，上半部分的笔顺是：竖折→横折→竖→横。

“悬”上面的“县”里边是两横。

(2) 练写易错字，当堂检测。

活动二：了解故事背景

教师：课前我们查阅了“狼牙山五壮士”的相关资料，现在我们一起来交流。

抗日战争从1931年9月18日开始到1945年8月15日结束，历时近14年。1941年，侵华日军加紧了对抗日根据地的“扫荡”和“清乡”。他们实行极其野蛮的烧光、杀光、抢光的“三光”政策，使用毒气和细菌武器制造无人区。

晋察冀抗日根据地处于华北抗战的最前沿，是抗日战争时期中国共产党领导的八路军在敌后创建的第一个根据地，对坚持华北敌后抗战和全国抗战起到了坚强堡垒的作用。

学生自由读，谈感受。

设计意图：正确认读、书写生字、新词是顺利学习课文的前提。补充资料，让学生了解故事发生的背景，为后面的教学打下基础。

任务二：整体感知，概括内容

活动一：提炼小标题

教师：通过刚才的交流，我们了解到1941年的晋察冀抗日根据地斗争异常艰难，而狼牙山五壮士的故事就发生在这一年。

根据课文内容填一填。
接受任务→（　　　　）→（　　　　）→（　　　　）→英勇跳崖

1. 默读课文，想一想课文围绕“狼牙山五壮士”写了哪些内容？

2. 集体交流每部分小标题，说出找到的关键句和提取的关键词，鼓励多元表达。

预设：

二、三、四部分小标题分别为：痛击敌人、引上绝路、顶峰歼敌。（教师板书。）

3. 交流概括小标题的方法。

预设：

借助关键词句，提炼信息，概括小标题。

活动二：概括主要内容

1. 借助小标题，我们可以发现，课文是按照事情发展的顺序写的，请同学们用连接词串联小标题，加上故事发生的时间、地点，说一说课文的主要内容。

学生自由练说，汇报交流。

预设：

1941 年秋，日寇集中兵力向我晋察冀根据地大举进犯，七连六班的五位战士接受了掩护群众和连队转移的任务。为了拖住敌人，五位战士利用狼牙山险要的地形痛击敌人。当他们顺利地完成掩护任务准备转移的时候，并没有选择通往主力方向的路，而是把敌人引上了绝路。在狼牙山山顶歼敌，最后跳下了悬崖。

设计意图：指导学生借助关键词句提取信息概括小标题，并借助小标题把握文章的主要内容，培养学生的概括能力。

2. 我们了解了课文内容，你还有什么疑问？集体交流。

三、布置作业

1. 规范、工整地抄写本课词语。

2. 借助小标题，说一说课文的主要内容。

板书设计

⑥狼牙山五壮士
- 接受任务
- 痛击敌人
- 引上绝路
- 顶峰歼敌
- 英勇跳崖

第二课时

学习目标

1. 理解课文内容，了解五壮士痛歼敌寇、壮烈牺牲的英雄事迹。

2. 抓住重点词句，感受五壮士的英雄气概。

3. 体会课文既关注群体又聚焦个体的写法。

重点难点

1. 抓住重点词句，感受五壮士的英雄气概。

2. 体会课文既关注群体又聚焦个体的写法。

课前准备

教学课件、学习任务单。

教学过程

一、复习旧知，明确任务

1. 教师：这节课，我们继续学习《狼牙山五壮士》。上节课我们通过提炼小标题的方式了解了课文的主要内容，谁来借助这些小标题说说文章主要写了什么？（学生交流。）

2. 教师：我们继续走进那场豪迈壮烈的战斗，去感受五壮士的英雄气概。

3. 出示学习任务。

任务一：感受英雄气概

任务二：学习表达方法

设计意图：借助小标题回顾课文内容，建立新知旧、知之间的关联。

二、完成学习任务

任务一：感受英雄气概

活动一：了解起因，感受任务艰巨

1. 自由读第 1 自然段，了解五位战士是在什么情况下接受任务的。

2. 抓住关键句，结合资料，了解任务的艰巨。

教师：“1941 年秋，日寇集中兵力向我晋察冀根据地大举进犯。”“大举进犯”就是大规模出兵进攻。请大家阅读资料，谈谈体会。

1941 年 9 月，日军华北方面军调集了七万余人的兵力，向晋察冀抗日根据地发动秋季“大扫荡”，其中有三千五百余人分多路向河北省易县狼牙山地区扑来。9 月 25 日，晋察冀军区第一军分区第一团第二营第七连担负了掩护机关、部队和群众转移的任务。七连六班的五名战士担负了阻击其中一路的任务。这一路日军有五百多人。

预设：

从“七万余人”“三千五百余人”可以感受到敌人出兵规模之大。五名战士来阻击五百多的日军，敌众我寡，五位战士所面临的任务非常艰巨。

活动二：关注个体，感受英雄形象

1. 默读课文第 2—9 自然段，关注对人物个体的描写，摘抄描写五位壮士英勇杀敌的句子，写出感受，完成任务单。

	摘抄描写人物语言、动作、神态的句子	感受
班长马宝玉	为了不让敌人发现群众和连队主力，班长马宝玉斩钉截铁地说了一声：“走！”带头向棋盘陀走去。	
	他刚要拧开盖子，马宝玉抢前一步，夺过手榴弹插在腰间，猛地举起一块大石头，大声喊道：“同志们！用石头砸！”	
副班长和三位战士		

2. 交流学习成果，有感情地朗读，感受五壮士的英雄气概。（教师随机生成板书。）

（1）体会马宝玉的英雄气概。

预设：

①班长马宝玉沉着地指挥战斗，让敌人走近了，才下命令狠狠地打。

从这句话感受到马宝玉沉着冷静。

②为了不让敌人发现群众和连队主力，班长马宝玉斩钉截铁地说了一声：“走！”带头向棋盘陀走去。

从“斩钉截铁”和“走”字，感受到马宝玉在生死抉择面前的坚决果断、毫不犹豫。

有感情地朗读，读出马宝玉的坚决果断。

③他刚要拧开盖子，马宝玉抢前一步，夺过手榴弹插在腰间，猛地举起一块

大石头，大声喊道："同志们！用石头砸！"

从连续性动作"抢""夺""插""举""喊"，感到他当机立断、身手敏捷、有勇有谋和对敌人的强烈仇恨。

④马宝玉嗖的一声拔出手榴弹，拧开盖子，用尽全身气力扔向敌人。

从"拔""拧""扔"这一气呵成的动作，感到马宝玉动作干脆利落，他心中充满了对敌人刻骨的仇恨和誓死杀敌的决心。

有感情地朗读这两句话，读出马宝玉的英雄气概。

⑤班长马宝玉激动地说："同志们，我们的任务胜利完成了！"说罢，他把那支从敌人手里夺来的枪砸碎了，然后走到悬崖边上，像每次发起冲锋一样，第一个纵身跳下深谷。

通过马宝玉的语言，体会到他为能保护群众和连队主力而欣慰和自豪，通过"纵身跳下"这个词语，感受到班长马宝玉视死如归、宁死不屈的精神。

教师小结：通过班长马宝玉的动作和语言描写，我们感受到了他的英雄气概。像这样对单个人物的描写就叫"个体描写"。（板书：个体描写。）

（2）感受其他战士的英雄气概。

预设：

①副班长葛振林打一枪就大吼一声，好像细小的枪口喷不完他的满腔怒火。

从"打一枪就大吼一声""满腔怒火"，可以感受到他面对敌人时的英勇无畏和他对敌人的憎恨。

②战士宋学义扔手榴弹总要把胳膊抡一个圈，好使出浑身的力气。

从"扔手榴弹总要把胳膊抡一个圈"，可以看出他战斗经验丰富。

③胡德林和胡福才这两个小战士把脸绷得紧紧的，全神贯注地瞄准敌人射击。

从"脸绷得紧紧的""全神贯注"，可以感受到战士胡德林和胡福才具有严肃认真、一丝不苟的战斗作风。

④有感情地朗读这些句子，读出战士的英雄气概。

教师小结：通过对五位壮士个体的描写，我们感受到了班长马宝玉的沉着冷静、坚决果断、有勇有谋和四位战士作战的英勇无畏。

活动三：关注群体，感受英雄形象

1. 默读课文，勾画出对五位战士整体描写的句子，圈画出感受深的词语，从中体会到了什么？做好批注。

2. 汇报交流，教师相机引导。

预设：

（1）他们利用险要的地形，把冲上来的敌人一次又一次地打了下去。

从“一次又一次”可以体会到五位壮士的英勇无畏。

（2）战士们热血沸腾，紧跟在班长后面。他们知道班长要把敌人引上绝路。

从“热血沸腾”“紧跟”可以感受到战士们对班长所做决定的认可，以及他们舍生取义的决心。

（3）五位壮士屹立在狼牙山顶峰，眺望着群众和部队主力远去的方向。他们回头望望还在向上爬的敌人，脸上露出胜利的喜悦。

教师引导：此时，敌人在后面紧追不舍，壮士们的处境异常危险，可是，他们却屹立在狼牙山顶峰，脸上还露出胜利的喜悦，这是为什么？

预设：

五位壮士为群众和连队主力的转移赢得了宝贵的时间，其实他们在把敌人引上绝路时，就已经把自己的生死置之度外了，五壮士为胜利完成保护群众和连队主力的任务而感到欣慰和自豪。

教师小结：五位壮士此时心中只有群众和连队主力，面对危险他们视死如归。

（4）战士们也昂首挺胸，相继从悬崖往下跳，狼牙山上响起了他们壮烈豪迈的口号声：

“打倒日本帝国主义！”

“中国共产党万岁！”

从“昂首挺胸”和“壮烈豪迈的口号声”，可以感受到五位壮士视死如归、宁死不屈的精神。

教师小结：文中通过对五位壮士的整体描写，我们也感受到了他们宁死不屈、视死如归的英雄气概。（板书：群体描写。）

3. 观看视频，升华情感，感情诵读。

教师：我们一起来观看五壮士英勇跳崖的视频，感受他们的英雄壮举。

（1）观看视频，交流感受。

（2）感情诵读“英勇跳崖”部分。读出他们视死如归、宁死不屈的精神。

教师小结：重温历史，我们依然会被抗日英雄们可歌可泣的英雄壮举所感动、激励。

活动四：关注课前质疑，共同解答

教师：课前，同学们还提出了这样的疑问，为什么课文的前三个自然段对五位英雄的称呼是“战士”，为什么从第4自然段开始对他们的称呼改为了“壮士”？

学生浏览课文，结合对五位壮士英雄气概的体会汇报交流。

预设：

课文前三个自然段，五位战士接受了掩护群众和连队主力转移的任务，他们是在执行命令，是勇敢的战士。可是，当完成掩护任务后，他们本可以撤退和连队主力会合，但是他们没有这样做，因为他们怕暴露群众和连队主力转移的方向，他们以生命为代价将敌人引上绝路。他们的这种行为可歌可泣、悲壮感人，所以我们把他们称为“壮士”。

设计意图：资料的引入，使学生对故事发生的时代背景了解得更加清晰明了；通过关注人物描写，感受五壮士的英雄气概；观看视频渲染气氛，将学生带入当时的情境之中，有助于升华学生的情感。

任务二：学习表达方法

活动一：了解写作方法，体会表达效果

1. 理解“点面结合”的含义。

学生自由读第2自然段。（个体描写和群体描写句子用不同颜色标注。）

教师点拨：第2自然段先整体描写了五位战士与敌人作战的情形，这是人物群体描写，也是“面”的描写。接着分别描写了五位战士是如何与敌人作战的，这是个体描写，是“点”的描写。这种有点有面的写法就是“点面结合”。（板书：点面结合。）

2. 感受“点面结合”的好处。

教师：这段文字，对五位战士，既有“面”的描写，又有“点”的描写，这样写的好处是什么？

（1）学生交流，教师点拨，初步体会“点面结合”写法的好处。

预设：

对人物群体的描写是“面”，对每个战士的描写是“点”，这样有点有面的描写，层次感及画面感强，既让我们感受到五壮士作为一个战斗群体的团结勇敢，又能感受到每一位战士的英勇顽强，塑造了令人印象深刻的抗日英雄个体和群体的形象。（板书：层次感及画面感强。）

（2）师生合作朗读，加深对“点面结合”写法的理解，再次感受五壮士的英雄气概。（教师读群体描写，学生读个体描写。）

3. 找到文中其他“点面结合”写法的片段，进一步体会其表达效果。

教师：请大家找到文中其他运用“点面结合”写法的段落，并批注自己的感受。

学生自主阅读，勾画句子，批注感受，集体交流。

预设：

第 3 自然段最后三句话，作者先通过语言描写写出了班长马宝玉的抉择，是点的描写。接着又写了其他战士的表现，是面的描写。战士们没有多余的语言，只用行动告诉我们，他们做出了与班长同样的选择。点面结合的写法表现出了战士们崇高的自我牺牲精神。

“英勇跳崖”部分也用了点面结合的手法。第 6 自然段先是对五壮士的群体描写，是面的描写。接着对班长马宝玉的语言和动作进行了描写，表现了他勇于牺牲的精神，这是对个体形象的刻画，是点的描写。最后又一次对战士们做了面的描写。“点面结合”的写法强化了描写的层次感，突出了五位壮士宁死不屈、英勇无畏的牺牲精神。

活动二：尝试用“点面结合”的手法写一次活动

教师：生活中许多场景可以运用点面结合的方法来描写，如拔河比赛、运动会、做值日……试着用点面结合的方法把印象深刻的场景写下来。

1. 学生依据评价量表完成写作。

评价量表

1	选择一个恰当的场景，写出特点	☆
2	对整个场景有两次面的描写，表现出整个场景的氛围	☆
3	选择场景中的三个具体人物进行点的描写，表现出人物个体的形象特点	☆

2. 全班交流。

设计意图：了解“点面结合”的写法，尝试用点面结合的写法交流一次活动，让学生不仅知道文章写了什么，而且知道作者是如何写的，为本单元习作打下基础。

三、课堂小结、布置作业

1. 教师小结：通过点面结合的方法我们感受到了五位英雄的气概，在抗日战争时期，涌现出了无数可歌可泣的英雄，如赵一曼、刘胡兰、王二小……这些英雄应该被我们铭记于心。

2. 布置作业。

（1）摘抄描写五壮士英雄气概的语句。

（2）把《狼牙山五壮士》这个故事讲给家人听。

（3）推荐阅读《抗日英雄小故事》，观看抗日题材的影片，比如《小兵张嘎》《地雷战》等。

板书设计

⑥狼牙山五壮士

个体描写——→点
群体描写——→面

英勇顽强
宁死不屈
忠于人民
忠于祖国

层次感
画面感

课后反思

《狼牙山五壮士》记叙了1941年秋，日寇集中兵力向我晋察冀根据地大举进犯，七连六班的五位战士成功地掩护群众和连队转移，最后把敌人引上狼牙山顶峰，英勇跳崖的故事，表现了五壮士热爱祖国、热爱人民、仇恨敌人、勇于牺牲的革命精神和英雄气概。

在教学“整体感知，概括内容”这一学习任务时，指导学生运用“借助关键词句，提炼概括信息”的方法提炼出小标题“接受任务”“痛击敌人”“引上绝路”“顶峰歼敌”“英勇跳崖”，在厘清了文章叙述顺序的同时，又让学生对课文的主要内容有了准确、清晰的把握，也体现了学习方法的渗透。

这篇课文的教学重点是体会五壮士的英雄气概。为了让学生更深刻地感受到五壮士英勇无畏、视死如归的精神，首先通过引入资料，让学生对故事发生的时代背景有了清晰的了解。然后以表格为支架，指导学生抓住人物个体的动作、语言、神态的描写，自读自悟，感受人物形象，接下来关注群体描写，感受五壮士的英雄气概。最后通过播放视频渲染气氛，将学生带入当时的情境之中，使学生的情感得到了升华。

“了解文章是怎样点面结合写场面”是本单元的语文要素。为了更好地落实这一教学重点，首先以第 2 自然段为例，引导学生找出文中五壮士的群体描写（面）和个体描写（点），了解什么是“点面结合”，并体会这种描写方法的好处；接下来让学生寻找其他使用该方法的片段，加深学生对这一写作方法的理解；最后尝试用点面结合的手法写一次活动。这样一来，学生不仅知道文章写了什么，还知道了应该如何写，为本单元习作打下了基础。

课例 16 《桥》教学实践

课例名片

年级：六年级（上）

设计者：鲍红娜　周笑梅（保定市顺平县逸夫小学）

执教者：周笑梅

指导教师：王英华（保定市顺平县逸夫小学）

第 一 课 时

学习目标

1. 会写“咆”“哮”等 8 个字和“势不可挡”“祭奠”等 11 个词语。

2. 有感情地朗读课文，读好文中的短句。

3. 借助描写雨、洪水和桥的句子，梳理小说情节，概括主要内容，初步感知人物形象。

重点难点

梳理小说情节，用简洁的语言概括主要内容，初步感知人物形象。

课前准备

教学课件、学习任务单。

教学过程

一、读单元导语页，明确学习任务

1. 教师：今天我们一起进入第四单元的学习，请大家读单元导语，说说你知道了什么。

预设：

本单元是小说单元，读小说要关注情节、环境，感受人物形象。学完本单元要试着自己写小说，创编生活故事。

2. 认识小说，明确阅读方法。

教师：小说与诗歌、散文、戏剧并称为“四大文学体裁”。它是以刻画人物形象为中心，通过完整的故事情节和环境描写来反映社会生活的文学体裁。人物、情节、环境是小说的三要素。阅读小说就要关注情节、环境，去感受人物形象。接下来我们就运用这样的方法来阅读本单元第一篇小说《桥》。

二、完成学习任务

任务一：检查预习，规范书写

活动一：认读并理解词语意思

教师：正确认读词语是学习课文的基础。同学们已经预习了课文，看屏幕上的词语，你能读准确吗？

1. 多种形式认读、正音。

咆哮　吞没　呻吟　狞笑　势不可当　惊慌　祭奠

乱哄哄　跌跌撞撞　拥戴　沙哑　废话　党员　揪出

2. 交流易错读音，关注多音字读法。

预设：

吞没，多音字“没”的意思是漫过、高过。结合句子“木桥前，没腿深的水里站着他们的党支部书记，那个全村人都拥戴的老汉。老汉似乎要喊什么，猛然间，一个浪头吞没了他。”知道洪水漫过、高过了老汉，所以是“吞没”。

3. 结合句子理解词语的意思，并指导朗读。

（1）理解“咆哮”和“势不可当”。

①结合句子说说意思。

山洪咆哮着，像一群受惊的野马，从山谷里狂奔而来，势不可当。

预设：

“咆哮”和“势不可当”都是形容洪水凶猛的，但是描写角度不同。咆哮是从声音的角度写洪水奔腾轰鸣；势不可当是从气势的角度写山洪来势迅猛，不可抵挡。

②有感情地朗读，读出山洪的凶猛可怕。

（2）理解“狞笑”。

①读句子，想一想“狞笑”的意思。

死亡在洪水的狞笑声中逼近。

预设：

“狞笑”就是不怀好意地笑，凶恶地笑，阴险地笑。这句话写出了死亡在一步步逼近。

②有感情地朗读，读出山洪来势的凶猛。

（3）理解“呻吟”。

读句子，想一想“呻吟”在句中的意思。

木桥开始发抖，开始痛苦地呻吟。

预设：

“呻吟”本义指人因痛苦而发出声音，是形容人的，这里却形容了木桥在痛苦地呻吟。这是用了拟人的手法，写出了木桥摇摇欲坠时发出的声音。木桥马上就要坍塌了，情况十分危急。

教师小结：同学们能根据句子来理解词语的意思，这是一种非常好的方法。带着我们的理解，再把三句话读一读。

山洪咆哮着，像一群受惊的野马，从山谷里狂奔而来，势不可当。

死亡在洪水的狞笑声中逼近。

木桥开始发抖，开始痛苦地呻吟。

活动二：正确规范书写汉字

教师：同学们，观察这些汉字，我们如何才能快速记住字形，书写时又该注意些什么？

1. 观察汉字结构，找到共性规律。

咆　哮　嗓　淌　哑　揪　呻　废

预设：

8个会写字中，除了“废”，7个都是形声字，利用形声字的规律，快速准确地记住汉字。7个字还都是左右结构，都是左窄右宽，其中5个口字旁的字，口字旁要写小，注意占位。

2. 强调“淌”字右半部分的笔顺。

3. 学生练写，当堂检测。

设计意图：关注字词读音、意思及汉字的正确、规范书写，巩固学生对生字的掌握。

任务二：概括内容，初识形象

活动一：梳理环境变化

教师：故事就发生在一场突如其来的山洪中。请大家画出文中描写雨、洪水和桥的句子。

1. 学生勾画后，集体交流。

2. 用小标题的形式梳理环境变化，完成鱼骨图。

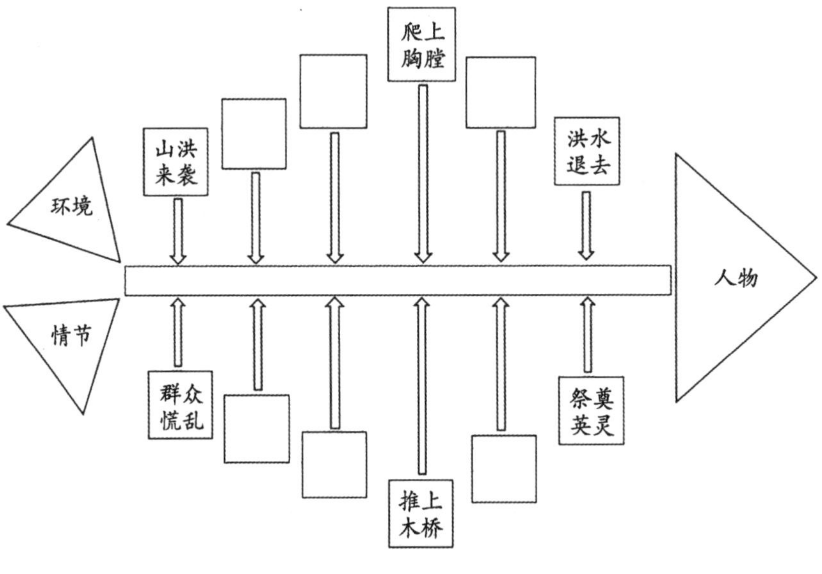

（1）以第一处和第二处环境描写为例，教师示范提炼小标题的方法。

黎明的时候，雨突然大了。像泼。像倒。

山洪咆哮着，像一群受惊的野马，从山谷里狂奔而来，势不可当。

教师：这两句写了洪水刚到来时的凶猛，列小标题为“山洪来袭”。接下来洪水有了怎样的变化呢？请同学们把其他环境描写的句子也以小标题的形式提炼出来，完成鱼骨图的上半部分。

（2）学生自主梳理，集体交流，教师引导点拨，学生修改完善鱼骨图。

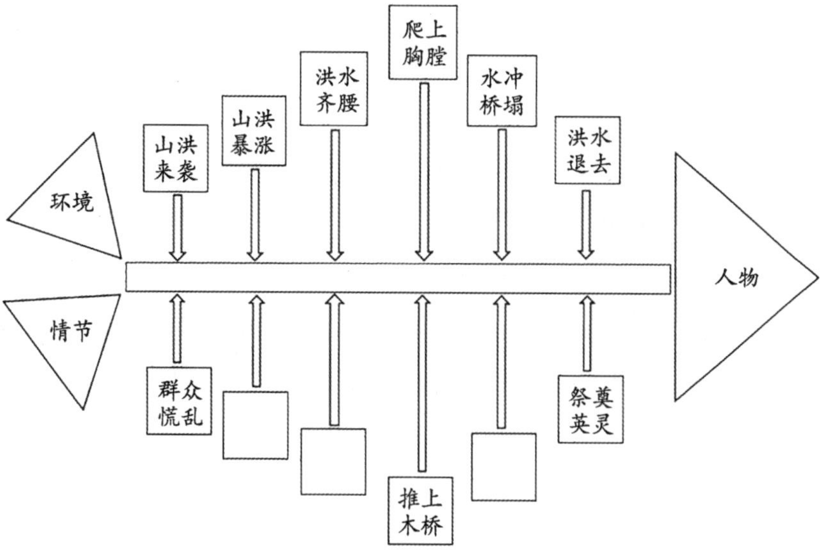

3. 朗读课文，总结文章的表达特点。

（1）再读环境描写的句子，感受情况的危急。

教师：这些句子描写的都是故事发生的环境，写出了暴雨的急、山洪的猛、木桥的岌岌可危。这场景多么震撼人心。让我们带着自己的感受，再把这些句子读一读。

黎明的时候，雨突然大了。像泼。像倒。

山洪咆哮着，像一群受惊的野马，从山谷里狂奔而来，势不可当。

近一米高的洪水已经在路面上跳舞了。

死亡在洪水的狞笑声中逼近。

水渐渐蹿上来，放肆地舔着人们的腰。

水，爬上了老汉的胸膛。

木桥开始发抖，开始痛苦地呻吟。

突然，那木桥轰的一声塌了。

五天以后，洪水退了。

(2) 再读全文，交流文章在段落和语言表达方面的特点。

预设：

课文短句多，有的两个字就是一句话，自然段也很短，有的一句话就是一个自然段，人物语言也很简练。

教师小结：这篇 600 来字的小说，作者却用了 27 个自然段，课文短句众多，形成了急促紧张的节奏，渲染了紧急危险的气氛。

设计意图：本文短句多，结合情节发展积累环境描写的句子，通过朗读练习初步体会短句的表达特点。

活动二：梳理情节发展变化

教师：随着洪水越涨越高，情况越来越危急，故事的情节又是怎样发展变化的呢？请同学们继续读课文，用小标题梳理情节的变化，完成鱼骨图下半部分。

1. 学生自主读文，梳理情节变化，教师巡视指导。

2. 集体交流，教师引导点拨。

预设：

(1) 第 1—6 自然段写当山洪来袭时，村民们慌乱地朝木桥拥去，列小标题为：群众慌乱。

(2) 第 7—13 自然段写老汉有条不紊地指挥群众撤离，列小标题为：指挥撤离。

(3) 第 14—16 自然段写老汉把一个小伙子从队伍里揪了出来，列小标题为：揪出小伙。

(4) 第 17—20 自然段写洪水越涨越高，老汉把小伙子推上木桥，都想让对方先走，列小标题为：推上木桥。

(5) 第 20—23 自然段写洪水越来越肆虐，木桥塌了，老汉和小伙子都牺牲了，列小标题为：壮烈牺牲。

(6) 第 24—27 自然段写原来这两个人是父子关系，一个老太太来到桥前祭奠他们，列小标题为：祭奠英灵。

3. 学生修改完善鱼骨图。

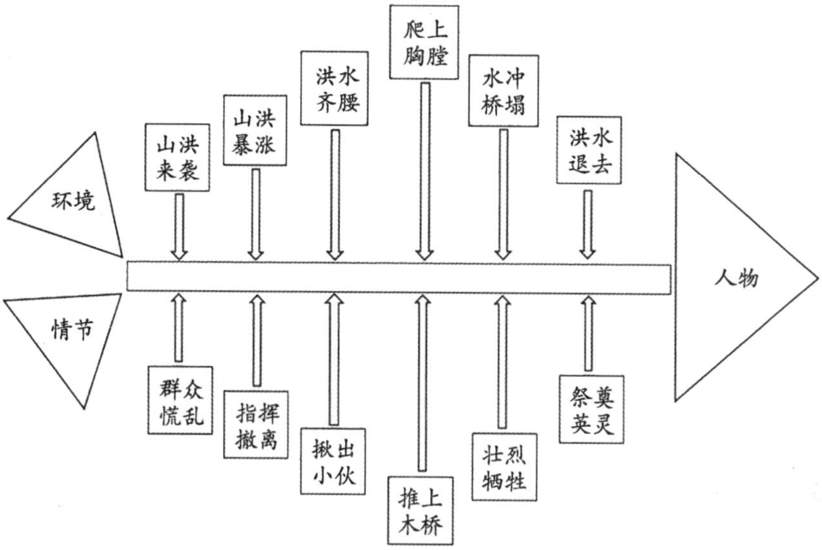

活动三：概括内容，初识形象

1. 串联情节变化，概括主要内容。

教师：同学们，刚才我们借助小标题梳理了故事的情节变化，把情节串联起来，就可以概括文章的主要内容了。请大家试一试。

预设：

这篇小说写了山洪暴发，惊慌失措的村民拥向木桥，老支书临危不乱，组织村民过桥。危急时刻，他揪出了小伙子，后来老支书和小伙子都被洪水吞没。五天后，一位老太太前来祭奠她的丈夫和儿子。

2. 梳理故事的起因、经过、结果，概括主要内容。

教师：串联小说情节，是概括主要内容的好方法。除此之外，我们还可以按照事情的起因、经过和结果来概括主要内容。

(1) 浏览全文，哪些自然段分别写了故事的起因、经过和结果？

预设：

第1—6自然段是起因，写了黎明时山洪暴发，全村人惊慌失措，涌向木桥。第7—23自然段是经过，写了德高望重的老支书临危不乱，组织村民安全过桥。

第 24—27 自然段是结果，写了老支书和他的儿子献出了宝贵的生命。

（2）把故事的起因、经过和结果连起来说说文章的主要内容。

预设：

小说写了黎明时山洪暴发，全村人惊慌失措，涌向木桥。德高望重的老支书临危不乱，组织村民安全过桥。最后老支书和他的儿子献出了宝贵的生命。

（3）初步感知人物形象。

教师：了解了小说的主要内容后，老支书给你留下的初步印象是什么样的？

预设：老支书忠于职守、舍己为人、大公无私。

设计意图：通过梳理环境和情节，帮助学生整体感知课文，掌握概括小说主要内容的一般方法。

三、课堂小结，布置作业

同学们，这节课我们初读课文，概括了主要内容，初步感知了人物形象。下节课我们继续学习小说，深入了解老支书这个人物。

板书设计

⑬桥

小说：情节、环境、人物

忠于职守　舍己为人　大公无私

第二课时

学习目标

1. 通过老支书的神态、语言、动作感受人物形象。

2. 初步体会环境描写对表现人物形象的作用。

重点难点

引导学生走进人物内心，去深刻理解老汉同时作为老支书和父亲在生死抉择面前的心理，并与之产生共鸣。

课前准备

教学课件、学习任务单。

教学过程

一、复习主要内容，导入新课

教师：这节课我们继续学习小说《桥》，上节课我们初读了课文，概括了主要内容，请同学们浏览课文，回忆小说讲了一件什么事。

预设：

小说写了黎明时山洪暴发，全村人惊慌失措，涌向木桥。德高望重的老支书临危不乱，组织村民安全过桥。最后老支书和他的儿子献出了宝贵的生命。

二、完成学习任务

任务一：聚焦人物，品读形象

活动一：体会天灾面前村民的慌乱

1. 读第一部分，感受形势的危急。

教师：小说的开篇，就向我们描绘了故事发生的场景，请同学们默读第1—6自然段，关注环境描写的句子，说一说这是一场怎样的天灾，把自己的感受批注在旁边。

（1）学生自主学习，教师巡视指导。

（2）集体交流，教师相机引导点拨。

预设：

引导学生抓住“突然”“像泼”“像倒”“咆哮”“狂奔而来”“跳舞”“狞笑”等词语，以及比喻、拟人手法的运用，体会暴雨、山洪的突如其来，体会形势的危急，体会死亡的一步步逼近。

2. 感受人们的害怕与慌乱。

结合相关句子说一说在洪灾面前村民们的表现。

预设：

引导学生抓住“惊醒”“惊慌”“你拥我挤”“疯了似的”“跌跌撞撞”等词语，体会面对天灾村民们毫无防备的害怕与慌乱。（板书要点。）

3. 有感情地朗读。

教师：小说仅仅用了100多字，就把山洪暴发的场景展现在了眼前。请同学们带着自己的理解再来朗读第一部分。

设计意图：分析小说的环境描写，感受情况的危急，为深入感受人物形象做好背景铺垫。

活动二：深入感受人物形象

教师：暴雨像泼。像倒。山洪狂奔而来。当灾难来临时，人们慌乱了，这时我们的主人公老支书出现了。默读课文，找到描写老支书的句子，关联环境，思考这是一位怎样的老支书，完成表格。

段落	关键词	这是一位怎样的老支书

1. 学生自主学习，教师巡视指导。

2. 集体交流，说一说这是一位怎样的老支书。教师相机引导点拨，指导有感情地朗读。

预设：

（1）“全村人都拥戴的老汉”早已站在没腿深的水里等着全村人，早已为大家想好了逃生的办法，可见当灾难来临时他首先想到的是村民的安危。老汉平时为村民做了很多事情，得到了全村人的拥护。他作为党员，想群众所想，急群众所急。（板书：老支书、党员。）

（2）“老汉清瘦的脸上淌着雨水。他不说话，盯着乱哄哄的人们。他像一座山。”是对老汉的神态描写，可以看出危险面前老支书沉着冷静，与群众的慌乱、害怕、不知所措形成鲜明的对比，可见他是一个临危不乱的人。“盯”“不说话”说明老汉没有慌乱。从“他像一座山”可以看出老汉的从容不迫。（板书：沉着冷静、临危不乱、从容不迫。）

（3）“桥窄！排成一队，不要挤！党员排在后面！”通过语言描写，感受到当灾难来临时，老支书很镇定，有条不紊地组织村民有序撤离。三句话简短有力，用了三个感叹号，危急时刻不能解释太多，不容商量。

（4）“老汉冷冷地说：‘可以退党，到我这儿报名。’”结合上文“党员排在后面”和下文“竟没人再喊”，老支书时刻牢记党员要吃苦在前，享受在后，要全心全意为人民服务，他自己率先垂范，用人格魅力感染了其他党员。

（5）“老汉突然冲上前，从队伍里揪出一个小伙子，吼道：‘你还算是个党员吗？排到后面去！’”“冲上前、揪出、凶得像只豹子”，联系后文得知，揪出的是老汉自己的儿子，体会老汉铁面无私、不徇私情、坚守原则。（板书：不徇私情、坚守原则。）

（6）“老汉吼道：‘少废话，快走。’”老汉爱子心切，把生的希望留给了儿子，把死亡的危险留给了自己。（板书：爱子心切。）

3. 探究一“揪”一“推”饱含的深意。

（1）读第 15、20 自然段，思考一“揪”一“推”是否矛盾，想一想这一“推”一“揪”的原因，你从中感受到了什么？

预设：

①危急时刻，老汉首先想到自己是党员，是老支书。他揪出儿子，是站在“党员”的立场，心中想着的是群众，群众的生命安危高于一切，他把生的希望给了群众。

②生死存亡时刻，他是一位爱子心切的父亲，把生的希望留给了儿子。

③老汉从始至终都是在救别人，先是救村民，再是救儿子。他从没想到过救自己，他始终把生的希望留给别人。

（2）有感情地朗读。

教师：面对狂奔而来的山洪，老汉是一名心系群众的党员，把生的希望给了群众。他也是一位深爱儿子的父亲，把生的希望给了儿子，老汉在对人民群众的大爱中，深藏着一个父亲对儿子的真爱。在多次选择中，老汉唯独没有把生的希望留给自己，这就是一名共产党员的责任和担当。让我们再来深情地朗读这感人的部分吧。（齐读第 17—23 自然段。）

设计意图：对老汉的语言、神态、动作描写进行揣摩，通过抓关键词的方法，将语言形式和语言内容紧密结合，感受老支书这一高大的人物形象，最后通过有感情的朗读表现出自己的感动和敬意。

任务二：紧扣环境，升华形象

活动一：发现环境描写的作用

1. 观察鱼骨图，谈发现。

教师：请大家再观察鱼骨图，《桥》这篇小说中有大量描写暴雨、洪水和桥的句子，这些环境描写有什么作用，可以去掉吗？

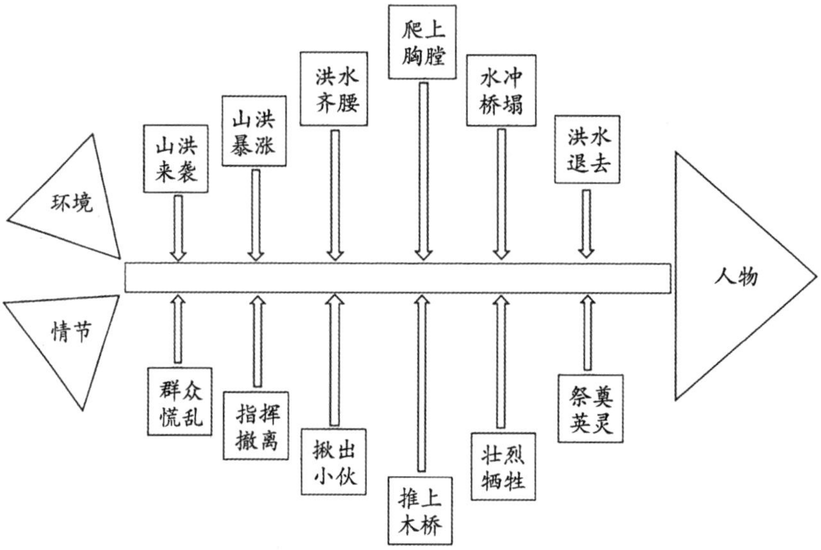

2. 汇报交流。

预设：

环境是小说的三要素之一，它具有非常重要的作用。《桥》这篇小说中大量的环境描写渲染了紧张危险的气氛，推动了故事情节的发展，突显了鲜明的人物形象。

活动二：感悟结尾的作用

1. 品读结尾，关联上文，感受小说构思的巧妙。

读小说最后一个情节，联系上文，谈感受。

预设：

结尾部分点明了老汉和小伙子是父子关系。老汉为了村民牺牲了自己和自己的儿子。他是一个伟大的人。上文，“小伙子瞪了老汉一眼”，以及最后时刻，“老汉似乎要喊什么”，在这些地方，作者已经为结尾设下了悬念，只是留在最后才揭晓谜底。这样的构思更能突出老支书的崇高形象。

2. 带着感情朗读。

教师：故事到这里戛然而止。可是最后这个情节的每一句话都打动着我们的心，通过老太太来纪念她丈夫和她儿子来揭示故事的结尾。这出人意料的结尾，怎能不让人流下热泪呢？让我们再来读一读这个情节吧。

活动三：给老支书写颁奖词

教师：多么感人的故事！此时此刻，你的内心一定有千言万语想要对老支书说，现在让我们为老支书写一份颁奖词，来抒发自己对老支书的敬仰之情。

1. 了解颁奖词的构成：事迹＋精神。

2. 学生续写颁奖词，教师巡视指导。

在洪水的咆哮声中，有一个身影如钢铁般屹立，他就是我们今天的主角——老支书。____

____

____

3. 集体交流，修改完善。

设计意图：借助鱼骨图，感受小说中环境描写的作用；品读结尾，感知作者谋篇布局的巧妙；写颁奖词，内化并传承正能量，增强社会凝聚力。

三、回扣课题，升华主旨

1. 回看课题，理解“桥”的含义。

教师：同学们，短短600来字的小说，木桥出现了7次。此时此刻，我们再看课文题目，小说以“桥”为题有怎样的含义呢？

预设：

老汉站在木桥前，指挥村民安全过桥，所以这座桥象征着老汉的精神，这是危难时刻老支书为群众抢得生机的希望之桥，是老汉忠于职守、舍己为人的生命桥。（板书：希望桥、生命桥。）

2. 教师小结，升华主旨。

是的，这是希望之桥，这是生命之桥。老汉在狂奔而来的洪水面前，沉着冷静地指挥村民们安全过桥。他为了大家牺牲了自己，他用一个共产党员的信念和责任，在党员与群众之间架起了一座信任之桥。走出桥，走进生活，有许多像老汉这样的人，可能是抗洪抢险的军人，也可能是抗疫一线的医护人员。当灾难来临时，处在绝望中的人们，总能与这些伟大而神圣的灵魂相遇，这才是人应有的模样。

3. 布置作业。

这节课我们抓住描写老汉动作、神态、语言的句子，关联环境，在具体的故事情节中感受老汉这一人物形象。阅读小说就要关注情节、环境，感受人物形象。希望同学们课下运用这样的阅读方法去阅读更多的小说。课后作业请大家运用今天所学的方法阅读高尔基的《童年》。

设计意图：升华题目的含义，从而引导学生发散思维去感知身边党员的高尚品质。

板书设计

⑬**桥**

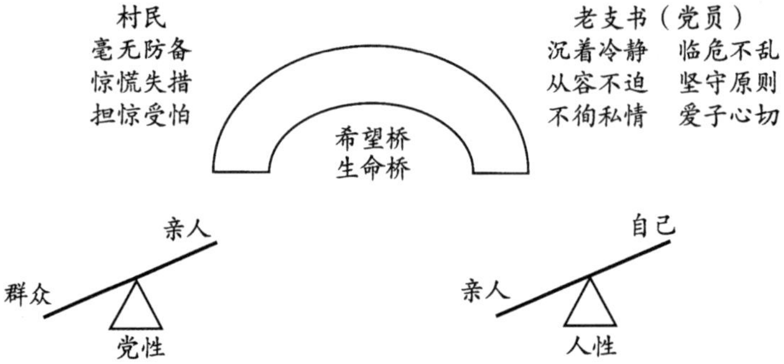

课后反思

部编版《语文》教材六年级上册第四单元，选编了中外作家各具特点的三篇小说，这是本套教材第一次以单元的方式引导学生接触小说。通过五年来的学习，学生已经初步打下了通过语言、动作、心理来理解人物形象的基础。这次专门编排小说单元，旨在引导学生感受情节发展和环境描写对塑造人物形象的作用。《桥》是本单元第一篇精读课文，教学目标设置为引导学生初步感受和了解小说的基本特点，习得小说阅读的基本方法，通过梳理情节，留心环境描写，感受人物形象。

部编版《语文》教材精读课文后的练习题是文本不可分割的整体，是教学内容的重要组成部分，旨在为落实语文要素提供支持。语文要素正是被分成若干个知识或能力训练“点”，层层推进，渗透在课后练习题中。本课紧紧围绕练习题中给出的“小说写了一位怎样的老支书”这一核心问题来组织教学活动。首先引导学生初步感受一波三折的故事情节中老支书的形象，然后带领学生聚焦环境变化中人物的情感与想法，关注人物的言行和神态，丰满而立体地感受人物形象。通过这些使学生真切体验到小说是以刻画人物形象为中心的，完整的故事情节和环境描写都是来凸显人物形象的。在这一过程中学生自然而然地了解了小说的基本特点，习得了阅读小说的一般方法。

围绕教学目标，学生在整体感知课文内容后，借助鱼骨图梳理概括出环境的变化，通过朗读发现短句这一表达特点，感受形势的危急；接着学生借助鱼骨图梳理故事情节的发展变化，并且发现环境与情节的一一对应关系，从而明白小说中环境描写对推动故事情节，凸显人物形象的作用，加深对小说的认识，进一步落实语文要素。鱼骨图这一支架成为教学的有力抓手，它不但形象直观地揭示了小说的特点，而且使学生的思维可视化，并逐步引导学生进入深度学习的状态，有效地达成了教学目标。

课例 17 《只有一个地球》教学实践

课例名片

年级：六年级（上）

设计者：郭杏花（保定市高阳县集英小学）

　　　　刘金（保定市顺平县逸夫小学）

执教者：刘金

指导教师：王英华（保定市顺平县逸夫小学）

第一课时

学习目标

1. 会写“莹”“裹”等 12 个字，会写“晶莹”“摇篮”等 12 个词语。

2. 默读课文，能结合关键句说出主要内容，把握文章主要观点。

3. 体会课文是怎样把地球的“美丽渺小”说清楚的，初步感受珍惜资源、保护地球的重要意义。

重点难点

结合关键句，了解课文内容，把握主要观点。

课前准备

教学课件、学习任务单。

教学过程

一、谈话导入、明确任务

1. 教师：今天这节课，我们来学习第六单元的第二篇课文《只有一个地球》。“只有一个地球”是 1972 年在瑞典首都斯德哥尔摩召开的人类环境会议提出的响亮口号。

2. 回顾单元人文主题和语文要素。

教师：本单元的人文主题是：保护环境。“抓住关键句，把握文章的主要观点”是这一单元的语文要素。这节课我们就来重点学习如何抓住关键句，把握文章的主要观点。

二、引导学生完成学习任务

任务一：学词语　写汉字

活动一：认读并理解词语

晶莹　摇篮　裹着　和蔼　资源　矿产

慷慨　贡献　滥用　基地　目睹　枯竭

1. 个人试读，开火车读，齐读。

预设：

重点强调“和蔼”“枯竭”“慷慨”的读音。

2. 交流词语意思。

预设：

(1) 联系上下文理解“璀璨”，本义是形容珠玉等光彩鲜明，文中是形容宇宙中的群星光彩鲜明。

(2)“滥用”在本文指胡乱地或过度地使用化学品。

活动二：识记并规范书写汉字

莹　裹　篮　蔼　资　矿　慷　慨　贡　滥　基　睹

1. 各种形式认读、正音。

2. 利用形声字规律识记字形。

预设：

“裹”外形内声，中间的“果”要写小一些，扁一些，与下面的部件穿插避让，避免整个字写得太长。

“慷慨”两个字是左形右声，意思是无私、大方，和内心活动有关，因此是“忄”。“慷”字最后四笔是点、提、撇、捺。

“蔼”注意结构和左下笔顺。

3. 练写重点词语，当堂听写。

设计意图：培养学生良好的预习习惯，为课文内容的学习做好准备。

任务二：知内容　明观点

活动一：默读课文，勾画关键句

教师：这节课的重点任务是“抓住关键句，把握文章的主要观点”。关键句就是能帮助我们概括一段话大意的句子。只要找到关键句，就能快速读懂一段话。

1. 默读课文，勾画每段的关键句并说出理由。（学生独立完成。）

2. 同桌交流，集体汇报。

预设：

第 1 自然段共有两句话，学生勾画关键句有困难。依据学生的回答，追问勾画理由，引导学生再读这两句话，思考每句话写了什么，从而确定第一句话介绍了地球的样子，从中感受到地球的美丽。第二句话把地球比作母亲，写出了地球的和蔼可亲。其中第二句话既写出了地球的美丽，又写出了地球的和蔼可亲，概括了这一段的内容，因此关键句是这一段的第二句话。

第 5 自然段只有一句话，学生可能会全部勾画。依据学生回答，追问只有一句话的段落是不是整句话都画下来。学生发表看法后，教师相机引导。首先明确即使只有一句话也不能全都画下来，要认真读句子，看看它主要想说明什么，然后再勾画相应的语句。学生再读段落，思考后明确这段话主要是提出“我们能不能移居到别的星球上去”这个问题。

3. 修改自己勾画的关键句。

4. 观察每段关键句的位置，交流发现。

预设：

关键句有些在段落的开头，有些在段落的结尾，还有的出现在段落的中间，由此可见关键句并没有固定统一的位置。

活动二：在关键句中圈出关键词

1. 学生独立圈画每个关键句中的关键词。

2. 同桌交流后，集体汇报。

（1）美丽壮观、和蔼可亲

（2）渺小

（3）自然资源有限

（4）随意毁坏、滥用、生态灾难

（5）不能移居

（6）没有适合人类居住

（7）遥远的事情

（8）可爱、破碎

（9）保护地球、保护地球的生态环境

活动三：合并段落，说主要内容

教师：请将内容相关的段落合并在一起，用一句话概括合并后的内容，写在方框里，完成学习任务单上的思维导图。

⑲只有一个地球

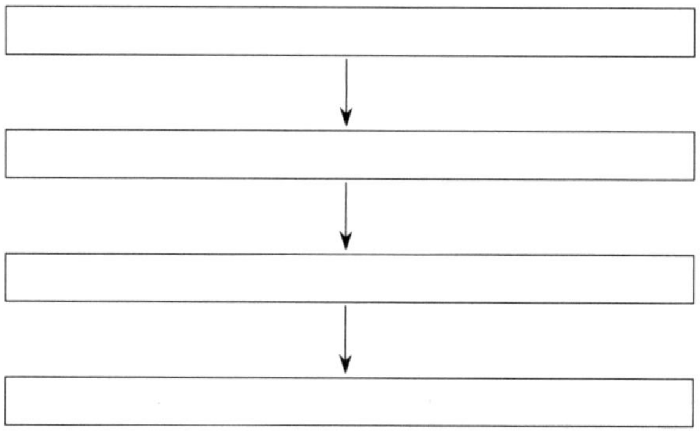

1. 将内容相关的段落进行合并，完成思维导图。

2. 集体汇报，说出理由，遇到有争议的部分，再读课文，看内容是否相关。

预设：

“但是”这个关联词把第1、2自然段紧密连接在一起，所以将它们合并，这一部分主要写了地球美丽，但是很渺小。（板书：美丽渺小。）

第3、4自然段都是围绕地球的自然资源来写的，概括为：地球自然资源有限。（板书：资源有限。）

第5—7自然段围绕能否移居提出问题、解答问题，主要写了目前人类无法移居其他星球。（板书：无法移居。）

第8、9自然段都是呼吁人们保护地球，保护地球的生态环境。（板书：保护地球。）

活动四：把握文章主要观点。

1. 依据思维导图，明确作者要表达的观点。（我们要精心地保护地球，保护地球的生态环境。）

2. 回顾学习过程，总结学习方法。

预设：

首先，默读课文，勾画关键句，结合关键句提取关键词；其次，将内容相关的段落进行合并，了解课文的主要内容；最后，结合课文内容，把握文章的主要观点。

设计意图：紧紧围绕“抓住关键句，把握文章的主要观点”这一单元语文要素展开学习，引导学生落实语文要素。

任务三：学习表达方法

活动一：抓关键句体会“美丽渺小”

1. 默读课文第 1、2 自然段，找出描写地球美丽和渺小的句子，思考作者是怎样写出地球的美丽和渺小的，把你的发现批注在书上空白位置。（教师依学情可做适当提示：从哪两方面写出了地球的美丽，用什么说明方法写出了地球的渺小。）

2. 集体交流，品读语言，有感情地朗读。

预设：

（1）第 1 自然段，作者从地球的形状、颜色两方面写出了地球的美丽。“晶莹的球体”介绍了地球的形状；“蓝色和白色的纹痕”，还有“水蓝色的‘纱衣’”，写出了地球颜色的美丽。（板书：形状、颜色。）

（2）第 2 自然段，作者运用列数字、作比较的方法写出了地球相对于宇宙而言的渺小。不到“6400 千米”运用列数字的说明方法说明了地球的半径，体现了说明文语言的科学性、准确性。但是这样的数字不能让我们直观地感受到地球的渺小。“在群星璀璨的宇宙中，地球是渺小的”通过作比较鲜明突出地说明了地球相较于宇宙的渺小。（板书：列数字、作比较。）

活动二：结合第 11 课相关段落体会地球的“渺小”

教师：针对地球的渺小，同学们结合前边学过的课文，有什么发现吗？（教师出示《宇宙生命之谜》第 2 自然段。）

“从理论上说，宇宙是无限的。地球只是太阳系中的一颗行星，而太阳系只是银河系中一个极小的部分，银河系对宇宙来说又是沧海一粟。”

阅读文字，思考后谈发现。

预设：

抓住“只是、极小、沧海一粟”等关键词进一步体会地球在宇宙中的渺小。

教师：地球只是太阳系中的一颗行星，而太阳系只是银河系中一个极小的部分，银河系对宇宙来说又是沧海一粟，可见地球在茫茫的宇宙中如尘埃一般，十分渺小。课文第 1、2 两个自然段，首先从宇航员的视角抓住地球的形状、颜色等特征，描写了地球的美丽，接着运用列数字、作比较的方式写出了地球的渺小，课文就是这样把每个部分的意思说清楚的。

设计意图：抓住文中的关键词句及说明方法，体会课文是怎样把地球的“美丽渺小”说清楚的。

三、课堂小结，布置作业

1. 教师小结。

今天这节课我们通过勾画关键句，了解了课文的主要内容，把握了文章的主要观点，还结合关键词句体会了课文是怎样把地球的“美丽渺小”说清楚的，那么课文是怎样把其他几个部分的意思说清楚的呢，文章的结论又是怎样一步步得出的呢？下节课，我们继续来学习。

2. 布置作业。

课后请同学们正确规范地书写本课的词语，然后依据思维导图，再来试着说一说课文主要写了哪几个方面的内容。

板书设计

⑲只有一个地球

美丽渺小	形状	颜色
资源有限	列数字	作比较
无法移居		
保护地球		

第二课时

学习目标

1. 体会地球“资源有限”，产生对地球现状的忧思。

2. 了解课文是怎样一步步说明“保护地球”这个观点的，激发学生保护地球的意识。

3. 结合生活现象，了解宣传标语的特点，设计环保宣传标语。

重点难点

了解课文是怎样一步步说明“保护地球”这个观点的，学习设计宣传标语。

课前准备

教学课件、学习任务单。

教学过程

一、复习导入，明确任务。

1. 回顾上节课内容。

教师：这节课我们继续学习《只有一个地球》，首先来回顾上节课的学习内容。课文主要写了哪几个方面的内容，作者要表达的主要观点是什么？（结合学生回答，教师板书要点。）

2. 明确本节课学习任务。

课文是怎样把其他几个部分的意思说清楚的呢？文章的结论又是怎样一步步得出的呢？让我们继续探究。

设计意图：回顾课文内容和主要观点，为本节课学习做好准备。

二、引导学生完成学习任务

任务一：学习表达方法

活动一：体会地球“资源有限”

1. 默读第 3、4 自然段，思考：作者是怎样写出地球资源有限的？资源和人类有着怎样的关系？把你的发现批注在书上空白处。

2. 集体交流。

预设：

（1）聚焦数字，体会资源有限。

“几百万年、几亿年”等数字科学而准确地说明了矿产资源的形成需要经过漫长的时间，写出了矿产资源的宝贵和有限。（板书：列数字。）

（2）聚焦关联词，齐读第 4 自然段，思考：资源和人类之间存在什么关系？体会人类行为给自然资源造成的严重恶果。

“本来”说明水、土地、生物等资源，原本是可以循环往复，长期给人类做贡献的。“但是”表示转折，是人类的行为改变了这些资源，不但使它们不能再生，还造成了生态灾难，威胁人类生存。关联词强调了人类行为给资源带来的严重后果，造成生态灾难的罪魁祸首是人类，是人类的行为威胁到了人类的生存。（板书：关联词。）

课文第 3、4 自然段说明人类生存离不开资源，而人类行为又加速了资源的枯竭，人类要想生存和发展就必须保护资源。

3. 观看环境被破坏的图片，进一步体会人类行为的恶果。

教师：同学们，你们看，在我们的地球上，滥砍滥伐现象依然存在，大片的森林毁于一旦；在我们的地球上，石油泄漏到海洋里留下的是受到伤害的海洋动物和受到污染的河流；捕杀野生动物的现象依然存在，一些珍稀物种濒临灭绝。人们的种种破坏行为还造成了一系列的生态灾难：全球气候变暖、土地沙漠化、土地重金属污染、海洋垃圾堆积……人们就是这样不顾后果地滥用化学品造成了这一系列的生态灾难，还严重地威胁到了人类的生存。

活动二：探究人类能否移居

教师：如果有一天地球上的资源都枯竭了，不再适合人类居住的时候，我们能否移居到别的星球上去呢？

1. 默读课文第 6、7 自然段，找出能否移居的理由。

2. 学生思考后，集体交流。

预设：

（1）读第 6 自然段引导学生质疑：40 万亿千米的范围外，如果有适合人类居住的第二个星球，我们就可以移居了吗？（就目前科技发展情况看，在以地球为中心的 40 亿千米以外，即使有适合人类居住的第二个星球，人类也无法到达。）

（2）第 7 自然段，作者举例说明建造移民基地也只是设想，即使能实现，也是很遥远的事情。（板书：举例子。）

3. 读最后一个自然段，加深对观点的理解。

教师：经过分析，我们了解到如果地球上的资源全都枯竭了，不再适合人类居住了，我们也无法移居到别的星球。因此在文章的结尾作者明确提出了自己的观点。请大家齐读最后一个自然段。

设计意图：抓住关键词句，学习文章的表达方法，激发学生保护地球的意识。

活动三：探究各部分间的逻辑关系

教师：课文前三个部分和最后一部分之间是什么关系？请选择恰当的关联词把四部分内容连起来说一说。

1. 学生独立思考。

2. 集体交流。

预设：

前三部分和最后一部分之间是因果关系，因为地球美丽又渺小，自然资源有限，而且目前人类无法移居，所以呼吁人们保护地球，保护地球的生态环境。

3. 说一说文章结论得出的过程。

预设：

作者先从地球的美丽与渺小谈起，激发人们保护地球的情感，接着指出自然资源有限，而人类又无法移居到其他星球，促使我们认识到“地球只有一个”，保护地球不仅重要，而且必要，由此层层递进、水到渠成地得出结论。

设计意图：结合具体内容梳理文章的脉络，厘清线索，体会作者是怎样表达观点的。

任务二：设计宣传标语

活动一：了解宣传标语的特点

1. 读句子，联想生活现象。

因为人们随意毁坏自然资源，不顾后果地滥用化学品，不但使它们不能再生，还造成了一系列生态灾难，给人类生存带来了严重的威胁。

预设：

随手扔垃圾、水龙头关不严、汽车尾气污染空气等。

2. 感受宣传标语的语言特点。

教师：为了减少这些现象的发生，我们可以设计宣传标语，让更多的人加入保护环境的队伍中。大家先来读一些宣传标语，看看它们有什么特点。

一草一木在休息，请您不要踏草地。

青草绿树你我他，咱们共同住一家。

但存方寸地，留与子孙耕。

珍惜自然资源，共赢生命绿色。

预设：

字数少，前后两句字数相同且押韵，读起来朗朗上口，容易记住，拟人化有感染力。

教师小结：这些宣传标语语言简洁，富有宣传性和感染力，方便记忆，易于传播。

活动二：设计宣传标语

1. 结合生活现象，设计宣传标语。

生活现象	宣传标语
随手扔垃圾	
水龙头关不严	
汽车尾气污染空气	
……	

2. 学生展示作品，依据评价标准互评，修改完善标语。

评价量表

1	语言简洁，前后两句字数相同	☆
2	前后两句押韵，恰当使用拟人等手法	☆
3	有宣传性和感染力	☆

学生设计的标语要主旨明确、语言简明，具有启发性和号召力。例如：大家都出力，环境更美丽；珍惜水资源，树立好风尚；绿色出行，健康同行。

4. 结合图片、音视频资料，进一步深化主题。

教师：同学们让我们积极行动起来吧，从身边的小事做起，保护地球，保护地球的生态环境。让地球这个人类共同的家园，天更蓝，水更绿，山更青，让我们共享人与自然的和谐与美好，让我们共同和谐美好地生活在这地球之上吧！

设计意图：结合生活现象设计宣传标语，引导学生从身边小事做起，保护地球，保护地球的生态环境。

三、课堂小结，布置作业

这节课中，我们体会了得出文章结论的过程，还结合生活现象设计了宣传标语。课下，请同学们搜集关于地球现状的资料，结合设计的宣传标语，办一期以“保护地球，保护地球的生态环境”为主题的手抄报。

板书设计

⑲只有一个地球

美丽渺小
资源有限 } 保护地球　　列数字 关联词 举例子
无法移居

课后反思

部编版《语文》教材六年级上册第六单元是围绕“保护环境”这一主题编排的，指向阅读的语文要素是“抓住关键句，把握文章的主要观点”。《只有一个地球》是本单元唯一一篇精读课文，承担着落实语文要素的重要任务。因此本课教学重点定位于“引导学生找出文中的关键句，把握主要观点，并体会课文是怎样一步一步得出最后的结论的”。

第一，让学习真实地发生。本节课围绕教学重点，设计了环环相扣的学习活动：勾画关键句，提取关键词，合并内容相关的段落等。在集体交流中，重点引导学生谈理由，旨在引发学生深入思考。学生勾画、提取、合并的结果并不一定正确，重要的是学生经历了真实的学习过程，进行了独立的思考，在交流中互相启发完成了思维的碰撞，从而掌握学习方法，培养学习习惯。

第二，关键性问题的引领。学生明确课文主要讲了四方面内容后，设置关键性问题：“想一想作者要表达的主要观点是什么?”学生细读课文每个部分后，组织学生讨论交流：“课文前三部分和最后一部分之间是什么关系？选择恰当的关联词把四部分内容连起来说一说。”借助关键性问题的引领，把握文章主要观点，厘清各部分间的逻辑关系，使学生明白文章的结论不是一步到位的，也不是凭空产生的，而是经过严谨清晰的论述表达出来的。在阅读时我们就是要结合具体内容，梳理文章脉络，厘清线索，体会文章结论的形成过程。这也是在进一步落实单元语文要素。

第三，自然渗透环保教育。本单元的教学要将环保教育自然渗透在语文学习活动之中。这种教育并不是简单地喊口号、贴标签，而是让学生在对课文的品读中透过具体的语言文字，自然而然地受到情感的冲击和思想的启发。在体会地球资源有限时，引导学生思考“资源和人类之间的关系”，使学生明白人类的生存离不开资源，而人类的行为又加速了资源的枯竭，造成生态灾难的罪魁祸首是人类自身。然后适当补充资料，展示大自然依然在遭受破坏的图片，进一步认识到是人类的行为威胁到了人类的生存。让学生深刻感受到保护环境不仅重要，而且刻不容缓。在学生针对身边破坏环境的行为设计宣传标语后，再出示一组图片，展示人与自然和谐共生的美好画面。通过前后对比，在强烈的视觉冲击下，启发学生从身边小事做起，积极保护地球的生态环境。

课例18 《我的伯父鲁迅先生》教学实践

课例名片

六年级：六年级（上）

设计者：刘星星（保定市阜平县阜平镇白河学校）

执教者：刘星星

指导教师：王英华（保定市顺平县逸夫小学）

学习目标

1. 用较快的速度默读课文。

2. 用小标题的形式概括文中所写的关于鲁迅的几件事。

3. 借助课文及相关资料感受鲁迅的崇高形象。

重点难点

借助相关资料感受鲁迅的崇高形象。

课前准备

教学课件。

教学过程

一、单元回顾，明确任务

1. 链接前课，引出课题。

教师：在第八单元的学习中，我们读了鲁迅先生写的《少年闰土》《好的故事》，通过作品了解了鲁迅先生。1945年在鲁迅先生逝世九周年之际，他的侄女周晔用满怀深情的笔触，写下了《我的伯父鲁迅先生》。这节课就让我们一起走进这篇回忆性散文，看看在亲人眼中鲁迅是一个怎样的人。（教师板书课题，学生齐读。）

2. 读阅读提示，明确任务。

教师：这是一篇略读课文，请同学们读阅读提示，说一说本节课的学习任务。

任务一：梳理内容，提炼小标题

任务二：品读鲁迅，感受形象

二、完成学习任务

任务一：梳理内容，提炼小标题

活动一：默读课文，提炼小标题

教师：课文已经用空行分成了六个部分，快速默读课文，给每部分提炼小标题，写在书上相应内容的后边，可以用自己的话概括，也可以从文中摘录关键词句作为小标题。

1. 学生自主阅读提炼，教师巡视指导。

2. 集体交流，教师鼓励学生多元表达，只要大意正确即可。

预设：

悼念鲁迅、谈《水浒传》、谈“碰壁”、燃放花筒、求助车夫、关心女佣。

教师小结：六个部分的小标题概括出来后，我们也就知道了课文的主要内容。

活动二：厘清文章写作顺序

1. 教师提问：快速浏览课文第一自然段，说说作者写的是鲁迅先生什么时候的事？

预设：

第一段写的是鲁迅先生去世后的事，许多人都来追悼他。

2. 教师追问：课文开头先写了鲁迅先生去世后的事情。读了这一部分，我们心中也产生了和作者同样的疑问，为什么鲁迅先生会得到这么多人的爱戴呢？相较于去世后这个时间节点，看看接下来作者写的是鲁迅先生什么时候的事？

预设：

课文后面部分写的是鲁迅先生生前给作者留下深刻印象的几件事。

3. 明确因果关系，厘清叙述顺序。

（1）找全文中心句，理解鲁迅先生受爱戴的原因。

教师：这篇文章先写鲁迅先生去世后许多人来吊唁，再写他生前的几件事，这是采用了倒叙的写法。当我们读完这五件事后，心中的疑问解决了吗？为什么鲁迅先生得到了这么多人的爱戴呢？请大家再次浏览课文，结合找到的关键句回答。

预设：鲁迅先生为自己想得少，为别人想得多，因此得到了许多人的爱戴，所以在他去世后有那么多人都去吊唁他。

（2）教师小结：课文脉络清晰，叙事清楚。第一部分是果——鲁迅先生受到人民的爱戴，后几部分是因——鲁迅先生受到爱戴的原因。在叙事过程中，始终贯穿着“伯父就是这样的一个人，他为自己想得少，为别人想得多”这一基本主题。

任务二：品读鲁迅　感受形象

活动一：借助文中的句子及相关资料感受鲁迅形象

教师：课文中的鲁迅给你留下了怎样的印象？默读课文，圈画描写鲁迅先生的词句，结合资料，简单批注。

1. 学生自主学习，教师巡视指导。

2. 集体交流，教师相机引导点拨。

（1）谈《水浒传》。

①教师：在谈《水浒传》这件事中，你圈画了哪些语句？读出了怎样的鲁迅？

预设：

伯父摸着胡子，笑了笑，说：“哈哈！还是我的记性好。”

那天临走的时候，伯父送我两本书，一本是《表》，一本是《小约翰》。

这些语句通过动作和语言描写，写出了鲁迅先生说话幽默以及对晚辈的关怀。

②追问：对于藏书丰富的鲁迅而言，为什么送我这两本书呢？阅读下面的资料，说一说你的理解。

《表》，苏联作家班台莱耶夫著，鲁迅翻译。它生动地记述了有偷盗行为的流浪儿——彼蒂加在教养院里转变为一个好孩子的故事，是一本写儿童所见所闻的童话。

《小约翰》，荷兰作家弗雷德里克·凡·伊登著，鲁迅与另一译者合译，描绘了一个美轮美奂的大自然的天堂，揭示了有关人生理想、意义、价值和责任的重大主题，是一部童话作品，被鲁迅称为“无韵的诗，成人的童话”。

预设：

这两本书都是鲁迅先生翻译的童话故事，具有教育意义，适合儿童阅读。

③教师小结：伯父与“我”谈《水浒传》时，发现“我”读书马虎，送书是为了鼓励“我”好好读书，认真对待阅读，培养“我”良好的阅读习惯，也体现了伯父对晚辈的关爱，希望通过赠送适合“我”阅读的书籍，丰富“我”的精神世界，促进“我”的成长。读到这里不由得想起鲁迅先生写过的一句诗：

无情未必真豪杰，怜子如何不丈夫。

（2）笑谈“碰壁”。

①教师：在笑谈“碰壁”中，你圈画了哪些语句，读出了怎样的鲁迅呢？

预设：

你想，四周黑洞洞的，还不容易碰壁吗？

②教师：这是伯父鲁迅先生的语言描写，要想理解这句话，需要结合资料。请同学们阅读资料，思考：“四周黑洞洞”是什么意思？“碰壁”又是什么意思？

鲁迅生活的时期，正是国民党反动派统治最黑暗的时期。反动派十分猖獗。鲁迅先生用笔揭露国民党反动派的丑恶嘴脸，反动派非常害怕他的文章，发公告通缉他，不许各家报纸发表他的文章。

他身边的革命作家相继被捕或被暗杀，鲁迅的生命安全受到了严重的威胁。许多关心鲁迅的人劝他出去躲一躲，不要出门。鲁迅仍然坚持参加各种活动，而且有时出门不带钥匙，意思是随时准备牺牲。

预设：

这是鲁迅以幽默的语言暗示自身的遭遇，“四周黑洞洞”暗指当时社会黑暗，“碰壁”是指鲁迅先生在与反动派作斗争时屡遭挫折和迫害。

③教师：读到这里，面对困难和迫害，鲁迅先生自信和乐观的形象立在了我们眼前。

（3）燃放花筒。

①教师：在燃放花筒时，同学们又圈画了哪些语句，读出了怎样的鲁迅呢？

预设：

伯父脸上的表情，那么慈祥，那么愉快，眉毛，眼睛，还有额头上一条条的皱纹，都现出他心底的欢笑来。那时候，他的脸上充满了自然而和谐的美，是我从来没看见过的。

这些语句通过对伯父表情的描写可以看出他的慈祥、率真。

②教师：让我们一起来读这些句子，读出鲁迅的慈祥、率真。

（4）救助车夫。

①教师：在救助车夫时，也提到了伯父的表情，那时伯父的表情又是怎样的呢？找一找相关的句子，读一读。

这时候，我清清楚楚地看见，而且清清楚楚地记得，他的脸上不再有那种慈祥而愉快的表情了，他变得那么严肃。

②教师追问：伯父的表情为什么变得那么严肃？

预设：

因为他看到车夫在寒冷的天气中光着脚拉车，脚被玻璃碎片扎伤，生活如此艰难还要为生计奔波。他由车夫受伤联想到了旧中国千千万万受苦受难的劳动人民。所以他的表情变得严肃起来。

③教师：当我问伯父：“这么冷的天，那个拉车的怎么能光着脚拉着车在路上跑呢?”他并没有回答我，只把枯瘦的手按在我的头上，半天没动，最后深深地叹了一口气。同学们，你们知道伯父为什么深深地叹了一口气吗？阅读下面的两则材料，说一说你的理解。

资料一：真实的民国老百姓生活非常困苦，卖儿卖女是社会常态。普通人一件衣服穿终身，或数辈穿，衣服破了补，直到补了几十层。但就是这样的衣服，也不能普及到每一个人，还有很多人穿的是草衣。1928—1930 年北方八省大饥荒，死亡人口 1300 万，持续三年的大饥荒让西北成为人间地狱，渭河以北一带各县损失人口达 40%。连年的灾害和饥荒，使得当时的人均寿命只有 35 岁。

资料二：鲁迅所处的民国时代，是中华民族近代以来最生死存亡、最内忧外患的时期。当时的中国，外有日本等帝国主义列强的侵略，内有各地军阀混战。腐败懦弱的民国政府，对外奉行不抵抗政策，任凭帝国主义欺压侵略；对内实行残酷统治，迫害先进人士和革命志士。国家风雨飘摇，已经到了亡国的边缘……

预设：

在当时的黑暗社会中，人民的生活十分艰难，他为人民的生活而担忧。同时也为国家的前途命运担忧，所以才深深地叹了一口气。

④教师小结：他为国家为民族的命运而叹气，为天下穷人的无出路而叹气，同时也为自己无力解救苦难中的穷苦人民而叹气。读到这里，忧国忧民的鲁迅形象又立在了我们眼前。

⑤教师：在救助车夫时，还表现了鲁迅温和善良的一面，鲁迅又做了哪些事呢？

预设：

伯父和爸爸把车夫扶上车，爸爸拿着镊子夹出碎玻璃片，伯父拿着硼酸水给他洗干净，又给车夫敷上药，扎好绷带。伯父又掏出一些钱来给他，叫他在家里休养几天，把剩下的药和绷带也都给了他。

⑥教师：从这些动作描写中，你又有怎样的体会？

预设：

伯父是位大作家，他能俯下身子给赤脚的车夫包扎伤口，从一系列的动作中可以看出他对穷苦劳动人民的同情和关心。

教师：读到这里，不由得让我们又想起鲁迅先生的另一句诗：

横眉冷对千夫指，俯首甘为孺子牛。

（5）关心女佣。

①教师：

从女佣阿三的话中，你又看到了一个怎样的伯父？

预设：看到了一位为自己想得少、为别人想得多的鲁迅。

②教师：请大家读资料，谈谈自己的感受。

1936年10月1日：身体极度虚弱的鲁迅会同21人，联合发表《文艺界同人为团结御侮与言论自由宣言》，主张“全国文学界同人应不分新旧派别，为抗日救国而联合”。

10月8日：拖着病体前往上海八仙桥青年会，参观第二届全国木刻联合流动展览会，并与青年木刻家亲切座谈。

10月15日：发表了《半夏小集》，无情地揭露了叛徒、汉奸之类的丑恶嘴脸。

10月16日：写下一生中最后一篇文章《因太炎先生而想起的二三事》，不过该文未完结。

10 月 17 日：鲁迅还在接待访客，并与友人讨论相关事宜。晚，周建人来，谈至 11 时。至凌晨 1 时上床就寝。

18 日 2 时即睡不好觉，3 时半坐起来，气喘又发，后来继以咳呛，咳嗽困难，气喘更加厉害。6 时半左右，支撑起来执笔，断续写成一信，通知内山完造：“出乎意料，从半夜起，哮喘又发作起来。因此，已不能践十点钟的约，很对不起。”并托内山请医生。此信为鲁迅之绝笔。

19 日早晨 5 时 25 分，鲁迅因肺病医治无效，病逝于上海。

预设：

鲁迅先生在去世前的几日，还在忘我地工作。他为自己想得少，为别人想得多……（学生畅谈感受，不强求统一。）

设计意图：通过对文本的分析解读和大量资料的呈现，让学生深刻感受鲁迅崇高的形象，激发学生对鲁迅的崇敬与热爱之情。

活动二：悼念鲁迅，追随精神。

1. 回忆悲痛场面，悼念鲁迅。

（1）教师导入：就是这样一位时时刻刻为国家为他人着想的人，却于 1936 年 10 月 19 日上午 5 时 25 分，病逝于上海。他的遗体躺在万国殡仪馆的礼堂里，上万名上海群众前来吊唁。让我们齐读课文第一自然段，感受那悲痛的场面。

（2）教师小结：鲁迅先生得到了人们的高度认可和敬仰。他被称为“民族魂”，逝世后，人们将一面绣有“民族魂”三个字的白绸旗子，覆盖在鲁迅先生的灵柩上，向这位伟大的战士致敬。正如鲁迅先生自己在文中所写的：我们从古以来，就有埋头苦干的人，有拼命硬干的人，有为民请命的人，有舍身求法的人……这就是中国的脊梁。而鲁迅先生何尝不是这样的中国脊梁？

2. 追随鲁迅精神。

（1）教师：鲁迅先生离开我们已经有八十多年了，一个伟大的身影越走越远，但是留给我们的有很多很多。那他到底留给了我们什么呢？

预设：

许多作品，比如《狂人日记》《孔乙己》《阿 Q 正传》等。

（2）教师：鲁迅先生留给我们的不仅是浩如烟海的作品，还有他对国家命运的深切关注和对民族前途担忧的爱国精神，他面对反动势力的压迫和威胁从不退缩的战斗精神，他关心青少年成长的关怀精神。所以在 1936 年，著名作家巴金在《悼鲁迅先生》中这样写道，请同学们一起来读一读：

这位老人，他的一支笔，一颗心做出了那些巨人所不能完成的事业。他的死是全中国人民不可补偿的损失。

别了，鲁迅先生！你说："忘记我。"没有一个人能够忘记你的。我们不会让你静静地死去，你会活起来，活在我们的心里，活在全中国人民的心里。

（3）教师：鲁迅先生活在了我们心里，活在了人民心里。1939 年 10 月，在鲁迅先生逝世三周年之际，中国现代著名女作家萧红，写下了《回忆鲁迅先生》；1949 年，在鲁迅先生逝世十三周年之际，著名诗人臧克家，写下了《有的人》，悼念鲁迅先生；1999 年 6 月，鲁迅的小说集《呐喊》被《亚洲周刊》评选为 20 世纪中文小说 100 强之首；在《影响中国历史的 100 人》一书中，鲁迅先生占了其中一个重要席位。

设计意图：在学习课文的同时，引导学生感受鲁迅高尚的精神品质，为学生树立正确的人生观和价值观。

三、升华主题，拓展阅读

随着历史的发展，鲁迅精神不仅没有让我们遗忘，反而让我们越来越难忘，并且会一直让我们追随……希望同学们有时间了读一读鲁迅的《故乡》《社戏》《从百草园到三味书屋》。

板书设计

㉗* 我的伯父鲁迅先生

谈《水浒传》	幽默	关爱晚辈
笑谈"碰壁"	自信	乐观
燃放花筒	慈祥	率真
救助车夫	关心同情贫苦人民	忧国忧民
关心女佣	为自己想得少	为别人想得多

课后反思

部编版《语文》教材六年级上册第八单元，以"走近鲁迅"为主题，编排了一组与鲁迅相关的文章，旨在通过不同的视角、运用不同的表现手法，从多角度展现鲁迅的形象，让学生能够初步了解其文学成就，感知其性格特点，体会其精神境界。本单元语文要素是“借助相关资料，理解课文内容”，一方面是对五年级上册“结合资料，体会课文表达的思想感情”这一方法的延续与推进，体现了针对不同难度的文章，资料发挥的作用不同。另一方面，该语文要素也体现了对本单元选文特质的观照。鲁迅生活的年代离学生较远，当时的语言表达也与现在的语言表达有差异，所以必须借助资料，才能真正读懂课文。

本文语言并不像前两篇精读课文那样晦涩难懂，但是一些含义深刻的语句学生需借助相关时代背景资料理解文字背后的意思。如：伯父藏书众多，为什么选择送我《表》和《小约翰》？怎么理解“四周黑洞洞的，还不容易碰壁吗？”这句话的意思。在那么冷的天气里，为什么车夫不穿鞋？伯父的神情为什么变得严肃？基于以上思考，本节课教学的重点难点定位于借助课文及相关资料感受鲁迅的崇高形象，初步感受其精神境界。

首先对教学内容进行了整合。本单元语文园地中的“日积月累”编排了一组出自鲁迅作品的名言，与单元主题密切关联。教学过程中把名言和课文内容整合，并进行适度拓展，使学生认识到鲁迅先生不仅是这样说的，更是这样做的，他用实际行动践行着自己说过的每一句话。这也是人们敬仰、怀念他的一个重要原因。谈《水浒传》链接“无情未必真豪杰，怜子如何不丈夫”，进一步体会鲁迅先生对待孩子的态度。“救助车夫”拓展“横眉冷对千夫指，俯首甘为孺子牛”，体会鲁迅先生对待敌人决不屈服，对人民大众甘愿服务的态度。学完整篇文章链接“我们从古以来，就有埋头苦干的人，有拼命硬干的人，有为民请命的人，有舍身求法的人……这就是中国的脊梁”。通过对具体事例和名言的关联，使鲁迅先生的形象丰满而立体，他崇高的精神境界也慢慢展现在学生面前。

在学习本单元课文的同时，要引导学生体会鲁迅先生忧国忧民的爱国情怀，感受其身上的高尚品质，并对学生产生影响。因此在学生品读鲁迅，感受形象时，补充了大量的资料，有内忧外患的时代背景，有民不聊生的社会现状，有先生牺牲前拖着虚弱病体的忘我工作，有巴金、萧红、臧克家等文学巨匠在先生逝世若干年后的追悼和怀念，有《亚洲周刊》《影响中国历史的 100 人》等给予先生作品和精神的崇高评价……学生在阅读这些资料的过程中可以潜移默化地受到鲁迅先生高尚品质的熏陶，为后续进一步深入阅读先生的作品，领悟其丰富的精神世界奠定基础。

课例 19
《汤姆·索亚历险记（节选）》教学实践

课例名片

年级：六年级（下）

设计者：赵岩（保定市顺平县第三小学）

　　　　靳少杰（保定市顺平县教育和体育局）

执教者：赵岩

指导教师：赵秀青（保定市顺平县教育和体育局教研室）

学习目标

1. 能交流印象深刻的情节，并根据课文内容和生活经验，对汤姆做出简单的评价。

2. 能产生阅读原著的兴趣。

重点难点

对汤姆做出简单的评价；对原著产生阅读兴趣。

课前准备

教学课件、学习任务单。

教学过程

一、影片导入，揭示课题

同学们，这周我们漫步在世界名著的长廊，结识了依靠顽强意志和智慧克服种种困难、在荒岛上生活了 28 年的鲁滨逊，又跟随尼尔斯体验了被小狐仙变成小人后的奇妙经历。今天，我们再来认识一个叫汤姆·索亚的小男孩，他一系列惊心动魄的历险经历令许多大人都连连称奇、赞叹不已呢。你们看，他来啦！（播放视频。）他是美国作家马克·吐温笔下著名的儿童形象，课文节选了这本书中汤姆山洞历险回家后的故事片段。那么，都发生了些什么事呢？让我们走进课文，去一探究竟吧。

二、学生按要求完成学习任务

任务一：厘清人物关系，整体把握内容

活动一：画图厘清人物关系

1. 默读课文，边读边圈出文中出现的人物，并根据提示完成人物关系图。

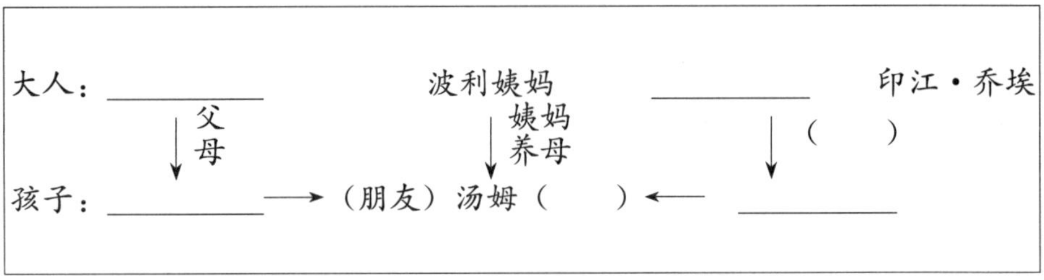

学生完成表格后，老师简单介绍这本书的大致内容：

《汤姆·索亚历险记》是美国作家马克·吐温的代表作。这是一个顽皮男孩具有传奇色彩的成长历险记。小说主人公汤姆·索亚极富冒险精神和好奇心，不堪忍受束缚个性、枯燥乏味的生活，幻想干一番英雄事业。一天深夜，他与好朋友哈克到墓地玩耍，无意中目睹了一起凶杀案的发生。因为害怕被凶手发现，汤姆、哈克带着另一个小伙伴一起逃到一座荒岛上做起了“海盗”，以致家人都以为他们被淹死了，结果他们却出现在了自己的“葬礼”上。经过激烈的思想斗争，汤姆终于勇敢地站出来，指证了凶手。不久之后，在一次野餐活动中，他与小伙伴贝琪在一个岩洞里迷了路，整整三天三夜饥寒交迫，面临着死亡的威胁，后来终于成功脱险，之后和好友哈克一起找到了凶手埋藏的宝藏。本文讲述的是汤姆和贝琪从迷路的山洞返回家的故事。

活动二：列小标题梳理故事情节

1. 默读课文，根据提示列小标题，梳理并交流汤姆山洞历险回家后的故事情节。

孩子失踪⟶（　　　　）⟶（　　　　）⟶（　　　　）⟶得知封洞

2. 结合小标题，复述故事内容。

学生展示后老师总结修正：汤姆和贝琪失踪后，亲朋无比悲痛。两个孩子脱

险终于回到了小镇，全村欢庆。汤姆给大家讲述了他和贝琪在洞中历险的经过。后来在汤姆去探望朋友哈克时，得知山洞已被封上，乔埃被困在洞中。

任务二：聚焦小说情节，感受人物特点

活动一：就印象深刻的情节交流感受

1. 默读课文，选择最吸引自己的情节，用关键词在文中空白处写上自己的批注。

示例："孩子失踪"这一情节中，"撒切尔太太病得厉害，大部分时间都在说胡话。人们听见她呼喊孩子，看见她每次抬起头侧耳听上好久，然后一边呻吟着一边软弱无力地垂下头去，那情景真是让人心碎。波莉姨妈已经陷入了悲痛和绝望之中，她那满头的灰发几乎全变白了"。这段话通过对撒切尔太太的动作、神态描写和对波莉姨妈的外貌描写，突出了她们失去孩子时悲痛绝望的心情。

2. 按"回到村庄""讲历险经历""看望朋友"三个情节分组交流。

预设：

(1)"回到村庄"组：

①"半夜时分，镇上传来了发疯般的钟声。不一会儿，街道上就挤满了衣衫不整却欣喜若狂的人，他们高声喊着：'快来看！找到他俩了！'"这一夸张描写，表现了小镇上的人们为汤姆和贝琪的归来而高兴的心情，与上文撒切尔太太和波莉姨妈的悲痛形成鲜明的对比，由悲转喜，充满了戏剧色彩。

②"人们叮叮当当地敲响了铁碗铜盆，嘀嘀嗒嗒的喇叭声与人们的喧嚷声汇成了一片。大家成群结队地拥向河岸，去迎接那两个乘敞篷车归来的孩子。车子由欢呼着的村民拉着，簇拥着。前来迎接的人们加入了这支回小镇的队伍，他们迈着雄壮有力的步伐，浩浩荡荡地穿过大街，欢呼声一浪高过一浪。"从人们迎接两个孩子归来时的场面描写中感受到场面壮观，人们因为孩子的归来而极其高兴。声音、动作的描写生动而富有感染力，给人身临其境的感觉。

(2)"讲历险经历"组：

①汤姆凭借射进洞口的一小束太阳光找到了出口，如果碰巧是晚上，他就不会找到这条通道了。这表明汤姆在洞中的经历虽然惊险，但他也是幸运的，有点神奇的色彩。

②汤姆洞中三天三夜的历险经历很吸引人：洞中迷路—摸索出口—找到出口—说服贝琪—爬出洞口—进行呼救—安全脱险。从中可以看出他这次经历非常惊险，汤姆能克服重重困难终于脱险也表明了他的机智勇敢。

（3）“看望朋友”组：

①汤姆去看望哈克时，一连两天都没让他进去；后来可以去看了，但是哈克的家人告诫他不能透露他的探险经过。我很好奇这是为什么，可能在原著中会找到答案。

②汤姆去看望贝琪时，有的人用嘲弄的口吻问他是否还想去那个山洞走一趟，汤姆说他不会在意。从中可以看出汤姆爱冒险和可爱的一面。

活动二：感受汤姆人物形象

1. 小组合作探究，结合文章具体内容说说汤姆是一个怎样的孩子。

示例：汤姆从山洞回来后讲述历险经历的情节，他“躺在一张沙发上，身边围满了热切的听众。他给他们讲着这次精彩的历险过程”，虽然身体虚弱和疲惫，但是仍沉浸于这次历险难以自拔，可以感受到他喜欢冒险的特点。

2. 每小组选一名代表进行全班交流。

预设：

（1）汤姆讲述历险经历时“夸张地吹嘘了一番”，可以感受到他有虚荣心但又非常可爱。

（2）汤姆离开贝琪后，独自去探险，可以感受到他的坚强勇敢；找到洞口后，汤姆又“回去找贝琪”，可以感受到他有责任有担当。

（3）汤姆在洞里劳累和饥饿了三天三夜，睡了两天后，听说哈克病了就马上去看他，一连两天都被挡在门外，但后来还坚持每天去看，可以感受到汤姆关爱朋友的特点。

教师：汤姆是一个机智勇敢、重情义、爱冒险，同时又调皮捣蛋的孩子。汤姆是个多种角色的复合，他身上还有着各种各样的性格特征，也许还有着你的影子呢。

活动三：结合汤姆谈谈自己或身边人物的特点

预设：

我的弟弟和汤姆一样，虽然很调皮，但也特别懂事。每当妈妈做家务时，他总是帮忙干一些力所能及的事；我写作业时，他从来不打扰我，要么自己不出声地玩儿玩具，要么就静静地看着我做作业。

任务三：激发读书兴趣，走进整本书阅读

活动一：观看视频，继续了解汤姆的性格特点

教师：汤姆还是一个小机灵鬼，姨妈让他去刷栅栏，长长的栅栏，他要刷到什么时候呢？他会不会认真地去干这件事呢？我们一起去看看吧。

（播放汤姆刷栅栏挣外快的视频。）

活动二：结合选文内容思考质疑

教师：山姆讲述山洞历险的经过中，哪一处地方最惊险？文中有没有让你觉得困惑、感到奇怪的地方？有没有完全出乎意料、令人不可思议的情节？

预设：

（1）我很想知道汤姆在洞中用的风筝线是从哪里来的？

（2）当汤姆把自己的遭遇告诉那些乘船经过的人时，他们不相信，认为荒唐离奇，事实到底是怎样的？

（3）为什么不在意再去山洞走一趟的汤姆，在听到山洞洞口被封了时脸色变得煞白？印江·乔埃到底是什么人？他们之间发生过什么呢？

教师：太多的疑惑，太多的好奇，想知道答案，就请跟随汤姆·索亚的脚步，去发现一个更广阔的历险世界，去一起读《汤姆·索亚历险记》这本书吧！

三、布置作业

制订阅读计划，开启《汤姆·索亚历险记》的阅读之旅。

板书设计

⑦* 汤姆·索亚历险记

情节：孩子失踪⟶回到村庄⟶讲历险经历⟶看望朋友⟶得知封洞

汤姆：喜欢冒险　有虚荣心　坚强勇敢　有责任担当

课后反思

本篇是部编版《语文》教材六年级下册第二单元的一篇略读课文，是外国文学名著《汤姆·索亚历险记》的节选。根据本文的课型、文体、阅读提示和“交

流平台”相关内容，在教学时做到了以下几点：

第一，精准定位教学目标。依据本单元语文要素和本文阅读提示，确定了两个教学目标：

一是能交流自己最喜欢的情节和对汤姆这个人物形象的感受。旨在培养学生阅读时不仅能把握故事内容，还能针对人物和情节表达自己的感受和体会，并根据课文内容和生活经验，对汤姆及身边的伙伴做出多元、立体的评价。二是能产生阅读原著的兴趣。本文情节曲折，引人入胜，结尾处还设置了悬念，讲授中充分利用这一特点，通过多种方式引发学生的好奇，激发他们阅读整本书的兴趣。还引导学生将课内学到的阅读方法迁移到课外阅读，让学生感受到外国文学名著的魅力。

第二，合理选择教学方式。本篇属于略读课文，所以教学时，通过设计学习任务和学习活动，引导学生开展自主、合作、探究学习，使学生在自主阅读、深入思考、小组讨论、充分表达中提升语文素养，受到思想熏陶。

第三，适当补充背景资料。本文节选自外国文学名著，不同国家的文化差异会加大学生阅读理解的难度。所以，给学生提供了适当的背景资料，以便帮助学生解决阅读的疑难处、困惑处，但也把握好教学的适切度，没有过度拓展资料，也没有过多、过深地解读和讨论文学名著的思想内涵、文学地位和社会价值等。教学的重点则放在了引导学生了解作品主要内容、把握人物形象、激发学生阅读整本书的兴趣上。

课例 20　《十六年前的回忆》教学实践

课例名片

年级：六年级（下）

设计者：刘营（保定市顺平县北神南小学）

解胜辉（保定市顺平县高于铺镇小学总校亭北庄学区）

执教者：刘营　解胜辉

指导教师：赵秀青（保定市顺平县教育和体育局教研室）

第 一 课 时

学习目标

1. 会写“稚”“避”等 15 个生字，会写“埋头”“幼稚”等 20 个词语。

2. 有感情地朗读课文，能说出自己印象最深的事。

重点难点

梳理故事情节，把握故事内容。

课前准备

1. 查阅李大钊的事迹资料和生活的时代背景。

2. 教学课件。

教学过程

一、谈话导入，质疑破题

前两节课，我们一同学习了《古诗三首》，感受了古代爱国诗人的理想和信念。这节课，我们再来认识一位为理想信念献身的革命先烈。（老师板书课题，学生齐读）看到题目，你们会有哪些疑问呢？

预设：

课文写的是谁的回忆？回忆了谁？回忆了什么？为什么是十六年前的回忆？

教师：让我们赶紧走进课文，去释疑解惑吧。

二、引导学生完成学习任务

任务一：排除文字障碍，读准读通课文

活动一：认读书写字词

1. 默读课文，边读边圈画出生字新词。

2. 读词，交流加点字的识记方法。

幼稚　严峻　瞅了瞅　皮靴　魔鬼　苦刑　绑起来　避免

啃窝窝头　棉袍　押下去　执行　啪　哼　僻静

预设：

(1)“啃”“啪”“哼”都是口字旁，因为做出这些动作都离不开嘴，体现了形声字中形旁表意、声旁表音的构字规律。

(2)“瞅”“押”“执”这几个字也是形声字，形旁表示做动作所用的身体部位。

(3)“绑”，绞丝旁表示绑东西要用绳子或丝线之类的东西；“袍”是衣服的一种，所以是衣字旁而不是示字旁。

(4)“避”和“僻”是一组形近字，通过形声字的构字规律区分它们：联想到以前学过的“躲避”的“避”就是“避免”的“避”，因为躲避和走路有关，所以是走之旁；“僻静”是人烟稀少的意思，跟人有关，所以是人字旁。

3. 观察偏旁宽窄，静心练写生字。

教师指导并示范书写部分难写的关键笔画，如“哼”不要多加一横，“执”的最后一笔不是横折折钩，而是横折弯钩。

4. 听写字词。两名学生上台板演，其他学生在听写本上写。统一订正后，老师根据学生出现的共性问题再加以强调。

设计意图：让学生分类梳理生字，发现所学汉字形、音、义之间的联系和书写的特点，发展学生独立识字能力和写字能力。

活动二：朗读课文，互相正音

要求：同桌互相听读课文，纠正各自读错的字音。

任务二：梳理故事情节，把握课文内容

活动一：交流材料，了解人物和背景

教师：通过读课文，我们知道了文章写的是李星华对父亲李大钊被害经过的回忆。那么，李大钊是何许人？他生活的社会背景又是怎样的？

学生展示后老师出示资料，学生自读内容并谈感受。

李大钊，字守常，1889 年 10 月 29 日出生于河北乐亭。18 岁考入天津北洋法政专门学校；24 岁毕业后东渡日本，进入东京早稻田大学政治本科学习；26 岁积极参加留日学生的抗议斗争；27 岁回国，在北京大学任教，参加新文化运动；1917 年，俄国十月革命胜利，28 岁的他开始宣传马克思主义；1920 年，31 岁的李大钊与在上海的陈独秀开始筹建中国共产党；1921 年中国共产党成立，李大钊和陈独秀为主要创始人，李大钊负责我党在北方的实际领导工作；1926 年 3 月，37 岁的李大钊领导并参加三一八运动；1927 年在军阀的白色恐怖中入狱，在狱中的 22 天备受酷刑，但始终严守党的秘密，坚贞不屈，最后英勇就义，年仅 38 岁。

活动二：按时间顺序，梳理事件

1. 默读课文，圈画时间词语，找关键事件，用自己喜欢的方式（表格、时间轴、思维导图等），按时间顺序归纳文中写到的事情。

示例：

时间	事件
那年春天	父亲烧掉文件和书籍
过了两天	工友阎振三被抓 父亲不顾亲友的劝说坚持留在北京

2. 集体交流。

（1）预设：

时间	事件
那年春天	父亲烧掉文件和书籍
过了两天	工友阎振三被抓 父亲不顾亲友的劝说坚持留在北京
4 月 6 日早晨	父亲和我们被捕
十几天过去了	父亲和我们被提审
4 月 28 日	父亲被害

（2）预设：

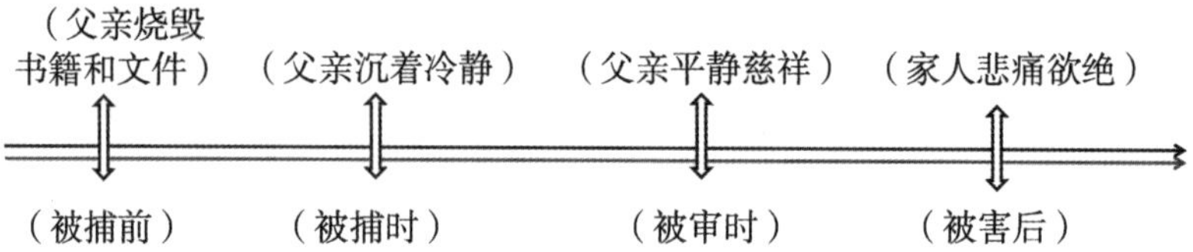

设计意图：不给学生限定程式化的结论，鼓励学生用多种形式梳理，尊重学生的个性思维和创意表达。

活动三：交流阅读感受，说说自己印象最深的一件事

1. 默读课文，从梳理出的事件中选择印象最深的一件进行复述并谈谈感受。(独立完成。)

示例：

我印象最深的是李大钊坚持留在北京这件事。课文第 2—7 自然段交代了李大钊被捕前的情况：烧掉文件和书籍、工友阎振三被抓。结合时代背景，我体会到当时的形势十分险恶，李大钊的处境非常危险，亲友都劝他离开北京，但他依然选择留在北京。从中我感受到李大钊对工作非常认真，一心考虑革命工作需要，不顾自身安危，具有无私无畏的革命精神。

2. 小组内交流，然后每小组推选一名代表进行全班交流。

预设：

（1）我对父亲被捕时的这件事印象最深。课文第 8 自然段中写道：“短短的一

段新闻还没看完，就听见啪，啪……几声尖锐的枪声，接着是一阵纷乱的喊叫。”面对这样的情况，李大钊先生还能一边安慰惊慌害怕的孩子，一边不慌不忙地向外走去。从中我感受到他是一位非常勇敢的人，临危不惧。结合相关资料我知道他从在日本留学的时候就一直从事革命工作，多次领导和参加反对帝国主义和军阀统治的斗争活动。所以，面对枪声，他才会这么沉着冷静。

（2）我对李大钊在法庭上被审时的事印象最深。课文第 23 自然段写李大钊先生被审时，他脸上的表情非常安定，非常沉着。而让他具有强大内心、沉着冷静的正是他对革命事业的信心。从中我感受到李大钊先生是一位沉着冷静的人，是一位伟大的革命者。

（3）法庭被审这件事让我印象最深刻。在那样恐怖的法庭上，法官问李大钊："她是你最大的孩子吗?"他的女儿抢着说："是的，我是最大的。"这一情节，让我感受到了李大钊女儿的机智和勇敢。"没戴眼镜""乱蓬蓬的长头发下面的平静而慈祥的脸"这些描述使我感受到李大钊先生作为父亲对孩子的爱；当父亲说完最后一段话时，"又望了望我们"，这个不经意的动作，让我感受到了李大钊先生对家人的依依不舍。

设计意图：引导学生概括事件、复述事件、交流阅读感受，旨在培养学生提炼、整合关键信息的能力，使学生初步感知人物形象。

活动四：有感情地朗读课文

1. 每小组自由选择朗读内容，然后在小组内分角色朗读。

2. 全班展示。

教师小结：结合课文内容和相关资料，同学们对李大钊先生有了一个较为清晰的认识。回归家庭，他是一位慈爱的父亲，爱孩子，对孩子言传身教，悉心教导；投身革命，他是一位伟大的革命者，沉着冷静，视死如归。就这样，画面渐渐清晰，一位慈爱的父亲、一位伟大的革命者形象就呈现在我们眼前。那么，文章又是运用什么写作手法来刻画李大钊先生的光辉形象呢？我们下节课继续学习。

三、布置作业

查阅革命时期其他英雄人物的故事资料。

板书设计

⑪十六年前的回忆

被捕前：烧毁书籍和文件、险境中坚守 被捕时：沉着冷静 被审时：平静慈祥 被害后：家人悲痛欲绝	伟大的革命者 慈爱的父亲

第二课时

学习目标

1. 关注人物外貌、神态和言行的描写，感受李大钊同志大无畏的革命英雄气概。

2. 了解课文首尾呼应的表达方法。

3. 查阅资料，了解先辈的革命事迹。

重点难点

关注人物外貌、神态和言行的描写，感受李大钊同志大无畏的革命英雄气概。

课前准备

教学课件、搜集文字和视频资料。

教学过程

一、导入新课

同学们，上节课，我们初步感知了人物形象，了解到李大钊先生不仅是一位慈爱的父亲，更是一位英勇无畏的伟大的革命者。这节课，让我们继续走进课文，去深入体会李大钊先生的精神品质。

二、引导学生完成学习任务

任务一：关注人物描写，体会人物品质

活动一：关注对李大钊的描写，体会人物品质

1. 默读课文，画出描写李大钊外貌、神态、言行的语句，体会李大钊先生的精神品格。在文中空白处做批注。（独立完成。）

2. 小组内交流；每小组选出代表全班交流。

示例：

我们小组勾画的是第 4 自然段，这是对李大钊先生语言的描写。我从“知道什么”看出父亲当时的态度很严厉，并不想让女儿知道工作上的事情；从“待了一会儿，父亲才回答”中我感受到父亲心中的犹豫，为了保护女儿，还是不告诉女儿为好。从中我体会到这是一位严厉而慈爱的父亲。

预设：

（1）我们小组勾画的是第 11 自然段中的“父亲不慌不忙地向外走去”，这是对父亲的动作描写。我从“不慌不忙”中看到了面对危险不慌张、沉着、冷静的李大钊。

（2）我们小组找到的是第 20 自然段中的“没戴眼镜”“我看见他那乱蓬蓬的长头发下面的平静而慈祥的脸”。通过这些外貌和神态描写，我们可以看出父亲虽然饱受敌人的折磨，但依旧“平静慈祥”。“平静”说明李大钊同志经历残酷的折磨后依旧坚强；“慈祥”体现了李大钊先生对家人的爱，怕他们担心。

（教师在学生展示过程中进行评价引导并总结：李大钊的精神品质是通过对他的外貌、神态、言行的描写表现出来的。）

活动二：关注对周围人的描写，体会人物品质

1. 勾画文中对其他人物进行描写的语句，并体会这些描写对表现李大钊同志的品质有何作用。（学生独立完成。）

2. 集体交流。

预设：

（1）第 9 自然段是对女儿的语言和动作描写，这个“瞪”字，写出女儿受到了惊吓和害怕；第 12 自然段中“我的心剧烈地跳动起来，用恐惧的眼光瞅了瞅父亲”是对女儿动作和神态的描写，直接写出了女儿很害怕。这里是对比的手法，通过对比女儿和父亲的表现，人物形象更加鲜明突出，临危不惧的李大钊跃然纸上。

（2）文中对便衣侦探进行了外貌、语言、动作和神态描写，“那个满脸横肉的便衣侦探”“冷笑着”，而父亲保持着他那惯有的严峻态度，从对比中，感受到父亲面对凶狠的敌人毫不畏惧，非常令人敬佩。便衣侦探的丑恶嘴脸和李大钊先生

的大义凛然形成了鲜明的对比，更能突出李大钊沉着冷静、英勇无畏的革命者形象。

（教师在学生展示过程中进行评价引导并总结：对比手法的运用，使李大钊的形象更加鲜明突出。）

教师：通过李大钊被捕前的语言描写，我们感受到了一位严厉而慈爱的父亲；通过被捕时语言、动作的描写和庭审时外貌神态的描写，让我们感受了一位伟大的革命者形象；通过与周围人物的对比描写，让我们感受到更加鲜明突出的李大钊形象。现在，让我们一起看一段影视资料，把目光聚焦于 1927 年的那个春天。（播放李大钊被害前后的视频资料。）

学生观看完后，教师总结：

“人生自古谁无死？留取丹心照汗青。”这也是李大钊同志的写照啊！下面请同学们轻声朗读课文结尾，你们发现了什么？

设计意图：让学生关注人物外貌、神态、言行的描写及对比手法的运用，通过自主阅读、勾画批注、小组合作、教师引导、朗读等多种形式，深入感受和体会李大钊同志的品质，使学生学习写作方法的同时受到思想熏陶，也培养学生自主学习、合作探究、语言表达的能力。

任务二：了解表达方法，体会表达作用

活动一：关注文章结尾，明确写作特点

1. 轻声朗读课文结尾，说说你的发现。

预设：

文章最后一个自然段再次出现了“4 月 28 日”，和开头形成了呼应。通过首尾呼应的写法，更能感受到女儿对父亲遇害这件事牢记在心，难以忘怀。

教师：1927 年 4 月 28 日，这一天对女儿是一生的影响啊！时至今日，90 多年过去了，我们也没有忘记。这不仅是十六年前女儿的回忆，也是我们一代又一代中国人的回忆啊！现在，让我们把这份情感融入朗读，再读读开头和结尾。

2. 有感情地朗读开头和结尾。

活动二：关注前后呼应，体会表达效果

教师：文中像这样前面埋下伏笔，后面再次出现，前后关联的句子还有很多，

你发现了吗？

1．找找文中前后照应的句子，同桌交流后全班展示。

预设：

（1）第2自然段中的“我蹲在旁边，看他把书和有字的纸片投到火炉里去”和第6段中的“后来听母亲说，军阀张作霖要派人来搜查。为了避免党组织被破坏，父亲只好把一些文件和书籍烧掉”相呼应。

（2）第5自然段中的“父亲一向是慈祥的，从没有骂过我们，更没有打过我们”和第20自然段中的“我看到了他那乱蓬蓬的长头发下面的平静而慈祥的脸”相呼应。

（3）第6自然段中的“工友阎振三一早上街买东西，直到夜里还不见回来”与“在军警中间，我发现了前几天被捕的工友阎振三”相呼应。

2．说说这样写的好处是什么。

预设：

这种写法，使文章的结构更加完整，表达的中心也更加明确，让人更加清晰明了，一读就懂。

教师总结：同学们，这种写法叫前后照应，使文章前有伏笔，后有交代，前后相互照应。通过前后照应的写法，我们对事情的来龙去脉更加清楚，对当时紧张局势的感受也更加深刻，而父亲义无反顾、坚贞不屈的革命形象也更加清晰完整。那么，李大钊先生的这种高贵品质源于一种什么力量呢？（学生齐答：他对于革命事业的信心。）对于革命事业的信心，就是他崇高的理想和信念。

3．完成师生对话，体会理想和信念。

这是一种怎样的理想和信念，能让李大钊明知留下来命悬一线，却对妻子说：____________________朋友对他说：“留得青山在，不怕没柴烧，北京的局势这么紧张，你趁现在赶紧逃走吧！”父亲还是说：____________________________妻子对他说：“孩子们还小，你是咱们家的顶梁柱，你要是有个三长两短，我们可怎么过呀！”可是父亲还是说：____________________

正是这样的理想和信念，让李大钊义无反顾，视死如归，正是这样的理想和信念，让一代又一代中国人为了民族的解放和人民的幸福，不惜付出生命的代价，他们用生命和行动诠释了理想和信念的真正内涵。

任务三：追忆先烈，赓续传承

活动一：展示资料，追忆先烈

1. 展示积累或查阅的革命时期英雄人物的故事资料并谈感受。

预设：

（1）从以前学过的课文中，我想到了小兵张嘎、小英雄雨来、刘胡兰、狼牙山五壮士等，他们都是为了革命胜利英勇奋斗的英雄，有着同样的理想和信念。

（2）叶挺将军虽然身陷牢笼，却依旧坚定革命必胜的理想和信念，写下《囚歌》。

（3）通过查资料，我还知道舍身炸暗堡的董存瑞，巾帼不让须眉、铁骨铮铮的抗日女英雄赵一曼……

教师：正是这样的理想和信念，烽火岁月中革命先烈浴血奋战，英勇牺牲，才换来了我们今天的美好生活。而今的和平年代，我们也不乏为了国泰民安、民族振兴而无私奉献、冲锋在前甚至付出生命代价的先进人物。

设计意图：查阅、分享革命先烈的事迹资料，感悟革命英雄的理想信念和爱国情怀，从而引导学生树立坚定的信念，深化革命传统文化教育。

活动二：立足当代，赓续传承

1. 列举当代英雄人物的事迹，感受其精神品质。

预设：

疫情之下，逆行出征的白衣战士；身患绝症仍坚守抗疫一线的张定宇；改变山区女童命运的校长张桂梅……

2. 写颁奖词。

请选择一位英雄人物，为其写一篇颁奖词。

写法提示：简洁概括事迹；突出精神品质；运用修辞手法；情感真挚；结构完整。

示例：给袁隆平先生的颁奖词。

您用一粒种子改变了世界，您用一生奔波为人类摆脱了饥饿。您是稻田的守望者，也是我们心中的英雄。您的执着和坚韧，让我们无比感动。

3. 谈做法。

作为新时代的少年，你坚守的理想和信念是什么？又该怎样做？

设计意图：引导学生树立自己的理想和信念，逐步形成正确的世界观、人生观、价值观。

三、课堂小结，布置作业

教师总结：同学们，我们要珍惜今天来之不易的幸福生活，继往开来，将理想和信念永存心中，付诸行动，代代传承。

作业：阅读《红岩》等革命题材的文学作品或红色诗词。

板书设计

⑪十六年前的回忆

慈爱的父亲	语言、神态、言行的描写
伟大的革命者	对比的手法

课后反思

《十六年前的回忆》是六年级下册第四单元的一篇革命题材的文章。立足单元人文主题“理想和信念”，依托文本内容，教学时我着重引导学生真切感受革命先烈的光辉形象和英雄气节，教育学生树立远大的理想，培养高尚的道德情操，从而落实立德树人、以文化人的根本任务。

本单元的两个语文要素“关注外貌、神态、言行的描写，体会人物品质”和“查阅相关资料，加深对课文的理解”在之前的教材中都已经安排过，这次重复出现是为了让学生综合运用。所以教学时，我让学生深入品读对李大钊外貌、神态、言行的描写，透过语言文字切实体会人物高尚的品质，而不是喊口号、贴标签。本单元讲述的故事有一定的时代性，与学生生活有一定的距离，借助相关资料帮助学生理解课文时，我引导学生不仅能根据需要查阅相关资料，还能筛选出对理解人物形象有帮助的资料。所以，课前引导学生查阅时代背景资料，了解人物所处环境；课中，查阅人物的相关事件资料，加深对人物品质的体会；课后，查阅革命时期其他英雄人物的故事资料，丰富对革命英雄人物的认识，受到思想熏陶。

本课以学习任务为驱动，以学生活动为主线的课堂架构形式，促进了学生自主、合作、探究学习；通过听说读写各种语文实践活动培养了学生的必备品格和关键能力。

课例 21　《董存瑞舍身炸暗堡》教学实践

课例名片

年级：六年级（下）

设计者：薛丽娟（保定市顺平县逸夫小学）

执教者：薛丽娟

指导教师：王英华（保定市顺平县逸夫小学）

课前准备

教学课件、学习任务单，学生查阅董存瑞的相关资料。

学习目标

1. 默读课文，借助思维导图厘清文章叙述顺序，整体把握董存瑞炸暗堡的英雄事迹。

2. 关注人物神态、言行的描写，了解董存瑞是怎样的战士，体会人物品质。

重点难点

关注人物神态、言行的描写，体会人物品质。

教学过程

一、导入新课，解题

1. 衔接前课，导入本课。

（1）教师：通过本单元的学习，我们感受到了古人的爱国情怀，认识了忠于革命、为国捐躯的李大钊，全心全意为人民服务的张思德，这节课，我们再来认识一位战斗英雄——董存瑞，了解他的英雄壮举。

（2）齐读课题。

2. 师生交流董存瑞的事迹。

（1）学生交流课前查阅的关于董存瑞的资料。

（2）教师出示关于董存瑞的资料。

1948 年 5 月 25 日，为了解放隆化县城，解放军与国民党军进行了一场历时 20 多个小时的激烈战斗。在这场战斗中，董存瑞舍身炸暗堡，壮烈牺牲，年仅 19 岁。

3. 了解“暗堡”。

（1）教师：“董存瑞舍身炸暗堡”，什么是暗堡呢？我们一起来了解一下。

（2）出示“暗堡”图片：文中的暗堡是敌人在桥的两侧筑起墙，在顶上加盖后建成的。

（3）教师：董存瑞为什么要炸暗堡，他在炸暗堡时遇到了什么困难？又是怎样炸暗堡的？让我们一起走进课文。

设计意图：导入新课后，通过交流，对董存瑞的事迹有初步了解。通过出示图片，使学生明白什么是“暗堡”，为课文内容的理解扫除障碍。再以问题为导向，引导学生自主阅读课文，初步了解课文内容。

二、完成学习任务

任务一：英雄事迹我了解

活动一：通读课文，认读生词

1. 自由朗读课文，要求读准字音。

2. 自由读生词，齐读，指名检查读。

郅顺义　战壕　扑哧扑哧　匍匐　凹地

活动二：厘清叙述顺序，了解英雄事迹。

教师：刚才大家朗读了课文，谁来说一说课文是按照怎样的顺序写的呢？（按事情发展的顺序。）请大家默读课文，了解事情的起因、经过、结果。

1. 学生默读课文，完成思维导图。

2. 集体交流。

课件出示：

暗堡锁路——（主动请战）——（艰难跃进）——（舍身炸堡）——取得胜利

3. 学生依据思维导图讲一讲董存瑞的英雄事迹。

教师小结：这就是董存瑞的英雄壮举，他为了战斗的最后胜利，献出了自己宝贵的生命。

设计意图：学生通过读课文，读词语，自学生字新词，扫除字词障碍。学生默读课文，以思维导图为支架，厘清文章的叙述顺序，了解董存瑞的英雄事迹。

任务二：英雄品质我体会

活动：聚焦英雄，体会品质

教师：我们一起来关注事情的经过，请大家默读课文第2—7自然段，勾画出描写董存瑞神态、言行的句子，圈画关键词并摘录，体会他的精神品质。

英雄事迹	英雄神态、言行（关键词）	英雄品质
主动请战		
艰难跃进		
舍身炸堡		

1. 学生自主完成学习任务单。

2. 集体交流，通过描写董存瑞神态、言行的句子，体会董存瑞的精神品质。

预设：

（1）董存瑞瞪着敌人的暗堡，两眼迸射出仇恨的火花。他跑到连长身边，坚决地说：“连长，我去炸掉它！”

这是对人物动作、神态、语言的描写，“瞪”“迸射”写出了董存瑞对敌人刻骨的仇恨，“跑”写出了董存瑞内心的焦急。“坚决地说：‘我去炸掉它。’”写出了董存瑞内心的坚定。体会董存瑞的英勇、坚定。（板书：神态、语言、动作。）

指名读，读出董存瑞的英勇、坚定。

（2）敌人的机枪更疯狂了，子弹扑哧扑哧打在董存瑞身边，激起了点点尘土，四周冒起了白烟。董存瑞夹紧炸药包，一会儿忽左忽右地匍匐前进，一会儿又向前滚了好几米。敌人的机枪一齐向董存瑞扫射，在他面前交织成一道火网。趁着腾起的黑烟，董存瑞猛冲到桥下。

这是对人物动作的描写，“匍匐前进”“滚”写出了董存瑞战斗经验丰富，勇敢、机智。“敌人的机枪更疯狂了……四周冒起了白烟。”“敌人的机枪一齐向董存瑞扫射，在他面前交织成一道火网。”写出了敌人火力大、猛、强、密，通过侧面描写，突出了董存瑞奋不顾身、勇往直前的精神品质。（板书：英勇无畏。）

自由读。

(3) 在这万分紧急的关头，董存瑞昂首挺胸，站在桥底中央，左手托起炸药包，顶住桥底，右手猛地一拉导火索。

他像巨人一样挺立着，两眼放射着坚毅的光芒。他抬头眺望远方，用尽力气高喊着：“同志们，为了新中国，冲啊!”

这是对董存瑞动作、神态、语言的描写。“昂首挺胸”“站”“托”“顶”“拉”，表明董存瑞动作坚决、果断，没有一丝犹豫，充分体现了董存瑞英勇无畏、视死如归的精神。（板书：视死如归。）

有感情地朗读。

教师引读：在即将献出宝贵生命的关键时刻，董存瑞毫无惧色。

学生齐读：他像巨人一样挺立着……

教师小结：这一部分，通过对董存瑞神态、言行的描写，我们感受到了他请战时的英勇、坚定，艰难跃进时的奋不顾身、勇往直前，手托炸药炸毁暗堡时的英勇无畏、视死如归。

设计意图：以表格为支架，学生自读自悟，通过勾画、摘录、分析、体会、交流等一系列活动感悟董存瑞的精神品质。

任务三：英雄壮举我赞颂

活动一：感情升华，为战斗英雄写几句话

教师：为了新中国，无数革命先烈献出了宝贵的生命。他们是为了让孩子们能在灯光下学习，甘愿牺牲自己的郝副营长；是任凭烈火焚身，纹丝不动的抗美援朝英雄邱少云；是用自己的胸口堵住敌人枪口的黄继光。此时此刻，你想对这些革命先烈说些什么呢？请写下来。

敬爱的革命先烈，您______________________________

____

活动二：交流、展示写给先烈的话

1. 学生展示写给革命先烈的话。

2. 教师小结：正是有了前辈们的付出，才有了我们现在的和平生活。少年强则国强，作为当代的小学生，我们要不忘先烈遗志，发扬革命精神，努力学习，为中华民族伟大复兴贡献力量。

设计意图：通过给革命先烈写话，激发学生学习英雄、崇尚英雄的美好情感，提高责任意识。

三、学习英雄，坚定理想与信念

课后，查阅革命时期其他英雄人物的故事资料，丰富对革命英雄人物的认识。

板书设计

⑬* 董存瑞舍身炸暗堡

人物品质	描写方法
英勇无畏	语言
视死如归	神态
……	动作

教学反思

《董存瑞舍身炸暗堡》这篇课文记叙了董存瑞在解放河北隆化的战斗中，为了开辟我军前进的道路而舍身炸毁敌人暗堡的事迹，表现了革命英雄为了人民的解放事业，不惜牺牲自己生命的献身精神。

本单元的人文主题是“理想和信念”，这篇课文体现了董存瑞崇高的精神品质，是对学生进行革命文化教育的重要依托。教学过程中，通过默读课文，学生了解了董存瑞炸暗堡的英雄事迹；之后研读课文，找出描写董存瑞的神态、言行的句子，抓住关键词，学生体会到了董存瑞英勇无畏、视死如归的精神品质；最后让学生为英雄写话，激发了他们学习英雄、崇尚英雄的美好情感，提高了责任意识。

本单元指向阅读的语文要素有两个，一是“关注外貌、神态、言行的描写，体会人物品质”；二是“查阅相关资料，加深对课文的理解”。这两个语文要素在之前的教材中已经出现过。这篇课文是六年级下册第四单元的最后一篇课文，也是一篇略读课文，所以在教学时，注重发挥学生学习的主动性。课前，引导学生查阅董存瑞的相关资料，教学过程中以学习任务单为支架，引导学生自主学习：填写思维导图，帮助学生把握课文的主要内容，训练学生的梳理、概括能力；借助表格，让学生自读自悟，通过勾画、摘录、分析、体会、交流等一系列活动感悟董存瑞的精神品质，在自主阅读理解、讨论交流的过程中不断提升语文能力；通过给革命先烈写话，使学生的表达能力得到训练。

小学数学理论认知

在实践中感知，在思考中升华

——浅谈核心素养在小学数学课堂上的落地实施

保定市顺平县教育和体育局教研室　于二威
保定市顺平县腰山镇第一初级中学　钱洪涛

2022年4月，《义务教育数学课程标准（2022年版）》颁布，开启了又一轮课程改革的序幕。本次课程标准的修订最突出的变化是将“核心素养”明确地写了进去。

新课标提出，通过义务教育阶段的数学学习，学生逐步会用数学的眼光观察现实世界，会用数学的思维思考现实世界，会用数学的语言表达现实世界，简称“三会”。“三会”是数学学科核心素养，是义务教育数学课程目标体系的统领性目标，是数学课程真正意义上的目标。核心素养具有整体性、一致性和阶段性，在不同阶段具有不同表现。小学阶段侧重对经验的感悟，初中阶段侧重对概念的理解。为达成“三会”，设置了通往“三会”或为“三会”提供支撑的过渡性目标，这被称为核心素养的主要表现。对小学而言，这个过渡性目标包括数感、量感、符号意识、运算能力等11个主要表现。其中，数学眼光主要表现为数感、量感、符号意识、空间观念、几何直观与创新意识；数学思维主要表现为运算能力、推理意识；数学语言主要表现为数据意识、模型意识和应用意识。抓住这11个主要表现，在课堂教学中结合相应教学内容设计恰当的学习活动，是让核心素养在课堂上落地实施的关键。特别是一些较为抽象的概念教学，需要让学生“在实践中感知，在思考中升华”，核心素养才能在我们的课堂上落地生根。

一、在“缩小误差”的过程中发展量感

数学课程标准中，对量感是这样描述的：量感主要是指对事物的可测量属性及大小关系的直观感知。既然是“感”，就需要建立在“亲身体会”的基础之上，因此，要培养量感，就必须为学生提供“亲力亲为”的机会。

比如，人教版《数学》教材三年级上册第一单元“时、分、秒”，第一课时是认识“秒”这个时间单位。为了建立“1 秒”的表象，老师们会让学生体验“拍一下手或眨一下眼就是 1 秒”等类似的活动。至此，学生似乎对“秒”有了认识，但 1 秒的时间很短暂，没有清晰的起始、结束界限，通过这样的体验活动，虽然感受到了“1 秒”很短，但似乎还是没办法感知“1 秒”到底有多长。因此有老师又安排了“体验 10 秒或 15 秒有多长”这样的活动。一般老师们的操作方法是：先问学生认为 10 秒有多长，学生因为有了“1 秒”的经验就会回答“拍 10 下手或眨 10 下眼”等，接着教师就要求孩子们实际去操作，以体验“10 秒”的长度。看到这样的课堂处理，笔者常常会想，这样的体验活动真的有效吗？“10 秒”的长度是固定的，可每一个孩子拍手、眨眼的速度是不一样的，他们体验到的“10 秒”是真的“10 秒”吗？如果孩子的误差很大，岂不是建立了错误的表象？因此，可以把这样的体验活动再调整一下，教师给予适当组织和引导，就可以帮助学生在缩小误差的过程中建立正确的表象，发展量感。

比如，操作过程可以调整为：先问学生认为“10 秒”有多长，让他们以自己的标准去定义“10 秒”，再出示全班可见的秒表，要求学生做动作的同时进行计时，当学生度过他认为的“10 秒”后与实际计时的秒表做对比，学生就能发现自己的误差。如果他做得快了，自然会调慢；反之，也会主动调快。如此反复几次，误差逐渐减小，学生慢慢建立起“10 秒”的表象，形成较为准确的量感。

在学习其他“量”的概念时，也可以采用类似的处理方法，让学生先自己主观判断，教师再组织活动帮助学生调整自己的主观感觉，使其越来越客观，就可以使学生在逐步“缩小误差”的过程中，慢慢发展量感。

二、在“操作—想象”的转换中培养空间观念

在进行“图形与几何”领域的教学时，常常会遇到这样的情况：相比于“数与代数”领域的教学，“图形与几何”领域学生掌握起来似乎更困难。因为“数与代数”领域基本有学习模板，学生将前一阶段的学习经验迁移到后一阶段，采用类似的学习方法完成就行。比如，学习乘法运算，学生可以将多位数乘一位数的算理、算法直接迁移到多位数乘多位数（两位数乘两位数、三位数乘两位数），使新知学习变得简单而容易。可是“图形与几何”领域却不是这样，图形的变换太

多，教了这种的，学生好不容易学会了，可考试变换成那种，学生又不会了，似乎很难找到一种类似“数与代数”领域的学习模板，使其可以成为图形与几何领域的通用学习法宝。

随着对课标学习的不断深入，再结合大量的教学案例分析，笔者逐渐感受到，这样的通用学习法宝应该是存在的，而且越来越清晰地发现“图形与几何”领域的通用学习法宝就是空间观念的建立。

空间观念主要是指对空间物体或图形的形状、大小及位置关系的认识。在教学过程中，可以利用“操作—想象”不断转换的方式，培养学生的空间观念。

比如，人教版《数学》教材五年级下册第三单元“长方体和正方体”第二小节，要认识并计算长方体的表面积。在这一部分内容中，不仅要学习计算长方体、正方体完整的表面积（6 个面），还可能要计算部分表面积（少于 6 个面）。对于这一部分内容，如果让学生计算完整的表面积是没有困难的，因为可以套用公式。可是如果计算的是一部分，问题就出现了：教会了计算无盖儿（缺少上面）的，在遇到无底儿的（缺少下面）或缺少其他面时，就又不会做了。究其根源，是学生缺乏空间观念，不能想象出长方体的样子，做不到将“前后两个面面积是长×高；左右两个面面积是宽×高；上下两个面面积是长×宽”进行对应，学生对表面积的学习仅仅停留在机械记忆公式的层面，所以当图形变换后就手足无措了。

要想改善这种情况，就要帮助学生建立空间观念。可以在第一小节“学习认识长方体、正方体”时，开展“拆盒子、装盒子”的活动。一般在认识长方体、正方体这一小节，老师都会要求学生带长方体、正方体盒子当学具。在我们利用这些盒子认识完“面、棱、顶点、长、宽、高”等这些名称之后，可以让学生沿着一些棱把盒子剪开，得到长方体、正方体的表面展开图。学生得到的展开图肯定是不相同的，可以将其分为几类，然后任意选中一种展开图，指定底面或其他面，要求学生想象把它再还原成一个完整长方体、正方体的过程。如果学生有困难，就让他们再次动手操作，完成还原的过程，或者是利用多媒体动画演示还原的过程。要求学生边看边想象。接下来变换指定面，再次重复以上过程。这样重复操作几次，学生就可以不用借助操作或观看动画去完成还原了。他们头脑中关于长方体、正方体的空间观念就建立起来了，无论再如何变换位置，学生都能通过想象将长、宽、高对应到图形中，为后续学习表面积或体积的计算做好铺垫。

在学习其他图形时，也可以采用“操作—想象”不断变换的方法，逐步帮助学生建立起相对应的空间观念，由扶到放，实现核心素养的落地。

三、在“游戏”或“试验”的体会中渗透数据意识

数据意识主要是指对数据的意义和随机性的感悟。对数据意义的感悟，学生需要在解决问题的过程中亲自体会才能有所领悟。比如人教版《数学》教材六年级下册第二单元之后的综合实践活动——“生活中的百分数”，需要学生解决这样的问题：李阿姨要将2万元存入银行，在6年之后取出供儿子上大学用。问李阿姨该如何存款才能获得最高收益？要解决这一问题，学生需要先到银行调查存款方式及不同方式的利率等相关信息，这是实践环节。在学生完成这一环节任务后，带回很多数据，面对这些数据，要如何有效利用，这是综合环节。我看到一位老师是这样处理的：先选定一种存款方式，比如“定期存款”，要求学生对比不同银行之间的利率，选出利率最高的银行；接下来，分别计算在该银行按不同年限存款，6年后获得的收益；最终通过对比收益，确定在哪个银行选哪种方式收益最高。当时这位老师做得非常好的一点是，在没有计算之前，先让学生猜测一下哪种方式收益最高。学生有猜“3＋3”的（先存3年，然后连本带息作为本金再存3年），有猜“2＋2＋2”的，等等。学生的想法很多，老师问：“为什么这样猜？”学生大多回答：“感觉是这样。”作为听课老师，笔者觉得学生回答得很真实，因为此时学生没有任何依据，他们只能“瞎猜”。老师对每一种答案都未做评判，只是接下来要求学生分组分别对不同存款方式获得的收益进行计算。最终通过对比发现，“1＋5”（先存1年，然后连本带息作为本金再存5年）的方式收益最高。紧接着，教师提出问题：“为什么这样的方式收益最高？”孩子们经过讨论交流，有人讲：“5年定期利率最高，这样的方式相当于把最多的钱以最高的利率存了最长的时间，所以收益最高。”听到这里的时候，笔者情不自禁地鼓起了掌。这一番透彻的分析，让我们看到在解决这一问题的过程中，不仅让学生感受到数据的意义，渗透了数据意识，同时也在渗透一种理性精神，让学生切身体会到“只依靠感觉”是不可靠的，要想得到真实客观的结果，必须靠事实说话，靠数据说话。这不仅是知识的学习，更是价值观的教育，是数学核心素养在课堂上的落地生根。

除以上举例外，数据意识的渗透更多是在“统计与概率”领域的教学中。比如人教版《数学》教材五年级上册第四单元“可能性”的教学，为了让学生体会

到可能性的大小，很多教师在课上会设计安排“摸球”或“摸棋子”游戏，这里的游戏或试验不能单纯只是让学生操作，必须要有思考在其中，要让学生对得到的数据进行分析，进而做出判断，才能达到渗透数据意识的目的。

为了让学生体会可能性有大有小，一位老师设计了摸棋子的游戏：一个盒子里装有红棋子 4 枚、黄棋子 1 枚（学生不知情），让一名男生和一名女生轮流摸棋子，每次摸出一个，记录下颜色，再放回摇匀，重复 10 次。结果是摸出红色 7 次、黄色 3 次。老师就依据这一结果给学生讲：“红色出现的次数多，黄色出现的次数少，说明盒子里红棋子多、黄棋子少。”把盒子里的棋子倒出来后果然是红棋子多，黄棋子少，由此获得结论：数量多可能性大，数量少可能性小。老师的这一游戏乍一看没有问题，但仔细分析会发现，试验次数太少，偶然性会很大，仅用这一试验结果获得结论，缺乏科学性。可以将试验活动进行一下调整。在学生摸完棋子后，问一问学生：“这个结果能证明盒子里是红棋子多、黄棋子少吗?”学生会理所当然地认为就是红棋子多、黄棋子少。此时老师要加以引导：“也许是偶然情况呢？为了避免偶然情况，可以怎么做?”再要求学生参照以上试验过程进行分组试验。试验完毕，把每个小组摸棋子的结果都进行统计，发现每个小组都是摸出的红色多、黄色少，与盒子里红棋子多、黄棋子少的情况一致，由此获得“数量多可能性大，数量少可能性小”的结论就保证了科学性。因为这是多个组试验的结果，排除了偶然性，证明了随机性。在这样的游戏或试验过程中，学生就能感受到随机性的意义，发展数据意识。

以上举例所述，是笔者对核心素养在小学数学课堂上落地实施的一点浅显认识，距离实现真正的“素养课堂”还相差甚远。但笔者坚信，为学生提供实践的土壤，让他们在参与的过程中体会，并在体会中思考、发现，就一定能升华学生的认识，帮助他们积累有效的活动经验，从而使他们懂得如何更好地去操作、发现，进入一种良性循环状态，逐步帮助学生形成我们想要的、他们需要的核心素养。

小学数学中高年级复习课的实践与思考

保定市顺平县逸夫小学　刘文静

一、小学数学中高年级复习课的重要作用

复习课在小学数学教学中起着重要的作用，尤其是到了中高年级，学习内容逐渐增加，难度也在不断提升，为了更好地巩固知识、查漏补缺、构建知识网络和提升学科素养，上好复习课就显得更为重要了。

（一）巩固知识

数学知识具有很强的连贯性，新知识往往是在旧知识的基础上进行拓展和延伸。例如，在学习了多边形的面积这一单元后，我们需要进行整理和复习，回顾和梳理本单元学过的平行四边形、三角形、梯形和组合图形的相关知识。帮助学生加深对知识的理解，巩固记忆，确保知识的正确性和完整性，为后面要学习的表面积和体积打下坚实的基础。

（二）查漏补缺

在日常教学中，由于学生个体差异、教学时间有限等因素，难免会出现部分学生对某些知识点掌握不透彻的情况。例如，在学习了“分数除以整数”和“除数是分数的除法”之后，我们需要进行一个阶段复习。学生对知识的理解和掌握情况参差不齐，有的存在“除法转化成乘法，除数没有变成它的倒数”的错误，有的总是会忽略“结果要化成最简分数”，有的对算理不太理解，有的甚至计算方法都不能正确使用。这时的复习课就提供了一个全面检查学生知识掌握情况的机会，教师可以通过各种形式的练习和测试，发现学生在学习过程中遗漏或薄弱的知识点，然后有针对性地进行讲解和辅导，帮助学生弥补知识漏洞，提高学习效果。

（三）提升核心素养

数学学习不仅仅是知识与技能的积累，更是创新意识、合作意识、思维能力、问题解决能力等核心素养的培养。复习课通过对知识的梳理、整合、应用，能够有效提升学生的这些核心素养。例如，在复习“立体图形的体积”这一部分时，教师先让学生回忆学过的立体图形的计算方法，再让学生小组合作探究长方体、正方体、圆柱体积计算的共同点，即都可以用“底面积×高”来计算，然后以此为基础探究“所有直柱体是否都可以用这个公式计算”，接着在交流展示中验证结论，最后应用结论解决实际问题。这样的复习课不仅考查了学生对立体图形体积计算公式的掌握情况，还沟通了它们之间的关联，构建了知识体系，发展了学生的合作意识、创新能力、推理能力和应用能力。

二、当前小学数学中高年级复习课存在的问题

（一）复习内容缺乏系统性

部分教师在组织复习课时，往往只是将以前学过的内容概括讲一遍，没有对知识进行系统的梳理和整合，导致学生对知识的理解和掌握不够深入，难以形成完整的知识体系。例如，在复习“数的运算”这一部分时，教师只是将加法、减法、乘法、除法等运算方法逐一讲解，但没有将它们之间的联系和区别进行深入剖析，导致学生对知识的理解仍停留在表面，难以形成完整的知识结构。

（二）复习方法单一

传统的复习课多以教师讲授为主，或是学生在老师的问题引导下回忆知识点，缺乏对学生思维的启发和引导。学生更多的是被动地接受知识，缺乏主动参与和思考的机会，学习积极性不高。例如，教师在复习“因数和倍数”时，可能会花费大量时间讲解因数和倍数、奇数和偶数、质数和合数、最大公因数和最小公倍数等概念，而学生也只是机械地听讲、记录、重复练习，没有通过实际操作或探究活动来加深对概念的理解。这种单一的复习方法容易使学生产生厌倦感，降低复习课的效率。

（三）忽视学生个体差异

由于每个学生的学习基础和接受能力不同，在复习课上，教师往往采用统一的教学进度和方法，没有充分考虑学生之间的个体差异。对于一些基础较好的学生来说，复习的内容可能过于简单，不能激发他们的学习兴趣，无法满足他们的

学习需求；而对于基础薄弱的学生，复习的进度可能过快，他们难以跟上教师的步伐，不会的知识仍然没有学会，导致复习效果不佳。例如，在复习“立体图形的表面积”时，对于已经熟练掌握计算方法的学生，教师没有提供更高层次的练习或拓展知识，而对那些计算公式掌握不牢、计算结果容易出错的学生，也没有给予足够的辅导和帮助。

（四）评价方式不够科学

在复习课的评价中，部分教师过于注重学生的练习和测试成绩，而忽视了对学生学习过程和学习方法的评价，不利于学生的全面发展。例如，在进行“圆的整理和复习”时，教师只关注学生对圆的认识和圆周长、面积计算的掌握情况，忽视对学生课前整理思维导图、课上小组合作交流和展示汇报情况的评价。

三、提高小学数学中高年级复习课效果的有效策略

（一）构建知识网络

教师应引导学生将零散的知识点串联起来，做到点串成线、线连成面、面组成体，从而构建起完整的知识框架。例如，在复习“四则运算”这一部分时，既要复习加、减、乘、除四则运算的意义，又要沟通四则运算之间的关联，还要找到四则运算基于计数单位的一致性，这样才能让学生对于运算有一个整体的认识，这样才能感悟到运算的本质。同时，还可以将加法、减法、乘法、除法等运算方法与实际生活中的情境相结合，让学生明白不同运算方法之间的内在联系和适用场景。另外，还可以通过绘制知识结构图的方式，帮助学生直观地看到知识之间的关联，加深对知识体系的理解。

（二）多样化的复习方法

复习课应采用多样化的教学方法，激发学生的学习兴趣和主动性。除了传统的讲授法、知识梳理法、对比分析法、一题多解法，还可以运用以下方法：

1. 小组合作复习。将学生分成 4—6 人小组，让他们围绕某一复习主题进行讨论和探究。例如，在复习“立体图形的特征”时，每个小组可以选择一种图形，从面、棱、顶点、表面积和体积等方面进行深入研究，然后派代表向全班展示研究成果。这种方法能够培养学生的创新能力、合作意识和交流能力，同时也能让不同层次的学生在小组内获得成功的体验，得到个性化的指导和帮助。

2. 游戏化复习。设计一些有趣的数学游戏，将复习内容融入其中。如“问题

接龙”游戏，针对某一复习内容，教师给出一个数学问题，学生需要迅速回答并提出下一个问题，以此类推。这种游戏不仅能让学生主动回顾、思考要复习的知识，激发积极性，还能提高学生的反应速度和思维敏捷性。学生在轻松愉悦的复习氛围中，真正做到了玩中学、学中玩。

3. 探究式复习。鼓励学生提出问题，自主探究。例如，在复习“数据的收集和整理”时，可以让学生自己设计一个调查问卷，收集班级同学的兴趣爱好、身高体重等信息，然后进行整理和分析，从而为班级活动提供必要的参考。这种探究式学习能够培养学生的创新精神和实践能力，让他们在解决问题的过程中巩固和应用所学知识，体会数学的应用价值。

（三）分层教学，关注个体差异

教师应根据学生的实际情况实施分层教学，让不同的人在数学上获得不同的发展。可以将学生按照学习能力、知识掌握程度等因素分成不同的层次，为每个层次的学生制订相应的复习目标和学习任务。例如，对于基础较好的学生，可以提供一些拓展性、挑战性的练习题，如合适等级的奥数题、数学思维综合训练题等，激发他们的学习兴趣，培养数学思维和创新能力；对于基础薄弱的学生，则要重点巩固基础知识，通过基础练习、个别辅导等方式，帮助他们获得成功的愉悦感，建立学好数学的信心，逐步提高学习成绩。同时，教师还要及时了解学生的学习动态，根据学生的表现和需求，灵活调整分层标准和教学策略，确保每个学生都能在复习课上获得有效的学习和进步。

（四）加强反馈评价

1. 多元化评价。教师要采用多元化的评价方式，如课堂表现评价、作业评价、考试评价等，全面、客观地评价学生的学习情况。

2. 及时反馈。教师要及时对学生的学习情况进行反馈，让学生了解自己的学习成果和不足之处，以便及时调整学习策略。

总之，小学数学中高年级的复习课是教学过程中的重要环节，它对于学生巩固知识、查漏补缺、提升核心素养具有不可替代的作用。作为教师，我们应充分认识到复习课的重要性，找到复习课中存在的问题，针对问题不断探索和优化教学策略，以提高复习课的效率和质量，助力学生在数学学习的道路上更稳健地前行。

小学数学教学课例

课例1　建立概念联系，发展抽象思维

——“因数和倍数的整理和复习”教学实践

课例名片

年级：五年级（下）

设计者：葛海燕（保定市顺平县逸夫小学）

执教者：葛海燕

指导教师：于二威（保定市顺平县教育和体育局教研室）

于彦敏（保定市顺平县逸夫小学）

课前思考

《义务教育数学课程标准（2022 年版）》课程内容部分第三学段关于“数与运算”的教学提示指出：数的认识教学要引导学生根据数的意义，用列举、计算、归纳等方法，探索 2、3、5 的倍数的特征，理解公因数和公倍数、奇数和偶数、质数和合数，形成推理意识。

“因数和倍数”的知识作为数论知识的初步，一直是小学《数学》教材的重要内容。这部分内容中概念比较抽象，且概念间的联系非常紧密。因此，深刻理解概念本质，厘清概念之间的关系，对于后续知识的学习和学生数学思维的发展起着至关重要的作用。本节课首先通过创设“猜测逸夫小学年龄”的情境作为引子，引导学生回顾、梳理本单元的概念，培养学生自主概括能力。接着让学生展示、完善单元结构图，帮助其形成认知结构。最后采用游戏闯关的形式，应用所学知识解决问题，进而发展学生数学应用能力及推理能力。

学习目标

1. 通过归纳整理“因数与倍数”的有关概念，理解并掌握概念间内在的联系，形成认知结构。

2. 通过自主整理知识的过程，形成合作、交流的意识，锻炼归类、辨析、比较、概括的数学思维方式，逐步发展数学抽象能力与推理能力。

3. 在参与数学活动过程中，体验数学学习的乐趣。

学习活动

活动一：创设情境，激趣导入

教师：给你 3 个小提示，你能猜出逸夫小学的年龄吗?

提示 1：它的年龄是个奇数。

提示 2：它的年龄加 1 就是 5 的倍数。

提示 3：它的年龄比 30 的最大因数小，比 20 的最小倍数大。

学生：我们学校的年龄是 29 岁。

教师：说说你是怎么想的?

学生：我从提示 3 入手，30 的最大因数是 30，20 的最小倍数是 20，推导出这个数在 20—30 之间；根据提示 1 可知个位上是 1、3、5、7、9；根据提示 2 可知这个数的个位只能是 9，最后确定是 29 岁。

教师：同学们，刚才大家利用因数和倍数的知识猜出了学校的年龄。今天我们就对“因数和倍数”这一单元进行整理和复习。(板书课题。)

设计意图：学生运用推理得出学校年龄，这一活动激发了学习兴趣，激活了思维，引出了本单元要整理和复习的内容。

活动二：概念梳理，创建结构图

1. 根据算式，唤醒旧知。

课件出示算式：60÷5＝12

教师：看到这个除法算式，你想起了本单元的哪些知识呢?

学生：60 是 5 和 12 的倍数。5 和 12 是 60 的因数。

学生：60 和 12 是偶数，5 是奇数。

学生：5 是质数，60 和 12 是合数。

(板书：因数、倍数、奇数、偶数、质数、合数。)

2. 作品展示，分享成果。

教师：课前老师让大家整理了本单元知识点，请同学们上台分享自己的作品。

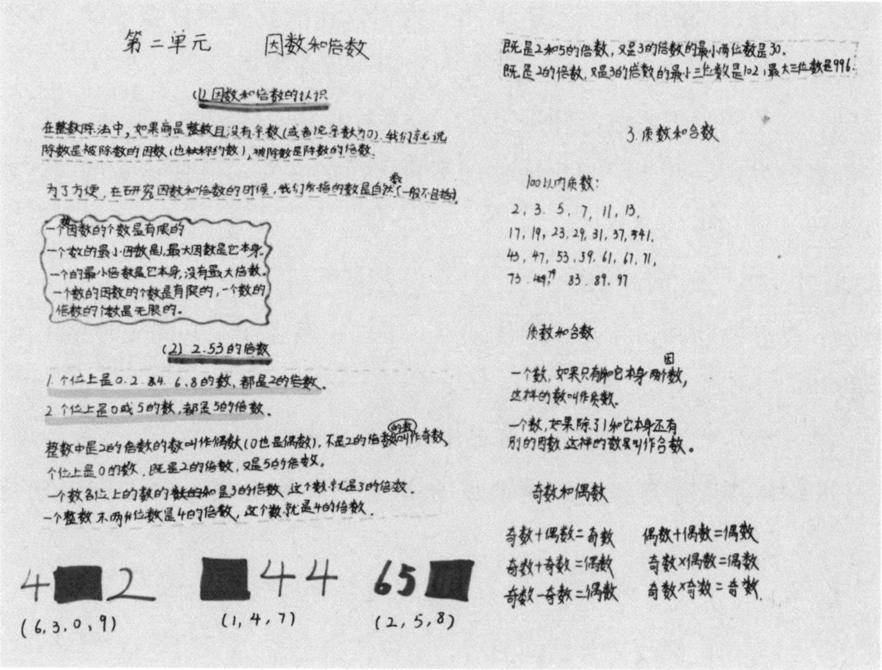

学生：我整理了因数、倍数的定义和特征；2、3、5 的倍数的特征；奇数、偶数、质数、合数的概念；两数和与积的奇偶性；还有一些易错题。

教师：这位同学不仅梳理了整个单元的知识点，还收集了一些易错题。如果能结合具体的例子，对这些概念加以说明会更好。如：2×3=6，我们就说 2 和 3 是 6 的因数；6 是 2 和 3 的倍数。

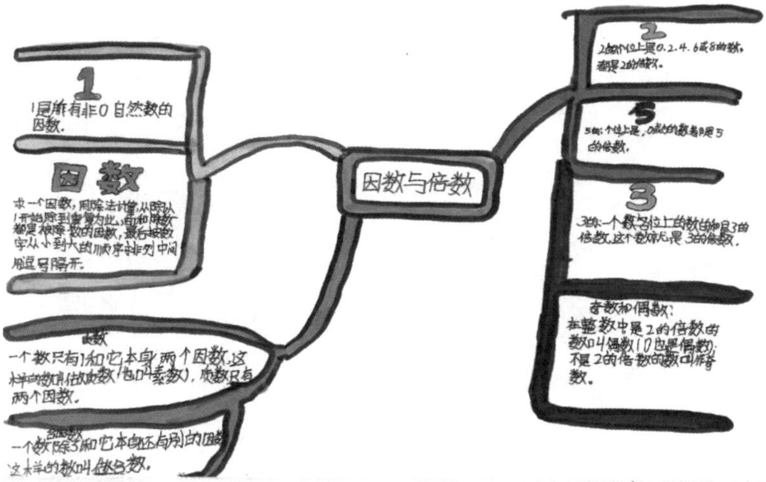

学生：我是用画图的方法把本单元分为因数和倍数两部分整理的。我把和因数相关的知识整理在左边，和倍数相关的知识整理在右边。

教师：这位同学把零散的知识进行了分类，找到了知识间的联系。

仔细观察发现，图中只醒目地整理了找因数的方法，那找倍数的方法呢？整理时我们要注意知识的完整性。

3. 小组合作，完善结构图。

教师：结合刚才两份作品中的优缺点，下面小组合作，共同完善结构图。

课件出示小组合作要求：

A. 想一想：黑板上知识点之间有什么样的联系？

B. 串一串：请你用线条、箭头或者其他方式把这些知识点有条理地串在一起。

C. 写一写：请从数的定义、特征、联系等方面完善结构图。

学生分组合作，修改完善结构图后，全班汇报交流。

教师：每个小组都完善了自己的结构图，请小组代表展示分享。

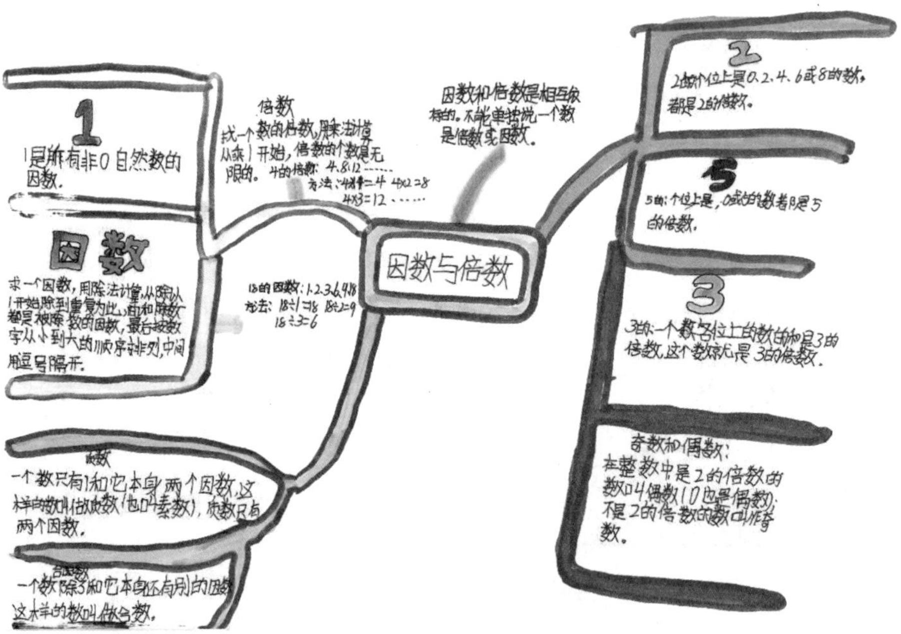

学生：我们小组补充了因数、倍数是相互依存的，还分别举例补充了找因数、倍数的方法。

教师：你们小组不仅发现了问题，还及时进行了修正和完善。

学生：我觉得他们还可以补充一些错题。

教师：这个建议很好。

教师：本单元的知识是在什么范围内研究的?

学生：自然数范围内。

教师：包括“0”吗?

学生：不包括。(板书：非 0 自然数。)

教师：通过刚才的交流，同学们对本单元的知识有了更深刻的认识，下面请各小组再次改进结构图，使它更加完善。

学生修改完善结构图后，再次展示分享。

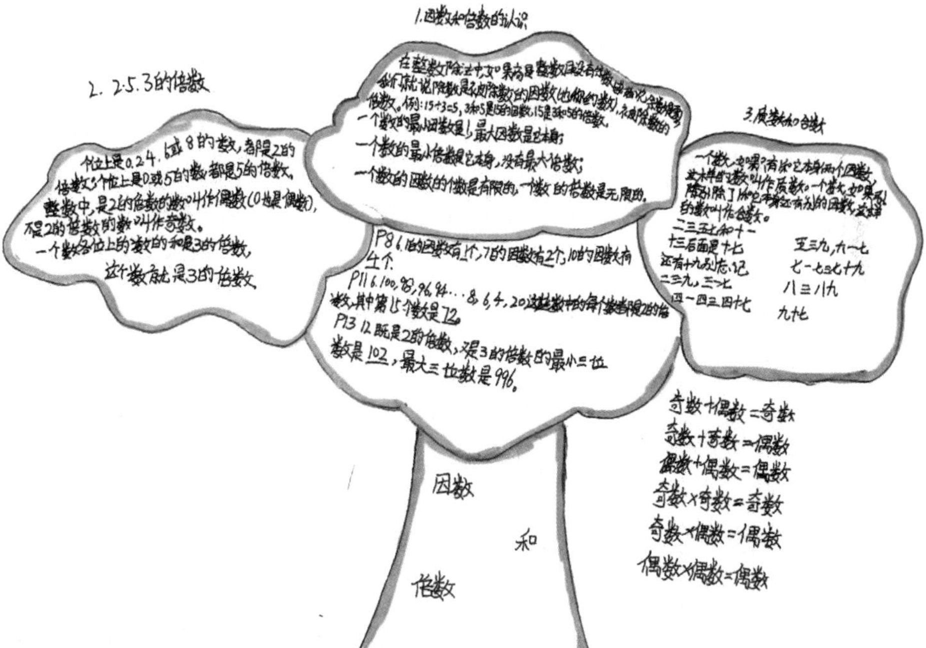

教师：你认为这些结构图对你的学习有哪些帮助?

学生：从结构图中不仅能看出各个概念，还能看出它们之间有联系。

学生：经过修改结构图，我对这些知识的联系更清楚了。

学生：通过整理结构图，我学会了清晰简洁地整理知识的方法。

学生：从结构图中，我还注意到本单元的易错题。

教师：通过合作，我们把本单元的知识整理成了一个有条理的结构图，它就像一棵树。知识的形成就和树的生长一样，我们不断地学习，就是在给大树添枝加叶，从而让它变得枝繁叶茂。我们后面即将学习的最大公因数和最小公倍数都可以放到这个结构图中。

教师：对于概念较多、有密切联系的知识，可以像这样整理出知识结构图。在以后的学习中，同学们也可以运用这种方法来整理学过的知识。

设计意图：将整理知识的主动权交给学生，使其在合作中形成知识互补；在交流中自我反思、自我修正。这样一来，不但可以使学生学会整理的方法，还能够加深他们对知识的理解和内化，沟通知识间的联系。

活动三：综合应用，提升能力

1. 游戏闯关：写一写。

快速写出 12 的因数、4 的倍数，并想想怎样做到速度快又不重不漏。

学生独立完成后，指名汇报。

学生：12 的因数有 1、12、3、4、2、6。成对写，速度快。

学生：12 的因数有 1、2、3、4、6、12。按从小到大的顺序写，不重不漏。

学生：4 的倍数有 4、8、12……我是从 4 的 1 倍开始，有序列举的，4 的倍数的个数是无限的。

2. 游戏闯关：说一说。

对于“1、2、3、4、5、6、9、10”这几个数字朋友，你能从不同的角度来进行说明和介绍吗?

学生：我看到 2、3、6，想到 $2\times3=6$，2 和 3 是 6 的因数，6 是 2 和 3 的倍数。

学生：因为 $10\div2=5$，所以 2 和 5 是 10 的因数，10 是 2 和 5 的倍数。

教师：因数和倍数是相互依存的。

学生：我按照奇数和偶数，把这几个数分成两类。奇数有 1、3、5、9，偶数有 2、4、6、10。

学生：我按照质数与合数把它们进行了分类。质数有 2、3、5，合数有 4、6、9、10。

教师：“1”放在哪一类呢？

学生：“1”既不是质数也不是合数。

学生：我是从倍数关系思考的。2 的倍数有 2、4、6、10，5 的倍数有 5、10，10 既是 2 的倍数也是 5 的倍数。3 的倍数有 3、6、9。

学生：根据 1＋2＝3、1＋3＝4、2＋4＝6，我发现：奇数＋偶数＝奇数、奇数＋奇数＝偶数、偶数＋偶数＝偶数。

学生：根据 2×3＝6、2×2＝4、1×9＝9，我发现：偶数×奇数＝偶数、偶数×偶数＝偶数、奇数×奇数＝奇数。

教师：同学们能够利用本单元学过的知识重新认识这些自然数，按照不同的概念找到相对应的数，学以致用，真不错。请同学们再仔细观察，看看还有哪些数反复出现了。

学生：我觉得 10 出现了好几次。它既是偶数，又是合数，同时也是 2 和 5 的倍数。

学生：我发现 2 比较特殊。它是偶数，也是质数。

教师：根据因数个数的不同情况产生了质数和合数，认识了倍数后又可以找 2、3、5 的倍数的特征。看来知识之间是存在着联系的。

3. 游戏闯关：判一判。

（1）一个数的倍数一定比它的因数大。 （ ）

（2）所有的偶数都是合数。 （ ）

（3）在 1、2、3、4、5……中，除了质数以外都是合数。 （ ）

（4）两个质数的和是偶数。 （ ）

（5）一天晚上淘气在家做作业，突然停电了，他连续按了 15 次开关，说：“等电再来的时候灯就会亮。” （ ）

学生独立完成后，全班汇报。

学生：第 1 题错。因为 1 的最小倍数是 1，最大因数也是 1。

学生：第 2 题错。因为 2 虽然是偶数，但它不是合数。

学生：第 3 题错。1 既不是质数也不是合数。

学生：第 4 题错。2 和 5 是两个质数，它们的和却是奇数。

学生：第 5 题错。按一次是关，两次是开，说明奇数次是关，偶数次是开。15 是奇数，说明灯是关着的。

教师：复习中，我们不但要对各个知识点进行巩固，还要学会综合应用所学知识，灵活解决问题。

4. 游戏闯关：译一译。

手机号码：A B C D E F G H I J K

每个字母代表一个数字，请写出这个手机号码。

A—既不是质数也不是合数。

B—5 的最小倍数。

C—9 的最大因数。

D—既是 6 的倍数，又是 6 的因数。

E—最大的个位数。

F—10 以内最大的质数。

G—最小的质数。

H—既是偶数，又是质数。

I—最小的合数与最小的质数之和。

J—既有因数 2 又有因数 5 的数的个位上的数。

K—既是 2 的倍数又是 3 的倍数。

先独立思考完成，再小组交流，最后集体订正。

破译结果：15969722606。

教师：借助因数与倍数的知识帮助我们解决了这个难题，恭喜你们顺利闯关！

教师：同学们，数学知识点就像一粒粒珠子，只有把它们串起来才不容易丢失。今天的数学课，我们就做好了串珠子这件事。从课前的自主整理，到课堂上的合作交流，再到我们一起整理成有条理的结构图，最后大家一起游戏闯关。每位同学都在积极地参与，大家的表现非常优秀！

设计意图：通过形式多样的游戏闯关活动，让学生在分析解答的过程中，提升数学思维能力和语言表达能力。既可以培养学生的数感，还能够让学生沟通本单元知识间的联系，培养学生观察、分析和抽象概括的能力。

课后思考

《义务教育数学课程标准（2022 年版）》指出：数学教学要紧密联系学生的生活实际，要从学生的生活经验和已有的知识点出发。上课开始，就让学生利用因数和倍数的知识猜测逸夫小学的年龄，既回顾了因数和倍数的有关概念，又激发了学生的学习兴趣。让学生感受到数学与实际生活的联系，使其认识到数学来源于生活，服务于生活。

复习是对所学知识的总结和提炼，重在引导学生通过整理沟通知识间的联系，形成知识体系。本节课通过对知识结构图的创建、完善、内化，既梳理了本单元的知识结构，构建了完善的知识体系，又增强了学生的合作意识，让学生学会了整理的方法，体验到了学习的乐趣。

“学练结合”是学习数学的重要方法。在活动中设计了闯关游戏，主要结合知识类型进行了有针对性的综合练习。学生在轻松愉悦的氛围中巩固了所学知识，提高了学习的参与度，在思考和表达中发展了数学的抽象能力与推理能力。

课例 2　沟通关联，感悟运算的一致性

——“数的运算总复习”教学实践

课例名片

年级：六年级（下）

设计者：刘文静（保定市顺平县逸夫小学）

执教者：刘文静

指导教师：于二威（保定市顺平县教育和体育局教研室）

课前思考

《义务教育数学课程标准（2022 年版）》指出，核心素养具有整体性、一致性和阶段性，在不同阶段具有不同表现。史宁中教授也指出，如何体现数学的一致性，对于数学来说是一件最重要的事情。新课程标准将“数与代数”整合成“数与运算”和“数量关系”两个主题，目的就是让学生感受数与运算的一致性。

六年级下册“数的运算”总复习，是在学完了小学阶段所有数的运算，并且复习了数的认识之后进行的。目的就是梳理四则运算之间的关系，通过整理和复习整数、小数、分数的计算方法，在算理上进一步感悟计数单位在运算中的作用，感悟运算的一致性。

在六年的数学学习中，学生几乎每天都在和数打交道，在利用数的运算解决生活问题。对于四则运算的意义，学生也许不能准确表述，但基本能做到在具体情境中合理运用。本节课我们就是要唤醒学生已有的学习方法与认知经验，把碎片化的知识点串联起来，沟通四则运算之间的关联，体现计数单位的重要作用，从而帮助学生构建完整的认知体系。所以怎样寻找所学数学知识之间的连接点，把这些知识点进行梳理、分类、整合，使知识呈现出整体的结构和体系，达到帮助学生完成知识建构的目的，是本节课教学的重点所在。在课堂中，教师给学生

一个“工具”，学生就会用它建起一个“结构”，并获得将“结构”筑牢、扩大的能力，由此就能不断体会数学学习的快乐，核心素养也会在此过程中自然形成。

学习目标

1. 通过计算和比较，进一步理解和掌握四则运算的意义和四则运算之间的关系。

2. 通过整理和复习整数、小数、分数的运算方法，感悟计数单位在运算中的作用以及运算的一致性。

3. 在自主归纳和小组交流中，培养运算能力和推理意识，提高学生数学学习的兴趣。

学习活动

活动一：回顾交流，重温四则运算的计算方法

1. 师生对话，揭示本节课要复习的内容。

教师：同学们，上节课我们复习了数的意义，数与运算密不可分，今天我们就来进行“数的运算”总复习。（教师板书课题。）

教师：看到这个标题，你想到了哪些数的哪些运算？

学生：我想到了加减乘除四种运算。

教师：能再具体些吗？

学生：我想到了整数加法、整数减法、整数乘法、整数除法。

学生：我想到了分数的加法、减法、乘法、除法。

学生：还有小数的加减乘除。

教师根据学生的回答板书如下：

“数的运算”总复习

分数

小数

整数

＋ － × ÷

2. 教师挑选算式，学生计算交流方法。

教师：这么多的运算还记得怎么算吗？（出示算式图片。）

分数	$\frac{1}{3}+\frac{2}{5}=$	$\frac{11}{15}-\frac{2}{5}=$	$\frac{2}{3}\times\frac{4}{5}=$	$\frac{8}{15}\div\frac{4}{5}=$
小数	1.2＋3.45＝ 1.2 ＋3.45	4.65－3.45＝ 4.65 －3.45	1.6×0.2＝ 1.6 ×0.2	0.32÷0.2＝ 0.2)0.32
整数	16＋16＝ 16 ＋16	32－16＝ 32 －16	16×2＝ 16 × 2	32÷2＝ 2)32

教师：老师从中挑选了几道题，四人一小组，每人选一题，先计算再互相说说计算方法。

16＋16＝　　　　$\frac{11}{15}-\frac{2}{5}=$　　　　1.6×0.2＝　　　　$\frac{8}{15}\div\frac{4}{5}=$

学生分小组讨论交流。

教师：有请一个小组来给我们按顺序分享。

学生：我选择的是16＋16＝32，先算个位6＋6＝12，个位写2，向十位进1，再算十位，1加1再加进位的1等于3，所以得32。计算整数加法需要做到相同数位对齐，从个位算起，满十向前一位进1。

教师：整数加法是这样，那小数加法呢？

学生：小数加法要做到小数点对齐，从低位算起，满十向十位进1。

学生：我选择的是$\frac{11}{15}-\frac{2}{5}=\frac{1}{3}$，先通分$\frac{2}{5}=\frac{6}{15}$，然后分母不变，只把分子相减，$\frac{11}{15}-\frac{6}{15}$等于$\frac{5}{15}$，注意最后一定要化成最简分数$\frac{1}{3}$。

教师：他提醒我们，最后结果一定要记得化简，真好。

学生：我选择的是1.6×0.2＝0.32，先算16×2＝32，再从右边数出两位点上小数点变成0.32。计算小数乘法先按整数乘法去乘，再看因数中一共有几位小数，就从积的右边起数出几位，点上小数点。

教师：计算方法总结得真完整！

学生：我选择的是$\frac{8}{15}\div\frac{4}{5}=\frac{2}{3}$，计算方法是先乘除数的倒数，再分子乘分子，分母乘分母，要注意最后结果是最简分数。

教师：能约分的可以先约分再乘会更简便！

设计意图：上课伊始，师生对话唤醒学生已有的认知，揭示复习内容。教师挑选的四道题为学生提供了一定的学习支架，把三类数的四种运算都包括在其中了，让学生根据自身情况选择算式并计算，给了不同层次学生自由选择的机会。用具体的算式作为依托，学生更容易把计算方法表述清楚。最后通过分享交流来总结分数、小数、整数四则运算的计算方法和注意事项。

活动二：小组探究，寻找不同运算之间的关系

1. 自主选择学习单上算式，小组内交流。

教师：看来，计算方法同学们掌握得很好。每种运算都有自己的算法，各种算法之间是有联系的。比如，不同运算之间、相同运算之间。它们有着怎样的联系呢？今天我们就一起来研究。

研究要求：选一组算式，可以观察，也可以计算，想想它们之间有什么联系。在学习单上写一写，写好之后在小组内交流你们的想法。

学生自主选择，完成后交流。(教师巡视，选取典型作品。)

2. 集体交流，明确四则运算间的关系。

教师：不同的人有不同的想法，我们一起来看。

交流展示学生作品，学生讲解自己的想法。

学生：我选择的是整数加法和整数减法，16＋16＝32 和 32－16＝16，通过这两个算式可以看出，减法是加法的逆运算。

教师：整数是这样，小数和分数呢？

学生：小数、分数和整数是一样的。

(教师板书：减法是加法的逆运算。)

学生：我选择的是 1.6×0.2＝0.32 和 0.32÷0.2＝1.6，通过这两个算式可以得出“除法是乘法的逆运算”，而且整数和分数也都是这样。

（教师板书：除法是乘法的逆运算。）

学生：我选择的是整数的四个算式，我的结论除了“减法是加法的逆运算，除法是乘法的逆运算”之外，还有“乘法是加法的简便运算”，16×2 就是 16+16 的简便写法，乘法就是求相同加数和的一种简便运算。

学生：我来补充“分数和小数也是一样的”。

教师：乘法是同数连加的简便运算。（教师板书：同数连加。）那除法和减法有没有关系呢？

学生：我认为除法也是连减的简便运算，减去的是相同的数。例如：32÷2 可以理解为“32 里面有多少个 2”，也就是从 32 里连续减去 2，减多少次得 0。

教师：说得真好，有理有据，论证充分。（学生鼓掌。）分数和小数同样具有这样的联系，除法就是连减同数的简便运算。（教师板书：连减同数。）

教师：同学们，通过刚才的交流我们发现了这四种运算之间的联系，你觉得这四种运算中哪种是最基础的运算呢？

学生：我认为是加法，因为减法和乘法都由它而来。

学生：我认为是加减法，因为乘除法是它们的简算。

教师：正因为这样，我们才把加减法称为“一级运算”，乘除法称为“二级运算”。（教师板书：一级运算、二级运算。）

设计意图：继续发挥学生的自主性，自由从学习单中选择并探究不同运算之间的关系，学生以算式为依托更容易发现和表述运算之间的关系，由个例推及一般，总结出：减法是加法的逆运算，除法是乘法的逆运算，乘法是同数相加的简便运算，除法是减去同数的简便运算，乘除法是比加减法更高一级的运算。从而沟通了四则运算之间的联系，建立了完整的知识体系。

活动三：任务驱动，探究相同运算之间的关系

1. 探究加减法与计数单位的关系。

教师：有人横向比较，就有人纵向观察，我们继续交流自己的发现。

学生：我选择的是 16+16 和 1.2+3.45，整数加法和小数加法都是相同数位对齐，从低位算起。

教师：同学们有没有想过我们为什么要相同数位对齐呢？相同数位为什么可以直接相加呢？

学生：相同数位的计数单位是一样的，计数单位一样了就可以把个数直接相加了。

教师：说得太好啦！只有计数单位相同才能把个数相加。那分数又怎么理解呢？跟计数单位有关系吗？

学生：分数的计数单位就是分数单位，计算异分母分数加减法通分的目的就是要统一分数单位，相同分数单位才可以把个数直接相加。

教师：说得清楚又明白，原来我们的相同数位对齐、小数点对齐、通分都是为了让“计算单位”一样啊！（教师板书：计数单位。）那加法的计算方法就可以表述为“相同计数单位的个数相加”。以此类推，减法呢？

学生：减法就是相同计数单位的个数相减。

教师：加减法就是相同计数单位的个数相加减。

（教师板书：相同计数单位的个数相加减。）

2. 探究乘除法与计数单位的关系。

教师：还有同学研究了乘法和除法，咱们一起来交流。

学生：我发现小数乘法和除法都是先转换成整数再计算。

学生：分数除法需要利用倒数的知识，转化为分数乘法才能计算。

教师：同学们，小数除法和整数除法可以转化为乘法计算吗？选个算式试一试吧！

学生：老师我算了，小数可以，$0.32\div0.2=0.32\times5=1.6$。

学生：整数也可以，$32\div2=32\times\frac{1}{2}=16$。

教师：今天我们发现了分数除法的计算方法同样适用于整数和小数，真是意外的收获啊！那它们与计数单位有关系吗？（学生思考，表示没有头绪。）下面我们就从计数单位的角度来研究研究。请同学们填写学习单，完成之后小组交流。

$\frac{2}{3}\times\frac{4}{5}$　$\frac{2}{3}$……（2）个（$\frac{1}{3}$）	$\frac{8}{15}\div\frac{4}{5}$　$\frac{8}{15}$……（8）个（$\frac{1}{15}$）
$=\frac{2\times4}{3\times5}$　$\frac{4}{5}$……（　）个（　）	$=\frac{8}{15}\times\frac{4}{5}$　$\frac{4}{5}$……（　）个（　）
$=\frac{8}{15}$　$\frac{8}{15}$……（　）个（　）	$=\frac{2}{3}$　$\frac{2}{3}$……（　）个（　）

1.6×0.2=0.32 　1.6　……（ 16 ）个（ 0.1 ） × 0.2　……（　 ）个（　 ） 0.32　……（　 ）个（　 ）	0.32÷0.2=1.6 $\begin{array}{r} 1.6 \\ 0.2\overline{)0.32} \\ \underline{2} \\ 12 \\ \underline{12} \\ 0 \end{array}$ 0.32……（ 32 ）个（0.01） 0.2 ……（　 ）个（　 ） 1.6 ……（　 ）个（　 ）
16×2=32 　16　……（ 16 ）个（ 一 ） × 2　……（　 ）个（　 ） 32　……（　 ）个（　 ）	32÷2=16 $\begin{array}{r} 16 \\ 2\overline{)32} \\ \underline{2} \\ 12 \\ \underline{12} \\ 0 \end{array}$ 32……（ 32 ）个（ 一 ） 2……（　 ）个（　 ） 16……（　 ）个（　 ）

教师：请一组同学来跟大家分享你们的研究成果。

学生：$\frac{2}{3}\times\frac{4}{5}=\frac{8}{15}$，$\frac{2}{3}$是 2 个$\frac{1}{3}$，$\frac{4}{5}$是 4 个$\frac{1}{5}$，$\frac{8}{15}$是 8 个$\frac{1}{15}$，$2\times4=8$，$\frac{1}{3}\times\frac{1}{5}=\frac{1}{15}$，我发现分数乘法是分数单位的个数乘个数，分数单位乘分数单位得到新的计数单位。

学生：$1.6\times0.2=0.32$，1.6 是 16 个 0.1，0.2 是 2 个 0.1，0.32 是 32 个 0.01，$16\times2=32$，$0.1\times0.1=0.01$，我发现小数乘法是计数单位的个数乘个数，计数单位乘计数单位得到新的计数单位。

学生：$16\times2=32$，16 是 16 个一，2 是 2 个一，32 是 32 个一，$16\times2=32$，$1\times1=1$，我发现整数乘法也是计数单位的个数乘个数，计数单位乘计数单位得到新的计数单位。

学生：所以，我们组认为乘法都是计数单位的个数乘个数，计数单位乘计数单位得到新的计数单位。

教师：分工明确，总结到位。哪一组来汇报一下除法？

学生：$\frac{8}{15}\div\frac{4}{5}=\frac{2}{3}$，$\frac{8}{15}$是 8 个$\frac{1}{15}$，$\frac{4}{5}$是 4 个$\frac{1}{5}$，$\frac{2}{3}$是 2 个$\frac{1}{3}$。$8\div4=2$，$\frac{1}{15}\div\frac{1}{5}=\frac{1}{3}$。我发现分数除法是分数单位的个数除以个数，分数单位除以分数单位得

到新的计数单位。

学生：0.32÷0.2=1.6。0.32 是 32 个 0.01，0.2 是 2 个 0.1，32÷2=16，0.01÷0.1=0.1。我发现小数除法是计数单位的个数除以个数，计数单位除以计数单位得到新的计数单位。

学生：32÷2=16。32 是 32 个一，2 是 2 个一，16 是 16 个一，32÷2=16，1÷1=1。我发现整数除法也是计数单位的个数除以个数，计数单位除以计数单位得到新的计数单位。

学生：因此，我们组的结论是“除法就是计数单位的个数除以个数，计数单位除以计数单位得到新的计数单位”。

教师：原来乘法和除法就是计数单位的个数和个数相乘除，计数单位与计数单位相乘除啊！（教师板书：个数×（÷）个数计数单位×（÷）计数单位）这节课我们从计数单位的角度找到了相同运算之间的联系，发现了各种各样的算法背后都是有算理支撑的。同学们都有一双善于发现的眼睛和善于思考的头脑，还能清晰地表述出来，真好！

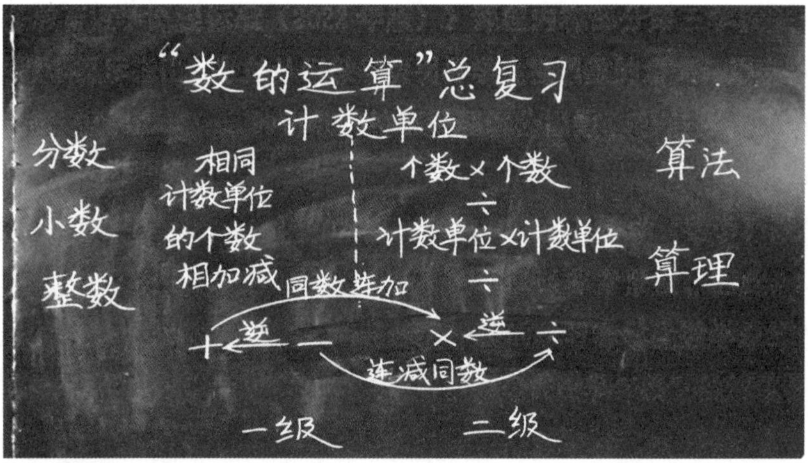

3. 回顾过程，总结升华。

教师：同学们，今天我们进行了“数的运算”的总复习，回顾一下这节课的复习过程。（结合板书回顾。）一开始我们借助算式复习了各种各样的算法，寻找到了它们之间的关系，又从计数单位的角度进行了研究，发现了四则运算就是计数单位的个数在加减乘除。到了初中我们还会学到更多的数，接触更多的运算，它们之间又有怎样的联系？等待着你们去探索去发现。

设计意图：如何凸显计数单位的作用和感悟运算的一致性是本课的重点，也是难点。教师通过问题引领、方法支持、小组合作、全班交流等，使学生在计算思考和分享交流中逐步感受到计数单位的作用。学生在感悟一致性的过程中，体会到了知识的本质联系，学会了用整体的、联系的眼光看问题，感悟到了数学的魅力。

课后思考

本节课是人教版小学数学六年级下册第六单元“整理与复习——数与代数”中“数的运算”第 1 课时的内容。这节课主要复习三个方面的问题，一是四则运算的计算方法，二是四则运算之间的关系，三是四则运算基于计数单位的一致性。重点是沟通联系，构建体系。

首先，寻求内部关联，促进知识系统化。著名教育家乌申斯基有句名言：“智慧不是别的，只是组织得很好的知识体系。”因而，我把复习课的目标定位在“促进知识系统化”方面。教师组织不同形式的教学活动，精心设计问题，通过自主选择、小组合作和分享交流，引导学生反思、梳理、总结四则运算的计算方法和相互间的联系，感悟计算单位在运算中的作用和运算的一致性。使学生平时所学的零碎知识达到了系统化、条理化、清晰化，从而形成完善的知识结构网。

其次，整理知识的过程是培养学生学习能力的良好契机。这节课上，四则运算的计算方法和相互间的联系是通过学生的观察、计算、比较、思考与交流总结出来的，相同运算和不同运算基于计数单位的一致性也是学生在自主探究、交流分享中感悟并总结的。在总结的过程中，培养了学生归纳、整理、分类和综合的能力。

最后，数学思想和方法是数学知识在更高层次上的抽象和概括，它蕴含于数学知识的发生、发展和应用的过程中。这节课四则运算方法的“分”与算理的“合”，四则运算中的转化思想，都是在学生总结的基础上提升出来的，目的是让学生掌握分析问题、解决问题的数学思维方法，以达到数学知识和方法的融会贯通，这样才能提高学生综合运用数学知识和方法解决问题的能力。

课例3 构建知识体系，凸显思维过程

——“圆的整理和复习”教学实践

课例名片

年级：六年级（上）

设计者：于彦敏（保定市顺平县逸夫小学）

执教者：于彦敏

指导教师：于二威（保定市顺平县教育和体育局教研室）

课前思考

“圆的整理和复习”是对六年级上册第五单元“圆”进行整体梳理的复习课。通过本单元新授课的学习，学生虽然掌握了圆的有关知识，但缺乏对这些知识的系统认识，特别是缺乏对不同知识点综合运用的能力。学生在解决综合性问题时，常常感到无从下手，因此很有必要通过复习建构起整体知识体系，把点串成线，把线连成网，以提升学生综合解决问题的能力。以往的复习方法大多先由教师拟出知识结构和提纲，再带领学生进行概念回顾和技能练习。这样的方法虽然条厘清楚，层次分明，但学生始终处于被动学习状态，兴趣不高且耗时低效。如何避免这种现象，使学生真正成为学习的主人，掌握科学的复习方法，在他们头脑中把知识结构建立起来。本节课就是基于落实学生的主体地位，在教师引领下让学生自主建构的教学尝试。

学习目标

1. 经历知识梳理的过程，学习整理方法，提高构建知识体系的能力。

2. 根据所学内容提出数学问题，并在解决问题的过程中沟通知识之间的内在联系，发展提出问题、分析问题和解决问题的能力。

3. 体验数学与生活的密切联系，感受数学文化的魅力，激发民族自豪感。

学习活动

活动一：重现生活情境，再感圆的魅力

上课伊始，通过简洁对话引出复习对象——圆。

教师：同学们，生活中的圆无处不在。瞧，这些地方都有圆。

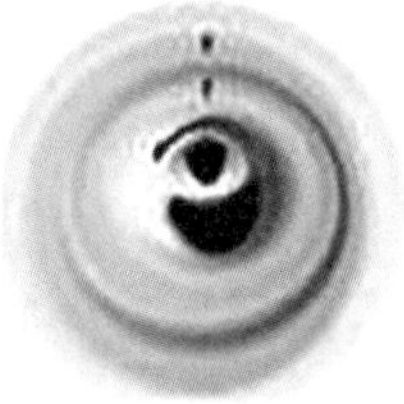

(1)

(2)

(3)

(4)

教师：毕达哥拉斯曾说：“在一切平面图形中，圆是最美的。”看看这些漂亮的图案，它们都是由圆组合而成的。(播放视频。)

教师：这节课，让我们再一次走进圆，去感受圆的美妙。(出示课题并板书：圆的整理和复习。)

设计意图：通过生活中圆的无处不在，以及圆的独有魅力——“在一切平面图形中圆是最美的”，进一步激发学生对圆的探究热情。

活动二：自由表达交流，构建知识体系

1. 自主回顾，一语概括圆的特征。

教师：我们学习了关于圆的哪些知识?

学生自由回答，结合学生的回答，共同回顾有关圆的知识点。

(板书：圆的认识、圆的周长、圆的面积、扇形的面积。)

教师：关于圆的特征，你有哪些认识?

学生：我知道了圆心、半径、直径的定义及字母表示。

学生：我知道了同圆或等圆中半径与直径的数量以及两者之间的关系。

(教师板书：圆心、半径、直径等。)

教师：在古代著作《墨经》中对于“圆”有一个定义，是怎么说的?

学生：在古代著作《墨经》中记载——圆，一中同长也。

教师：谁来说一说对这句话的理解?“一中”“同长”分别是什么意思?

学生：“一中”指的是一个圆只有一个圆心，“同长”指的是从圆心到圆上任意一点的距离都相等，也就是圆的半径都相等。

教师：我们的先辈真了不起，很久以前就总结得这么精确。

设计意图：通过对圆的特征的回顾，学生自主梳理知识要点；通过对古语的重温，感受数学文化的博大精深。

2. 问题引导，回顾公式及公式推导过程。

(1) 复习圆的周长。

教师：圆的周长公式是什么？是怎样推导出来的?

学生：圆周长公式为 $C=\pi d$ (板书展示。)

学生：圆周长公式的推导是通过先猜测，再验证，讨论交流后总结出来的。

教师：谁来说一说具体过程?

学生：因为直径（或半径）决定圆的大小，所以猜测到周长可能与直径之间存在倍数关系，又通过绳绕法或滚动法计算出周长是直径的 3 倍多，然后结合前人研究成果知道周长与直径的比值是一个固定的数值，叫作圆周率，用字母 π 表示，它是一个无限不循环小数，为计算方便一般取近似值 3.14。

教师：在用绳绕法或滚动法得到圆周长的过程中，用到了什么数学思想方法?

学生：化曲为直。（板书展示。）

$C=\pi d$ 猜测→计算

方法一：绳绕法 方法二：滚动法

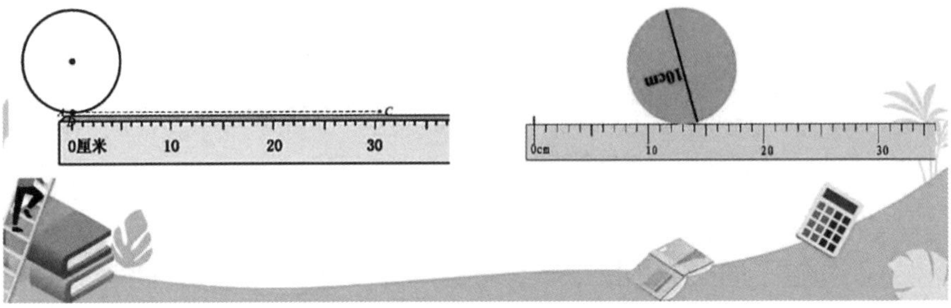

教师：谁能说说圆周率发现、发展的历程？

学生：约2000年前，中国古代数学著作《周髀算经》中就有“周三径一”的说法，意思是说圆的周长约是它直径的3倍；约1500年前，中国伟大的数学家和天文学家祖冲之将圆周率推算到小数点后七位；现在利用计算机算出圆周率小数点后超过万亿位。

教师：随着科技发展，我们对圆周率的研究越来越精确，你能仿照古人的说法用简洁的词语准确概括一下圆周长和直径的关系吗？

学生：周 π 径一。也就是圆的周长是直径的 π 倍。

教师：概括得真准确！掌声送给你！

（2）复习圆的面积。

教师：圆的面积公式是什么？是怎样推导出来的？

①学生：圆面积公式是：$S=\pi r^2$。（板书展示。）公式的推导过程是将圆沿半径平均分成若干等份，剪开后，用这些近似的小等腰三角形拼成一个近似长方形。通过观察发现长方形与圆面积相等，长方形的长等于圆周长的一半，宽等于半径，因为长方形面积＝长×宽，所以圆的面积＝圆周长的一半×半径，从而得到圆面积公式 $S=\pi r^2$。

教师：我国古代数学专著《九章算术》中记载“半周半径相乘得积步”，怎样理解这句话呢？

学生：“半周”指圆周长的一半，也就是 πr，“半径”指 r，“积步”指圆的面积，意思是说两者相乘就能求出圆的面积，也就是我们现在使用的圆的面积公式。

教师：在推导圆的面积公式的过程中，用到了什么数学思想方法？

学生：化圆为方。（板书展示。）

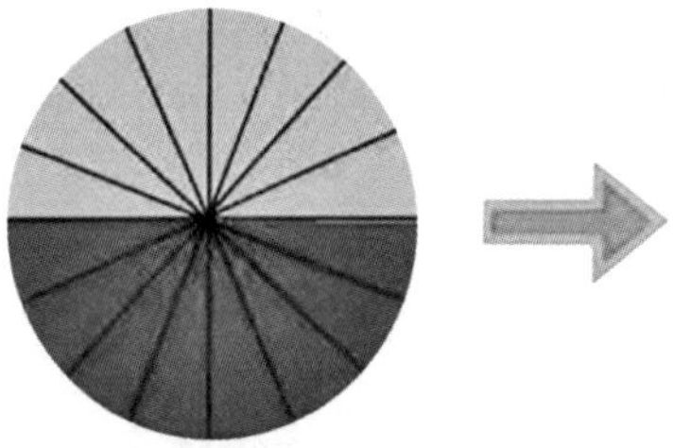

（1）

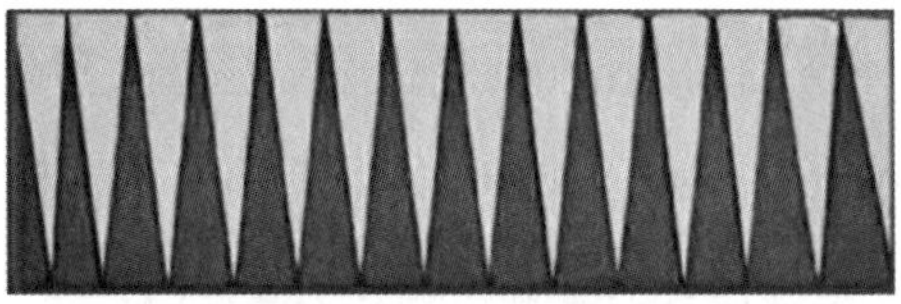

（2）

教师：将圆与剪拼成的长方形对比，有哪些“变与不变”？

学生：剪拼前后面积没变，周长变了。长方形周长与圆周长对比，多了两条半径的长。

教师：你的发现真是了不起！这个发现将会帮助我们解决更多的数学问题。

设计意图：通过教师的步步引导，帮助学生自主构建知识体系。在此过程中，感受数学思想方法的重要性。

活动三：完成典型任务，在运用中融会贯通

1. 沟通知识关联。

教师：如果想解决圆的问题，需要提供什么条件？

学生：半径、直径、周长、面积……

教师：已知圆的直径是 4 厘米，你能解决哪些问题？

学生：能求出圆的半径。

$4\div2=2$（厘米）

学生：能求出圆的周长。

$3.14\times4=12.56$（厘米）

学生：能求出圆的面积。

$3.14\times2^2=12.56$（平方厘米）

教师：那可以说直径为 2 厘米的圆的周长和面积相等吗？为什么？

学生：不可以这样说。因为意义不同，无法比较。

学生：我还能求出圆的一部分，扇形的周长和面积。例如：圆心角是 90 度的扇形周长是 $3.14\times4\div4+2\times2=7.14$（厘米），面积是 $3.14\times2^2\div4=3.14$（平方厘米）

教师：同理，我们也能通过圆的周长求出半径，进而解决更多的数学问题，比如直径的长、圆的面积、扇形的面积等。

教师：如果知道圆的面积能解决哪些问题呢？

学生：扇形的面积，圆中方或者方中圆的面积……

设计意图：教师利用开放性问题“解决圆的问题，需要提供什么条件？”，启发学生思考。从而明确提供的条件不同，选择的方法和思路虽有所区别，但是知识之间的内在联系却是不变的，掌握知识结构和内在联系才是解决问题的关键。

2. 研究圆和圆的关系。

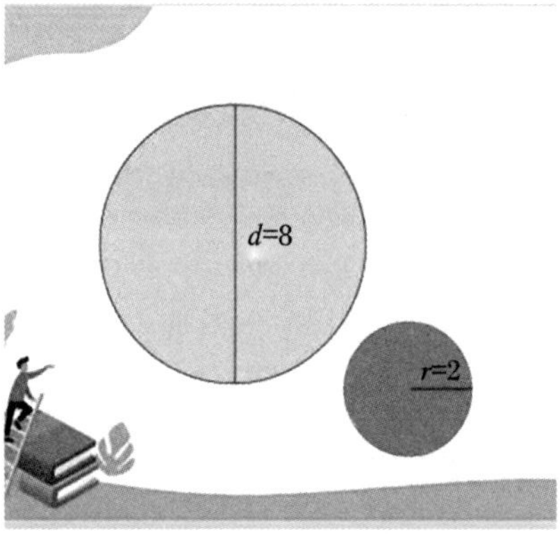

（1）大圆与小圆的半径比、直径比、周长比、面积比分别是多少？

学生：先求出大圆的半径是 4，所以大圆与小圆的半径之比是 4∶2，化成最简整数比是 2∶1，直径比是 2∶1，周长比同样是 2∶1，面积比是 4∶1。

教师：通过观察你发现了什么？

学生：半径比、直径比、周长比是相同的，面积比不同。

教师：你知道原因吗？

学生：直径比是把半径比的前项和后项分别乘 2，周长比是把半径比的前项和后项分别乘 2π，所以化简后和半径比相同。面积比是把半径比的前后项分别乘

了 πr，r 是变化的量，所以化简后与半径比不同。

（2）当小圆移动到大圆内部时，是怎样的情形？尝试画一画，那些比值会发生变化吗？

学生：有可能是以下情形，小圆从圆外变化到圆内，虽然位置发生了变化，但是比值不会发生变化。

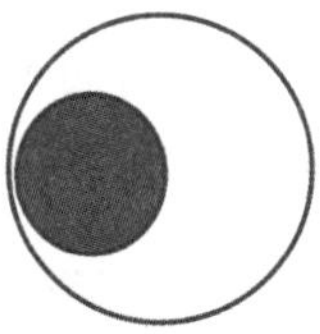
（1）

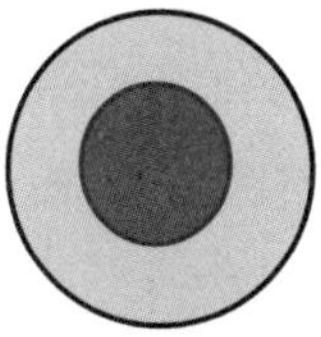
（2）

跟踪练：如右图，小圆与大圆的半径之比为 1∶2，小圆的面积为 S 平方分米，则阴影部分的面积为（　　）平方分米。

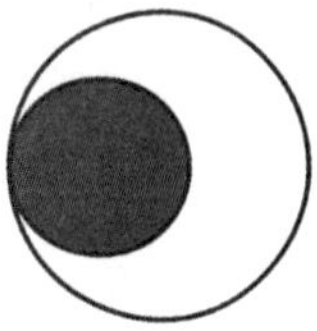

A. 2S　　B. 3S　　C. 4S

学生独立完成后汇报。

教师：谁来说说你的想法？

学生：根据小圆与大圆的半径之比为 1∶2，可以推出小圆与大圆的面积之比是 1∶4，小圆的面积为 S 平方分米，那么大圆的面积就是 4S 平方分米，阴影部分的面积就是用大圆的面积减去小圆的面积，也就是 4S－S＝3S，所以选择 B。

（3）研究圆与正方形的关系。

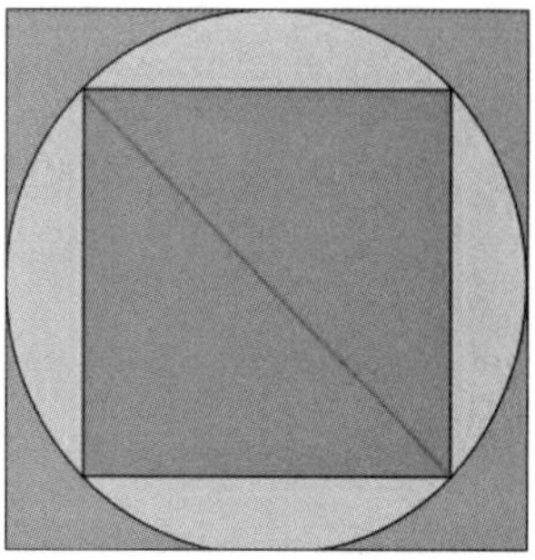

①圆的面积是多少？（圆的半径是 r。）

②圆外正方形的面积是多少？

③圆内正方形的面积是多少？

④大正方形、圆、小正方形三个图形的面积比是多少？

学生独立完成后，集体汇报。

①圆的面积是 πr^2。

②圆外正方形的面积 $4r^2$，所以正方形与圆之间部分的面积是

$4r^2-\pi r^2=0.86r^2$。（方中圆。）

③圆内正方形的面积是 $2r^2$，所以圆和正方形之间部分的面积是 $\pi r^2-2r^2=1.14r^2$。

④大正方形、圆、小正方形三个图形的面积比是 4∶π∶2。

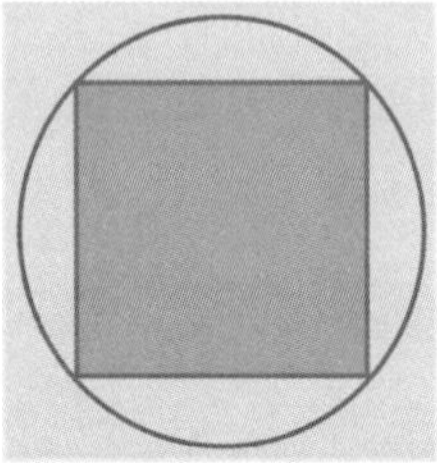

教师：理解了三个图形的联系与区别后，你能解决下面的问题吗？

跟踪练：木兰公园休息区设计图如下，已知中间圆的面积是 314 平方米，你能求出里面正方形的面积吗？外面正方形与圆之间区域的面积呢？

学生：根据圆和小正方形的面积比是 π∶2，所以 314÷3.14×2＝200（平方米）就是圆内正方形的面积。

学生：根据方中圆之间部分面积 $4r^2-\pi r^2=0.86r^2$，所以 314÷3.14×0.86＝86（平方米）就是外面正方形与圆之间区域的面积。

教师：这两位同学的精彩解答，验证了理解知识间的联系并学以致用的重要性。接下来的这个问题你能解答吗？

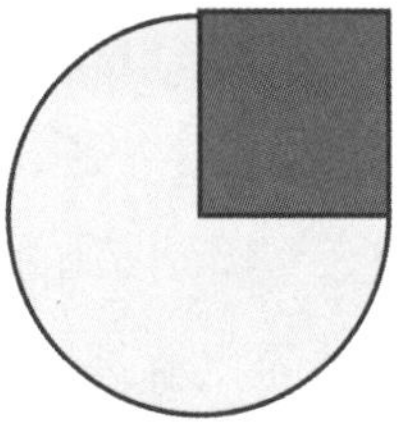

跟踪练：正方形面积为 5 平方米，那么圆的面积是多少？

学生：老师，通过观察我发现正方形的边长就是圆的半径，可是正方形的面积是 5 平方米，我不能求出半径，所以解决不了这个问题，如果面积改成 4 平方米我就能解决了。

教师：如果条件不变，怎样才能解决这个问题？

学生：老师我认为应该换一种思路，因为半径的确求不出来，我发现正方形的面积就是 r^2，所以可以直接乘 π 就能求出圆的面积。

教师：同学们都同意吗？这道题给了我们哪些启示？

学生：我们学知识不能死记公式，要活学活用，举一反三。

设计意图：有效的数学学习活动不能单纯地依赖模仿和记忆，动手实践、自主探究与合作交流是学生学习数学的重要方式。复习课也不例外。复习过程中应注意选择现实的、有意义的、富有挑战性的学习素材，精心设计练习题，让学生在现实问题的探究和解决过程中，拓展思路，扩大视野，体会数学与生活的联系，体验数学的应用价值。在重点难点内容的处理上，把现代信息技术融入教学，借助多媒体课件的演示，数形结合，启迪思维，使学生获得更充分的情感体验和成功感。

活动四：展示学习收获，深刻总结反思

教师：同学们，本节课中你有哪些收获呢？

学生：在研究圆的周长时，我们通过绳绕法和滚动法，感受到了化曲为直的数学思想方法；研究圆的面积时，通过把圆的面积剪拼成长方形的面积，体验到了极限思想，化圆为方。不管是化曲为直，还是化圆为方，都属于转化思想。（教师补充板书。）

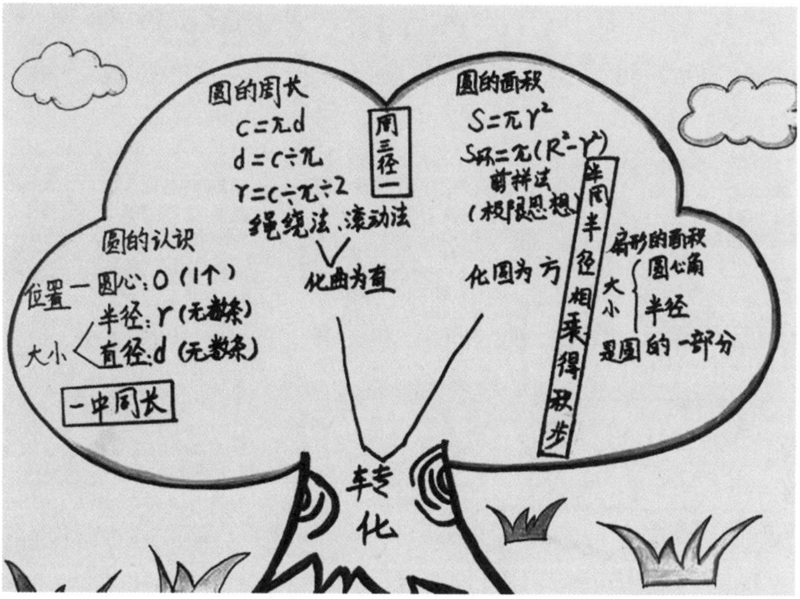

教师：这两位同学深刻理解了转化的思想方法，同时学到了古人勇于探索的精神，这样的总结和反思值得大家学习。除此以外，我们还可以整理些什么呢？让我们看看同学们的整理情况。（学生作品展示。）

(1)

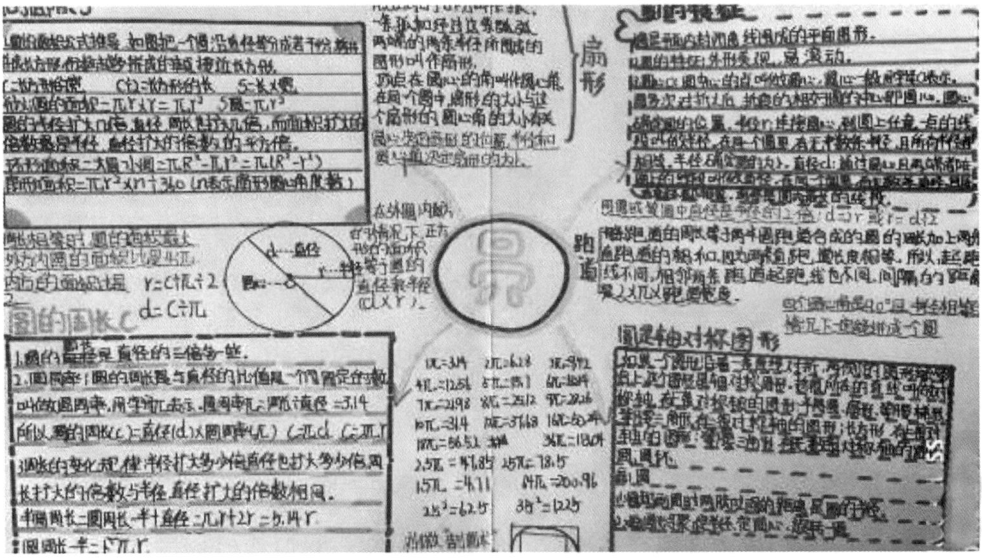

(2)

教师：整理知识点的同时，我们还可以补充错题，并尽量做到图文并茂。

教师：我们现在所学的知识就好比一个小圆。以后，我们所学的知识会越来越多，如同一个小圆不断变成一个面积越来越大的圆！

设计意图：从古代著作《墨经》中记载的“圆，一中同长也”，到《九章算术》中的“半周半径相乘得积步”，学生在古人卓越的数学成就中，领略到了数学文化，感受到了数学思想。这些都将引领他们在数学知识的海洋中不断探索、勇往直前。

课后思考

通过对圆的整理和复习，能让学生在已有知识的基础上收获些什么？带着这个问题我进行了思考，一节好的复习课不仅要对单元内容进行知识梳理和系统总结，更要通过设计与引领，沟通知识间的内在联系，形成更加完善的知识系统，还要教会学生整理方法、提高学生的解题能力、促进学生的思维发展。

本节课教师借助课本核心问题“本单元你学习了圆的哪些知识？”引导学生对圆的特征，以及周长、面积的计算进行了回顾梳理，提升了学生对圆的有关知识的整体认识，培养了学生的整体架构能力。教师选择生活中与圆有关且学生感兴趣的问题作为情境，从中提出问题、分析问题、解决问题，使学生感受到圆的知识在现实生活中的应用，逐步掌握解决问题的方法，练习中还设计了一个综合性的题目，将多个知识点整合在一起进行考查，这样的题目能够提高学生的综合解题能力，同时促进学生数学核心素养的发展。“纸上得来终觉浅，绝知此事要躬行。”从古代著作《墨经》中记载的“圆，一中同长也”，到《九章算术》中“半周半径相乘得积步”，我们在古人卓越的数学成就中，领略到了数学文化，感受到了数学思想，同时学习到了坚持不懈、勇于探索的科学精神。

课例4　理脉通联揭本质，精练促思固知能

——“平面图形的认识与测量（2）”教学实践

课例名片

年级：六年级（下）

设计者：宋素琴（保定市顺平县逸夫小学）

执教者：宋素琴

指导教师：于二威（保定市顺平县教育和体育局教研室）

　　　　　刘文静（保定市顺平县逸夫小学）

课前思考

本节课是人教版《数学》六年级下册总复习中“图形与几何”领域的第二课时，它是在复习了小学阶段学过的平面图形特点及其关系的基础上进行教学的。本节课旨在让学生运用转化思想，沟通各平面图形计算公式之间的关联，发现面积计算的本质。学生通过前面阶段的学习，基本掌握了各种平面图形的周长和面积的计算方法。但是由于时间的推移，学生对公式的推导过程有所淡忘，导致在应用公式解决问题时，常常遇到困难。如：计算组合图形的周长时，不知道周长包括哪些边，或者找对了周长包含的范围，却不能利用平移法巧妙计算；求稍复杂图形的面积时，不知道拆分成哪些基本图形。因此，本节课老师所要做的就是引导学生借助各种素材，建立这些公式间的联系，帮助学生灵活选择公式，提高解决问题的能力，发展空间观念，从而起到巩固复习的目的。

学习目标

1. 回忆平面图形周长和面积的计算公式及推导过程，并能熟练应用公式进行计算。

2. 探索各计算公式间的相互联系，构建知识网络。

3. 感悟“转化”的数学思想，形成空间观念。

学习活动

活动一：在真实情境中深化对意义的理解

1. 以操场为例，引出周长和面积的意义。

出示学校的操场图。

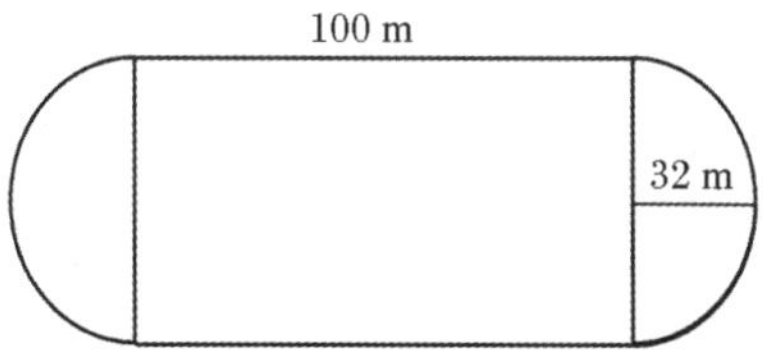

教师：绕操场跑一圈是多少米？从数学角度思考是求什么？是求操场的大小吗？

学生：“绕操场跑一圈是多少米？”就是求操场的周长。

学生：“操场的大小”就是求操场的面积。

教师：今天我们一起复习平面图形的周长和面积。

设计意图：上课伊始，联系学生的生活，开门见山、言简意赅地揭示本节课的复习内容，唤醒学生对周长和面积的感知。

2. 结合实例，回顾周长和面积的含义。

教师：什么是平面图形的周长？什么是平面图形的面积？

学生：围成一个平面图形的所有边长的总和就是它的周长。

学生：物体的表面或围成的平面图形的大小就是它的面积。

教师：请同桌利用课本封面相互指一指，并描述一下什么是周长和面积。

教师：计量周长和面积常用的单位有哪些？请按顺序说一说。

学生：计量周长常用的单位有毫米、厘米、分米、米、千米。

学生：计量面积常用的单位有平方厘米、平方分米、平方米。

学生：计量大面积时常用公顷或平方千米为单位。

教师：周长仍是长度，所以用长度单位。

设计意图：对常见平面图形定义的理解是推导公式、解决问题的重要基础。通过对课本封面周长、面积的操作和描述，以及回忆常用的计量单位，来加深对周长和面积的理解，促进学生的认知发展。

3. 实战演练，辨析周长和面积的含义。

(1) 如图，甲的周长与乙的周长相比，(　　)。

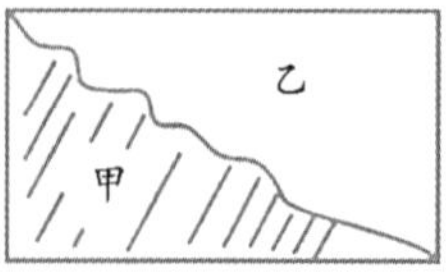

A. 甲比乙长　　B. 乙比甲长

C. 一样长　　D. 无法比较

(2) 把一个长方形框架拉成一个平行四边形框架，这个平行四边形的面积与原来长方形的面积相比，(　　)。

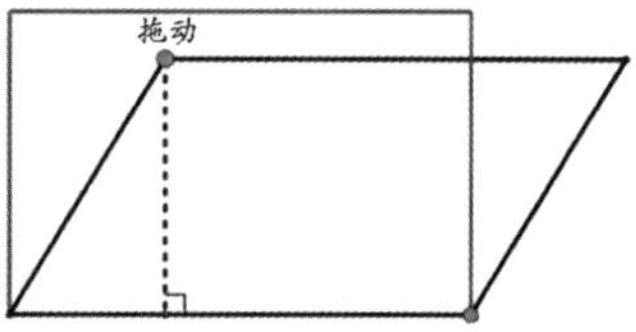

A. 长方形的面积大

B. 平行四边形的面积大

C. 一样大

D. 无法比较

(3) 每一组中两个图形的周长相等吗？面积呢？

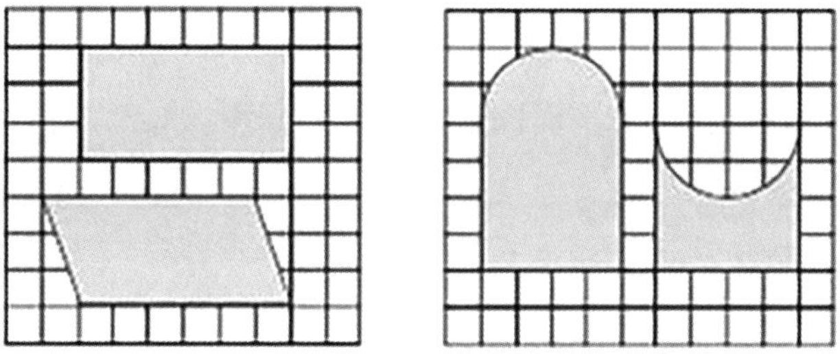

学生独立完成，全班交流。

学生：第(1)题选C。因为甲、乙的周长都是长方形的长和宽加上中间的折线，所以它们的周长相等。

学生：第(2)题选A。因为在拉的过程中平行四边形的底与长方形的长相等，但平行四边形的高比长方形的宽变短了，所以长方形的面积大。

教师：这个平行四边形的周长与原来长方形的周长相比呢？为什么？

学生：周长一样。因为围成长方形和平行四边形框架的长短没有变。

学生：第(3)题第一幅图中两个图形的面积相等，周长不相等。第二幅图中两个图形的周长相等，面积不相等。

教师：通过做这三道题你发现了什么？

学生：如果两个图形的面积相等，它们的周长不一定相等。如果两个图形的周长相等，它们的面积不一定相等。

设计意图：通过典型习题的交流，深化学生对周长和面积含义的理解，让学生的认知更清晰。

活动二：在交流讨论中强化对公式的掌握

1. 独立构建，基础过关。

学生独立完成教材第 87 页中的结构图。

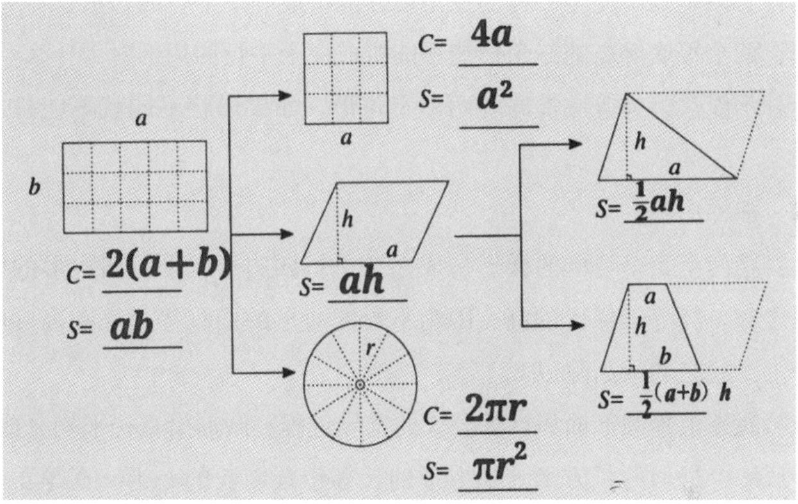

设计意图：要求学生课前整理，课上借助学生的汇报厘清结构图，帮助学生达到基础过关的目标。

2. 合作交流，发现本质。

教师：计算长方形、正方形、平行四边形、圆、梯形面积的方法各不相同，这些图形的面积计算公式是怎样推导出来的？它们之间有什么联系呢？

组内交流，全班汇报。

学生：正方形的面积和长方形的面积是数面积单位数出来的，平行四边形、三角形、梯形和圆形的面积公式是转化成已经学过的图形推导出来的。

（1）交流面积计算公式推导过程。

教师：请说一说具体过程。

学生：我来汇报平行四边形面积计算公式的推导过程。把平行四边形沿着一条高剪成一个三角形和一个梯形，把三角形割下来平移后拼成一个长方形。长方形的长就是平行四边形的底，宽就是平行四边形的高。因为长方形的面积等于长乘宽，所以平行四边形的面积等于底乘高。

学生：我来汇报三角形面积计算公式的推导过程。两个三角形拼成一个平行四边形。三角形的底等于平行四边形的底，高等于平行四边形的高。因为平行四边形的面积等于底乘高，所以三角形的面积等于底乘高除以 2。

教师：有需要补充的地方吗？

学生：必须是两个完全一样的三角形才能拼成一个平行四边形。

教师：两个等底等高的三角形能不能拼成一个平行四边形？为什么？

学生：不能。因为等底等高的两个三角形，如果形状不同就不能拼成一个平行四边形。

教师：那梯形呢？

学生：把两个完全一样的梯形拼成一个平行四边形。平行四边形的底等于梯形上下底之和，高等于梯形的高。因为平行四边形的面积等于底乘高，所以梯形面积等于上下底之和乘高除以 2。

学生：我来汇报圆形面积计算公式的推导过程。圆形沿直径平均分成若干份，可以剪拼成一个近似的长方形，长方形的长等于圆周长的一半，宽等于半径。因为长方形的面积等于长乘宽，所以圆面积等于 πr 乘 r，等于 πr^2。

教师根据学生汇报，课件演示转化方法。

平等四边形：

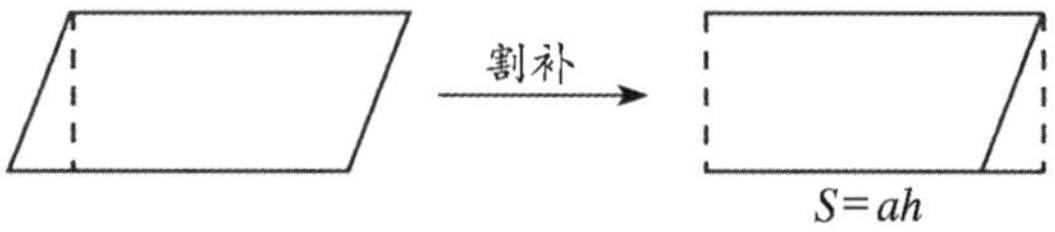

三角形：

梯形：

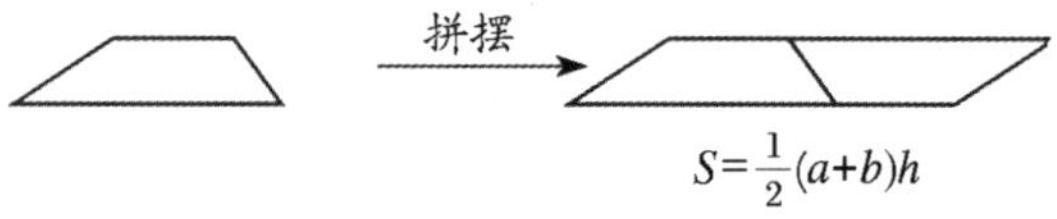

圆：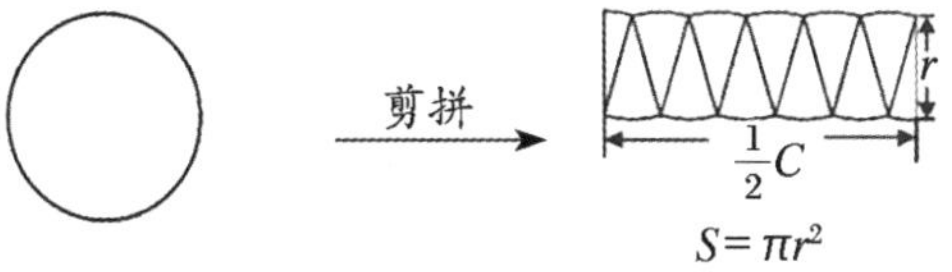

（2）感悟转化思想。

教师：在这些面积计算公式的推导过程中都用到了什么数学思想？

学生：都用了转化思想。

教师：在数学学习中，我们总是把新问题、新知识转化成学过的知识来解决，运用转化的数学思想可以解决许多难题。（板书：转化。）

（3）发现面积计算的本质。

教师：观察周长和面积计算公式的结构图，你认为哪个平面图形是最基础的一个？为什么？

学生：我认为长方形是最基础的图形。因为其他平面图形的面积计算公式，最终都是由长方形的面积计算公式推导出来的。

教师：长方形面积计算公式是怎么推导出来的？

学生：将长方形分成一个个小正方形，每个小正方形就是一个面积单位，长等于每行面积单位的个数，宽等于行数，长乘宽就是求长方形包含面积单位的个数。

教师：不错，长方形面积公式是其他平面图形面积公式推导的基础，长乘宽本质上是在计算包含面积单位的个数。所有平面图形面积公式的计算归根结底都是面积单位个数的累加。

设计意图：通过回顾整理常见的六种平面图形面积计算公式的推导过程，进一步厘清它们之间的关系，发现面积计算公式的本质，培养学生的建构能力、推理能力和抽象能力。

3. 一题多变，沟通关联。

教师：请补充下图，画出你想到的平面图形，并求出它们的面积。

课件出示

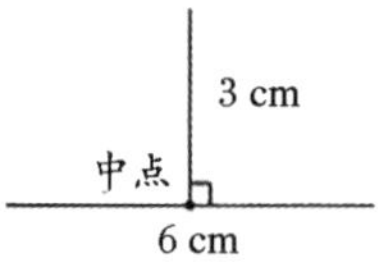

学生作品展示：

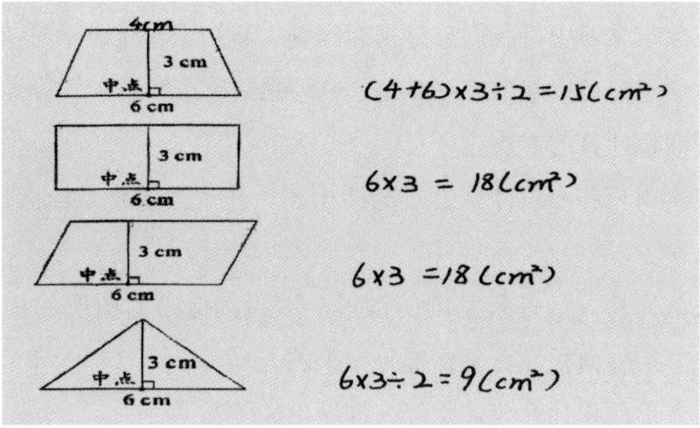

教师：同学们画出了不同的图形，并计算出了面积。请大家想一想，如果把第一位同学画的梯形上底再画小一些，会出现什么情况？最小能小到什么程度？

学生：上底越来越小，小到上底为0，也就变成了三角形。（课件演示：从梯形到三角形的动态变化过程。）

教师：请大家想一想，如果用梯形的面积计算公式来表示三角形的面积，该怎么表示呢？

学生：三角形面积＝（0＋下底）×高÷2＝下底×高÷2。

教师：第二位同学画的是长方形，第三位同学画的是平行四边形，它们的面积可以用梯形的面积计算公式来表示吗？

学生：可以。它们的面积＝（上底＋下底）×高÷2＝2×下底×高÷2＝下底×高。

教师：想象一下，如果梯形变化成正方形，它的面积怎样用梯形的面积计算公式来表示呢？

学生：正方形的面积＝（上底＋下底）×高÷2＝2×高×高÷2＝高×高。

教师：经过刚才的分析讨论，你有什么发现？

学生：我发现可以用梯形的面积计算公式计算出其他图形的面积。

教师：原来梯形的面积计算公式是一个万能公式。

设计意图：巧设开放题，利用一题多变，沟通面积计算公式间的联系，发现梯形的面积计算公式的普适性，进一步感悟图形之间的关联。

活动三：在典型练习中达到灵活运用

1. 判断并说明理由。

(1) 半圆的面积就是圆面积的一半，半圆的周长等于圆周长的一半。 (　　)

(2) 三角形的面积等于平行四边形面积的一半。 (　　)

(3) 两个梯形一定能拼成一个平四边形。 (　　)

(4) 半径是 2 厘米的圆，周长和面积相等。 (　　)

2. 计算学校操场的周长和面积。

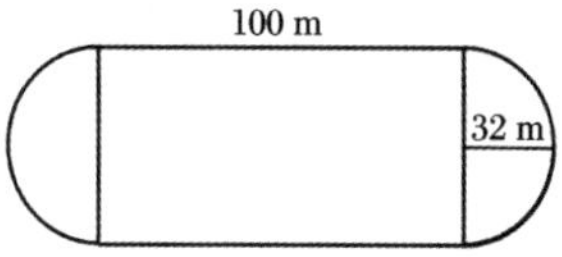

3. 计算图中阴影部分的面积。(单位：cm)

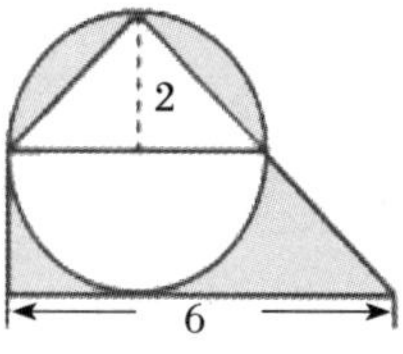

第 1、2、3 题，学生独立完成，全班交流。

学生：第 1 题第 (1) 小题错。因为半圆的周长还要加上一条直径。

学生：第 1 题第 (2) 小题错。因为只有三角形和平行四边形等底等高时，三角形的面积才等于平行四边形面积的一半。

学生：第 1 题第 (3) 小题错。因为必须是两个完全一样的梯形才能拼成一个平行四边形。

学生：第 1 题第 (4) 小题错。因为周长和面积意义不同，不能比较。

教师：第 2 题应注意什么?

学生：操场的周长不能加两条直径。

教师：第 3 题哪种方法最简便?

学生：用一个梯形面积减去一个三角形的面积最简便。

4. 如图，正方形的面积是 40 平方厘米，求阴影部分的面积。

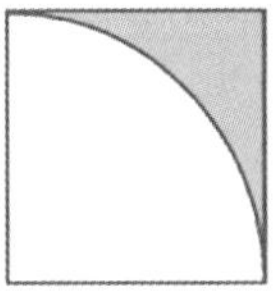

5. 在日常生活中，平面图形的周长和面积的知识有广泛的应用。你能举例说一说吗?

第 4 题学生先思考，再组内交流，独立完成后全班交流。

教师：这道题你是怎样想的?

学生：正方形的边长是圆形的半径，正方形的面积等于边长乘边长，也就是 r^2，r^2 就等于 40。

第 5 题先组内交流，再全班汇报。

学生：求菜园大小就是求菜园的面积，如果给菜园围一圈篱笆就是求菜园的周长。

学生：我家正在装修，要考虑买多少块瓷砖就要计算地面面积。

学生：粉刷房间要计算的是墙壁面积。

学生：圆桌旁能坐几个人，就要先求圆形的周长，再求周长里面有几个间隔。

教师：周长和面积在日常生活中应用很广泛，如家庭装修、农业种植、园林设计、产品包装等，都需要用到周长和面积的知识。

设计意图：有针对性、有梯度的练习让学生在理解的基础上应用，在应用的过程中深化理解，发展数学思维。第 5 题是一道开放题，旨在发散学生思维，用数学的眼光观察生活，体现数学的应用价值。

课后思考

复习是为了“温故而知新”。“温故”之后更应该注重“知新”。“温故”重在让学生回顾、总结、整理已学的知识，使学生更深入地理解，更牢固地掌握。而

“知新”，则是数学知识技能的提高、经验方法的积累，是新的进步和飞跃。

本课的亮点有两个：一是发现面积计算的本质。以往的教学过于注重转化，忽视了度量的本质。学生只是关注面积计算公式的由来，为了结果而学，忽视了“转化”内在的原因。对于利用计算公式解答有关平面图形的问题可能是娴熟的，但背后的原因是不明白的。通过探究交流，帮助学生发现面积计算的本质是面积单位个数的累加。从“数面积单位”转为“计算面积单位”，体会面积与面积单位之间的关系。立足在“度量”的角度，学生对面积的计算将更深刻，更加趋于本质的理解。二是沟通了平面图形面积计算公式之间的联系，帮助学生构建知识网络。明确长方形面积计算公式的基础性及梯形面积计算公式的普适性。学生体会到了公式之间的内在联系，形成了结构化的知识体系。

课例 5　构建知识体系，发展空间观念

——“立体图形的表面积复习”教学实践

课例名片

年级：六年级（下）

设计者：门敬霞（保定市顺平县逸夫小学）

执教者：门敬霞

指导教师：于二威（保定市顺平县教育和体育局教研室）

刘文静（保定市顺平县逸夫小学）

课前思考

《义务教育数学课程标准（2022 年版）》指出，数学教学活动必须建立在学生的认知发展水平和已有的知识经验基础之上，教师应该激发学生的学习积极性，为学生提供充分从事学习活动的机会，帮助他们在自主探索与合作交流的过程中，真正理解和掌握基本的知识和技能、思想和方法。

本课内容是对立体图形表面积进行整理的复习课。复习课旨在调动学生学习的主观能动性，引导学生在梳理和练习中，有效整合知识和方法，完成对知识体系的积极架构，凸显学生的主体地位，从而提高数学核心素养。

在设计本节课教学时，首先在课前鼓励学生自主梳理立体图形表面积的计算公式，并回顾公式推导过程，培养学生的自主学习能力；然后在课堂上把主动权交给学生，通过小组合作的方式，让学生交流各自的学习心得和困惑，共同解决问题；最后教师创设与生活实际相关的情境，让学生在解决实际问题的过程中，巩固和应用所学知识，从而提高学生的学习兴趣，提升学习效果。

学习目标

1. 通过整理复习，熟记长方体、正方体、圆柱的表面积计算公式，并能根据

实际情况灵活运用公式解决问题，从中感受数学与生活的密切联系，体会数学的应用价值。

2. 通过自主整理、合作交流等方式，回顾立体图形表面积计算公式的推导过程，加深对计算公式的理解，进一步培养学生的几何直观、空间观念和推理能力。

3. 在小组交流中发展合作意识和创新精神。

学习活动

活动一：回顾整理，构建体系

1. 开门见山，揭示主题。

教师：小学阶段我们学过哪些立体图形？

学生：长方体、正方体、圆柱、圆锥。（课件出示立体图形。）

教师：今天我们来复习立体图形的表面积。（板书课题：立体图形的表面积。）

教师：什么是立体图形的表面积呢？

学生：立体图形的表面积是一个立体图形所有面的面积之和。

2. 梳理知识，形成体系。

（1）小组交流，教师巡视。

教师：刚才我们知道了表面积的意义。课前大家已经对这一部分知识进行了整理，现在请拿出任务单，在小组中交流、完善。

小组交流，教师巡视。

（2）展示作品，修改完善。

教师：请小组代表来展示整理的情况，其余同学注意倾听，并及时进行评价和补充，同时对照展示的作品修改完善自己的作品。

作品 1：

名称	表面积公式
长方体	$S=2(ab+ah+bh)$
正方体	$S=6a^2$
圆柱	$S=2\pi rh+2\pi r^2$ $=\pi dh+2\pi r^2$ $=ch+2\pi r^2$

作品 2：

立体图形：

长方体表面积=(长×宽+长×高+宽×高)×2

$S=(ab+ah+bh)\times2$

正方体表面积=棱长×棱长×6

$S=6a^2$

圆柱表面积=侧面积+两个底面积

$S=2\pi rh+2\pi r^2$

$S=\pi dh+2\pi r^2$

$S=ch+2\pi r^2$

教师：哪位学生来评价这两幅作品？

学生：作品 1 采用表格的方式进行整理，简洁明了。

学生：作品 2 采用概念图的方式进行整理，既有文字表达式又有字母表达式，方便记忆。

3. 沟通关联，升华提高。

教师：我们共同回顾了立体图形的表面积计算公式，还记得这些计算公式是怎样推导出来的吗？选择自己喜欢的图形，同桌之间说一说公式的推导过程。

同桌交流后，集体汇报。

学生：圆柱的侧面沿高剪开，展开后是长方形，长方形的长等于圆柱的底面周长，长方形的宽等于圆柱的高，长方形的面积＝长×宽，所以圆柱的侧面积＝底面周长×高。

学生：圆柱的侧面沿斜线剪开，展开后是平行四边形，平行四边形的底等于圆柱的底面周长，平行四边形的高等于圆柱的高，平行四边形的面积＝底×高，所以圆柱的侧面积＝底面周长×高。

教师：在公式推导过程中，我们用了哪种数学思想？

学生：化曲为直。圆柱的侧面是一个曲面，不能直接求出它的面积，我们通过先剪再展开的方法，把曲面图形转化为平面图形，从而求出它的面积。

教师：这位同学说的化曲为直就属于转化思想。转化是数学中最常用的思想，其精髓在于将未知的、陌生的、复杂的问题，通过演绎、归纳，转化为已知的、熟悉的、简单的问题。这种思想将会帮助我们解决更多的问题。

教师：立体图形的表面积计算公式看起来各不相同，但这些公式之间有没有内在联系呢？

（出示立体图形的展开图，学生观察后回答。）

学生：长方体、正方体和圆柱体的表面积＝侧面积＋两个底面面积。

学生：侧面积＝底面周长×高。

教师：你有一双善于发现的眼睛，表达得真清楚。

教师：把这种关联整理在你们的表格或者概念图中。

名称	表面积公式	表面积
长方体	$S=2(ab+ah+bh)$	表面积=侧面积+两个底面积 侧面积=底面周长×高
正方体	$S=6a^2$	
圆柱	$S=2\pi rh+2\pi r^2$ $=ch+2\pi r^2$	

教师：通过交流、展示、完善表格和概念图，我们不仅发现了知识间的联系，而且对立体图形表面积计算公式理解得更加透彻了。

设计意图：学生采用自主整理、交流完善表格和概念图的方式，巩固知识，构建体系；借助及时的反馈和评价，了解学习进展和不足；通过表扬和鼓励，激发学生自信心，调动学习积极性。在课堂中充分落实学生的主体地位，由“教为主”向“学为主”转变。

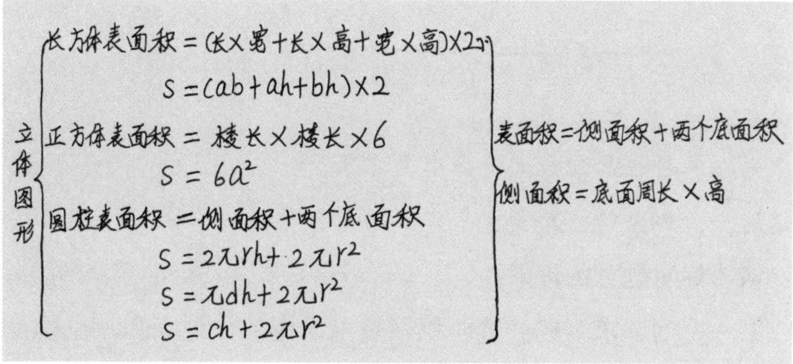

活动二：联系生活，活学活用

教师：同学们，让我们应用所学知识，来解决实际生活中的问题吧！

1. 基础达标。

学生独立完成后，集体交流。

（1）选一选。（把正确答案填在括号里。）

①制作通风管所需材料（　　　　　　）。

②压路机的滚筒转动一周，压路面积（　　　　　　）。

③粉刷教室需要（　　　　　）。

④圆锥形沙堆占地面积（　　　　　）。

⑤做茶叶筒所需铁皮面积（　　　　　）。

A. 求底面积　　　B. 求侧面积与一个底面积的和

C. 求侧面积　　　D. 求表面积（侧面积与两个底面积的和）

（2）计算下面立体图形的表面积。

①一个正方体的棱长是 4 厘米。

②一个长方体的长、宽、高分别是 5 分米、4 分米、3 分米。

③一个圆柱的底面直径是 10 厘米，高是 5 厘米。

2. 能力提升。

（3）如图，一个用塑料薄膜覆盖的蔬菜大棚长 10 米，横截面是一个半径 2 米的半圆形。

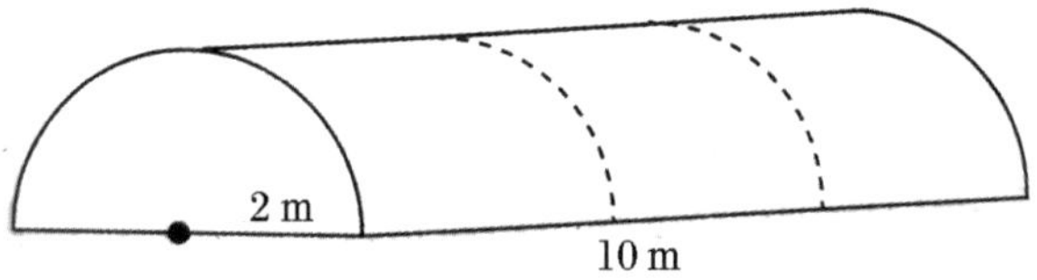

①这个大棚的种植面积最大是多少平方米？

②搭建这个大棚大约要用多少平方米的塑料薄膜？

教师：谈谈你对题意的理解。

学生：第一个问题求大棚种植面积就是求大棚的占地面积，也就是长方形的面积，长 10 米，宽 2×2＝4（米）。

学生：第二个问题求搭建大棚所需塑料薄膜的面积，其实就是求圆柱形大棚侧面积的一半＋两个半圆的面积（一个圆的面积）。

教师：对题意理解得很透彻，分析得非常到位。

学生独立完成，集体交流。

①　10×（2×2）

＝10×4

＝40（平方米）

答：这个大棚的种植面积最大是 40 平方米。

② $2\times3.14\times2\times10\div2+3.14\times2^2$

$=62.8+12.56$

$=75.36$（平方米）

答：搭建这个大棚大约需要 75.36 平方米的塑料薄膜。

3. 智慧增长。

（4）奶奶要过 80 岁生日，妈妈做了一个两层的蛋糕坯。（如右图，单位：分米）

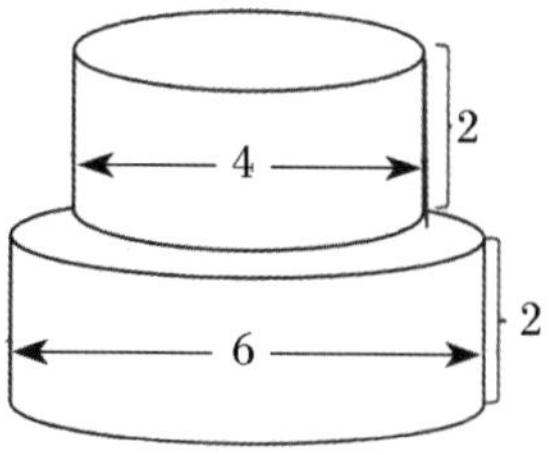

①现在要给蛋糕坯涂上奶油，涂奶油部分的面积是多少平方分米？

②奶奶把蛋糕沿直径从上到下切开，表面积增加了多少平方分米？

教师：说说你对题意的理解。

学生：涂奶油部分的面积就是蛋糕露在外面所有面的面积之和，即两个圆柱体的侧面积加上一个直径 6 分米的圆的面积。

教师：为什么要加上一个直径 6 分米的圆的面积？

学生：上面蛋糕的上底面向下平移，与下面蛋糕露出的环形可以组合成一个直径 6 分米的圆。

教师：分析得非常清楚。

教师：第二个问题呢？

学生：蛋糕是两个圆柱形叠加在一起，沿底面直径切开，每个圆柱增加两个长方形，分别找到长方形的长和宽，最后求出 4 个面的面积和。

教师：闭上眼睛，想象沿直径切开增加的面积。长方形的长和宽分别是圆柱的什么？

学生：长方形的长是圆柱的直径，宽是圆柱的高。

学生独立完成，教师巡视，完成后集体交流。

①列式：

$r=6\div2=3$（分米）

$3.14\times6\times2+3.14\times4\times2+3.14\times3^2$

$=37.68+25.12+28.26$

$=91.06$（平方分米）

学生：利用乘法分配律计算更简便。

$3.14\times2\times(6+4)+3.14\times3^2$

$=62.8+28.26$

$=91.06$（平方分米）

答：涂奶油的部分面积是91.06平方分米。

②列式：

$(6\times2+4\times2)\times2$

$=20\times2$

$=40$（平方分米）

答：表面积增加40平方分米。

设计意图：“基础达标”检测了学生对基本公式的掌握情况，及时发现问题、纠正错误；“能力提升”提高学生灵活运用公式解决问题的能力；“智慧增长”让学生结合生活经验、积极动手动脑解决隐藏面的问题，发展学生的几何直观和空间观念。

活动三：小结收获，自我反思

教师：通过复习，你有哪些收获？

学生：我觉得生活中处处有数学。

学生：要解决生活中的问题，不能简单地套用公式，一定要具体问题具体分析。

学生：我觉得画图能帮助我们更好地解决问题。

学生：要想正确解决问题一定要把公式记牢。

学生：遇到新问题不能解决的时候，可以运用转化，把新问题转化成我们能解决的问题。

学生：合作交流，能开拓思路。

教师：生活中处处有数学，学数学就是为生活服务。只要我们善于观察、勤于思考，相信同学们一定会越来越喜欢数学，并能够学好数学、用好数学。

设计意图：引导学生从不同的角度进行反思，总结自己在知识、方法、数学思想等方面的收获，达到以知识为载体培育数学核心素养的目标。

课后思考

立体图形表面积复习课，是对立体图形表面积知识的一次全面回顾与深化，这堂课不仅巩固了基础，还沟通了立体图形表面积间的内在联系。

第一，注重自主建构。课前让学生自主整理立体图形的表面积计算公式，同时回忆表面积公式的推导过程；课上小组内交流，完善知识体系，沟通立体图形表面积之间的内在联系。

第二，培养空间观念。解决问题时，学生需要先在脑海中构建出立体图形的形象，再进行分析和计算。这种空间想象能力的培养，不仅有助于提升学生的数学素养，更能帮助他们在未来的学习和生活中更好地理解和应对三维空间的问题。

第三，巧设经典例题。一系列经典例题，不仅使学生加深了对知识点的理解，还学会了如何运用所学知识解决实际问题，并且在这一过程中锻炼了思维灵活性。

第四，激发学习兴趣。通过小组讨论、班内交流等方式，碰撞出思维的火花，共同探索数学的奥秘。这种团结协作的学习氛围，让每一位学生都感受到了数学的魅力和乐趣。

课例6　感悟内在联系，体会体积公式的一致性

——“立体图形的体积复习”教学实践

课例名片

年级：六年级（下）

设计者：李娇（保定市顺平县逸夫小学）

执教者：李娇

指导教师：于二威（保定市顺平县教育和体育局教研室）

于彦敏（保定市顺平县逸夫小学）

课前思考

布鲁纳说：学习一门学科，就是学习它的基本结构。数学更是一门系统性很强的学科。新课标提出的“结构化”教学值得我们好好揣摩。本节课是在学生学习了长方体、正方体、圆柱、圆锥的体积后进行教学的，是对以前学过的散落的知识进行系统的整理，帮助学生构建新的认知体系。

尽管学生知道除了独立的体积计算公式外，还有另外一个相同的计算公式，即 V＝sh，但在公式的熟练运用和使用价值上并没有太多感受。学生会提出一些问题，例如：“为什么图形不一样，却都能这样来求?”“这种解法能不能适用于更多的立体图形呢?”这节课的重点是让学生体会直柱体体积算法的一致性，感悟数学知识之间的内在联系，并用这个共同的计算方法解决课本上以及生活中类似的实际问题，让解题方法更简单，也使学到的知识得到巩固。

学习目标

1. 通过复习，进一步理解和掌握立体图形的体积计算方法，沟通立体图形之间的联系。

2. 灵活运用直柱体体积公式解决问题，加深对体积本质的理解，感悟体积度量的一致性。

3. 能将积累的数学活动经验及数学思想方法在学习过程中迁移运用，进一步发展空间观念。

学习活动

活动一：温习旧知，沟通公式之间的联系

1. 复习学过的立体图形体积计算公式。

教师：小学阶段，我们学过哪些立体图形？

学生：长方体、正方体、圆柱、圆锥。

教师：课前同学们已经以小组为单位回顾了立体图形的体积计算公式，哪位同学来分享一下？

学生：长方体的体积＝长×宽×高，用字母表示为 $V=abh$（板书）。

学生：正方体的体积＝棱长×棱长×棱长，用字母表示为 $V=a^3$。

学生：圆柱的体积＝底面积×高，用字母表示为 $V=\pi r^2 h$。

学生：圆锥的体积＝底面积×高×$\frac{1}{3}$，用字母表示为 $V=\frac{1}{3}\pi r^2 h$。

2. 沟通立体图形体积计算公式间的联系。

教师：同学们，刚才我们又一起回顾了立体图形体积计算公式，哪几个立体图形体积有共同的计算方法？

学生：长方体、正方体、圆柱的体积都可以用 $V=sh$ 来计算。

教师：谁能对这个结论提一个问题？

学生：三个图形都不一样，为什么都能用“底面积×高”求体积？

教师：多么有价值的问题。这节课我们重点研究它。小组之间合作交流，尝试从立体图形体积公式推导过程找一找答案。

先小组合作交流，然后集体汇报。

学生：长方体体积计算公式中的 $a\times b$ 算出的就是它一层体积单位的个数。无论是长方体体积公式中的 $a\times b$，还是正方体体积公式中的 a^2 或者是圆柱体积公式中的 πr^2，计算的都是这个立体图形一层体积单位的个数，也就是它的底面积，再乘高（即层数），就得到这个立体图形的体积。我把这三个公式的相同之处这样表示：

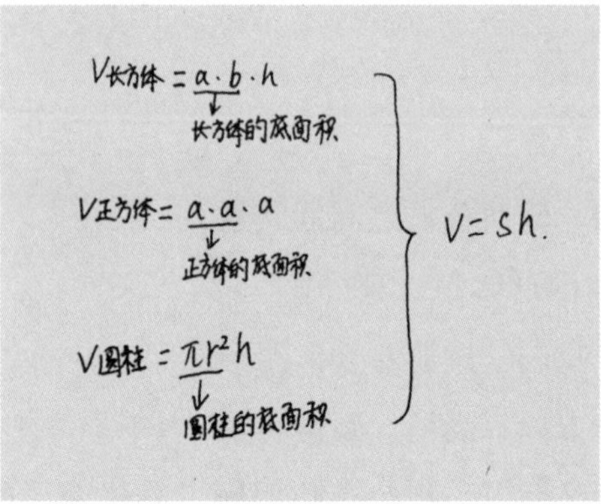

学生：这几个立体图形都是由一层一层体积单位叠加形成的，每层体积单位的个数都一样。每层个数乘层数就得到体积单位的总个数。

学生：因为它们都是由一个平面垂直平移形成的立方体：长方形或正方形垂直平移形成长方体；正方形垂直平移形成正方体；圆垂直平移形成圆柱。所以每个图形上下两个底面完全相同，从上到下一样粗细，都可以用底面积乘高来计算体积。

教师：说得真好。下面咱们观看长方体、正方体、圆柱分别由一个平面垂直平移形成立体图形的动画演示过程，来体会这几个立体图形的共同特征。（教师用几何画板演示立体图形的形成过程。）

教师：哪位同学总结一下这几个立体图形有什么共同特征？

学生：每个图形上下两个底面完全相同，从上到下一样粗细。

教师：同学们都有一双善于观察的眼睛！我们不仅找到了这几个立体图形的共同特征，还发现了它们都可以用 V＝sh 计算体积。同学们既善于观察，又善于总结。

设计意图：通过回忆学过的立体图形体积计算公式，体会长方体、正方体、圆柱体积计算方法之间的相通性。然后引导学生从整体上重新审视以往的学习内容，结构化地梳理知识，使知识从孤立走向关联，帮助学生建立认知体系。通过演示长方体、正方体、圆柱由平面垂直平移形成立体图形的过程，帮助学生体会它们的共同特征，发现直柱体的共性。

活动二：自主探究，拓宽公式适用范围

1. 寻找共同特征，认识直柱体。

教师：我们还能找到有这种特征的其他图形吗？

学生：三棱柱、四棱柱……（教师依据学生回答出示相应课件。）

教师：大家想的是这样的吗？同学们能有这么多的知识储备，真了不起！像这样的图形，在数学上叫“直柱体”。它们有什么共同特征？

学生：两个底面大小、形状完全相同，中间还一样粗细。

学生：横截面也相同。

教师：我们学过的长方体、正方体、圆柱也是直柱体中的一员。我们从形状不同的图形中找到了它们内在的联系。（板书：联系。）

2. 合作学习，研究共同算法。

（1）提出问题，大胆猜想。

教师：刚刚同学们从不同的角度解释了长方体、正方体、圆柱体积计算公式都可以用 V＝sh 表示，其他直柱体的体积也能用 V＝sh 计算吗？

学生：能。（连续问几个学生。）

教师出示课件：

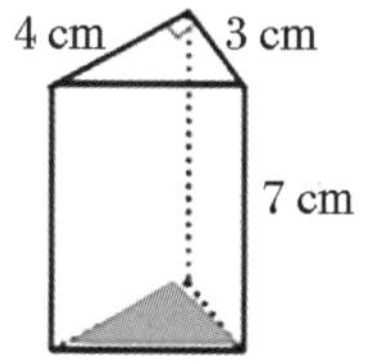

求上面三棱柱的体积。

教师：大家有什么想法？

学生：三棱柱的体积＝底面积×高。

学生：$4\times3\times\frac{1}{2}\times7=42$（立方厘米）

（2）小组合作，验证猜想。

师：我们的猜想正确吗？还需要验证。请同学们先独立思考，再小组交流验证方案。

学生：我们小组用两个相同的三棱柱拼成了一个长方体。

教师：长方体体积和三棱柱体积有什么关系？

学生：长方体的体积是三棱柱体积的 2 倍。（教师根据学生的回答出示相应课件。）

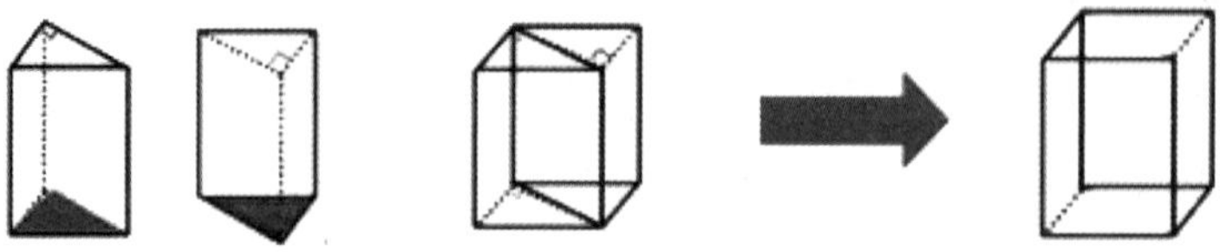

三棱柱问题转化为长方体问题

教师：长方体的体积怎样求？

学生：4×3×7＝84（立方厘米）

教师：三棱柱呢？

学生：$84\times\frac{1}{2}=42$（立方厘米）

教师：同学们是怎么想到这么好的方法的？

学生：在推导三角形面积公式时，就是把两个完全一样的三角形拼成平行四边形，所以我联想到把两个完全相同的三棱柱拼成长方体。

教师：你能从平面图形联想类推到立体图形，真棒！

教师：我们的猜想和验证的结果一样。这两种算法有什么相通之处？

学生：我来说说我们小组的想法，长方体的底面积先乘$\frac{1}{2}$就是三棱柱的底面积，再乘高就是它的体积。所以三棱柱可以用 V＝sh 求体积。（教师根据学生回答出示相应课件。）

教师：你们善于发现，善于总结，真棒。同样的，其他的直柱体也可以用 V＝sh 来求体积。

设计意图：沟通长方体、正方体、圆柱体积计算公式间的联系，进而推广到直柱体体积计算，培养学生的迁移能力；把求三棱柱体积的问题转化为求长方体体积，把学生感到陌生的新问题转化为熟悉的旧知识，并利用已有知识经验解决新问题，促使学生快速高效地构建新知。

活动三：应用公式，加深对“底面”的理解

1. 解决空心直柱体的体积问题。

对比空心与实心直柱体，感受它们的异同。

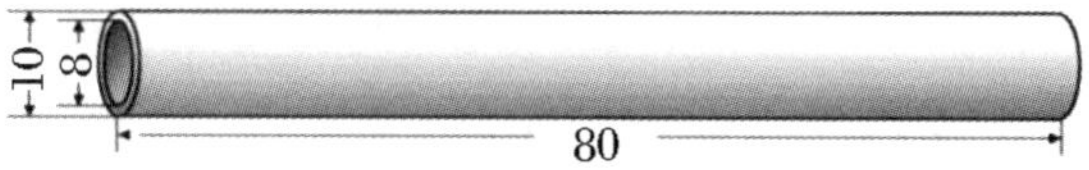

教师：这道题熟悉吗？它有几种解法？

学生：两种。一种是用大圆柱的体积减去里面小圆柱的体积，另一种方法是用钢管的底面积乘高来计算。

教师：你们更喜欢哪一种？

学生：第二种解法更简单。

教师：是的，应用这个共同的计算方法会让解题更加简便。

学生：$3.14\times(5^2-4^2)\times80$

$=28.26\times80$

$=2260.8$（立方厘米）

设计意图：这道题有两种解题方法，一种是将大圆柱的体积减去小圆柱的体积，另一种是先算出底面圆环的面积，直接用“底面积×高”来计算，两种方法体现了不同的思维方法。教师请学生评价并在比较中发现两种解法的列式虽然符合乘法分配律，但在实际操作中却有不同意义。

2. 换个角度看直柱体。

教师：挑战一下，它是一个直柱体吗？为什么？你能找到它的底面和高吗？有时候我们需要换个角度看问题。它的体积怎样计算呢？

出示水渠大坝课件：

工人师傅要修建一条水渠大坝，大坝的横截面是一个梯形，上底 20 米，下底 35 米，高 20 米，请你帮工人师傅算一算，修建长 100 米的大坝需要用砂石料多少立方米？

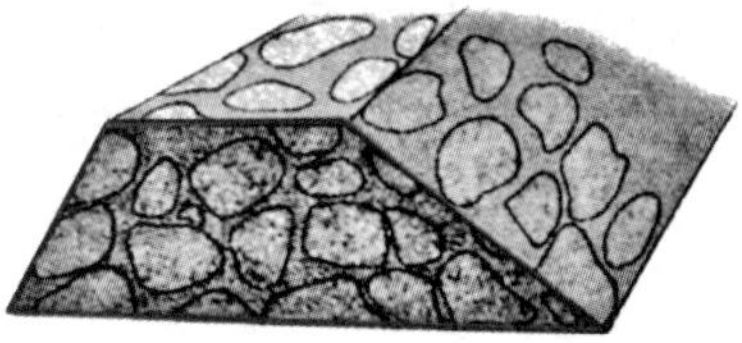

学生：大坝可以看成是一个放倒的直柱体，它是左右一样粗细的。

学生：大坝的横截面就是它的底面，大坝的长就是它的高，因为大坝是一个直柱体，所以可以用 V＝sh 来计算它的体积。

学生：大坝的横截面是一个梯形，先求出梯形的面积也就是大坝的底面积，再乘大坝的长就是它的体积。

教师：请同学们帮工人师傅算一算，修建这个大坝用砂石料多少立方米？

学生：（20＋35）×20÷2＝5500（平方米），5500×100＝550000（立方米）

设计意图：在应用过程中进一步加深对公式的理解，沟通“横截面”与“底面”的关系，从简单的直柱体到需要换个角度看直柱体，从易到难，层层递进，增强了学生的应用意识。

课后思考

复习课，是对已学知识进行再梳理。“复”是结构化知识网络的建构，“习”是争取基于原点，化难为易，以旧引新，引出新的生长点，从而发展学生的创新思维。

本课首先经历复习回顾，在温习立体图形的体积计算方法时，用“三个图形形状都不一样，为什么都能用 V＝sh 求体积？”这一大问题沟通公式联系。接着从立体图形的共同特征入手，发现长方体、正方体、圆柱都是直柱体。提出作为直柱体成员的长方体、正方体、圆柱都能用 V＝sh 求体积，是否“所有直柱体体积都能用 V＝sh 来计算？”的问题引发学生新的思考。学生以三棱柱为例在教师的带领下猜想、验证，最终得到“其他直柱体的体积也能用 V＝sh 来计算”的结论。带着新的收获，回头看课本上的习题，对“空心钢管”体积又有了新的更简洁的解决办法，让学生体会到本节课新发现结论的应用价值。求解大坝土方的问题也让学生感受到直柱体体积计算在生活中的广泛应用。

总之，在本节课的学习中，除了知识的拓展，还有多种数学思想方法的渗透，如转化思想、迁移学习等。学生并不是进行简单的知识回顾，而是在教师的引导下，基于知识经验，从低阶思维走向高阶思维，不仅收获了知识，更重要的是掌握了结构化复习的方法。

课例7　优化口算教学，培养口算能力

——“口算乘法”教学实践

课例名片

年级：三年级（下）

设计者：刘丽萍（保定市顺平县逸夫小学）

执教者：刘丽萍

指导教师：于二威（保定市顺平县教育和体育局教研室）

刘文静（保定市顺平县逸夫小学）

课前思考

《义务教育数学课程标准（2022年版）》指出，让学生在具体生动的情境中学习计算，培养学生对数学的兴趣；引导学生独立思考、合作交流，体验探究的乐趣，注重学生对计算过程和方法的理解。

本节课的内容是在学生已经掌握了两位数乘一位数不进位口算方法的基础上进行的，因此我把本课的重点放在知识迁移这种学习方法的指导上，让学生在不同的算法对比中进行优化，从而发展学生的推理意识、创新思维。

学习目标

1. 结合具体情境，借助方块图圈一圈、分一分、算一算，直观理解两位数乘一位数（进位）的算理，并掌握算法。

2. 在经历多种分法的过程中，体会按计数单位分的方法更简便，更有普适性。

3. 在学法自主迁移的过程中，体会数学探索的乐趣。

学习活动

活动一：在练习中复习旧知

上课伊始，先让学生独立完成学习任务，再全班交流。

学习任务一

1. 复习旧知。
(1) 20 里面有（　　）十。
(2) 15 里面有（　　）个十和（　　）个一。
(3) 150 里面有（　　）个十。
(4) 360 是由（　　）个百和（　　）十组成的。
2. 算一算。
32×3=　　　　32×2=　　　　12×3=

教师：请你从第 2 题中选一个算式，说一说是怎么算的。

学生：12×3 先算 10×3=30，再算 2×3=6，最后算 30+6=36。

学生：32×2 先算 30×2=60，再算 2×2=4，最后算 60+4=64。

教师：口算两位数乘一位数，我们都是先把这个两位数分成一个整十数和一个一位数，再分别和它们相乘，最后把乘积相加。

设计意图：通过回顾口算乘法（不进位），唤醒学生原有的认知，为探索两位数乘一位数（进位）的口算乘法的算理打下基础。

活动二：在探究中明白算理

学生观察情境图，完成学习任务，再全班交流汇报。

学习任务二

<table>
<tr><td>1. 我的问题是：

</td></tr>
<tr><td>2. 列式计算：

</td></tr>
<tr><td>3. 你是怎么算的？用自己喜欢的方式表示出来。（可以在下图中圈一圈、分一分、算一算。）</td></tr>
<tr><td>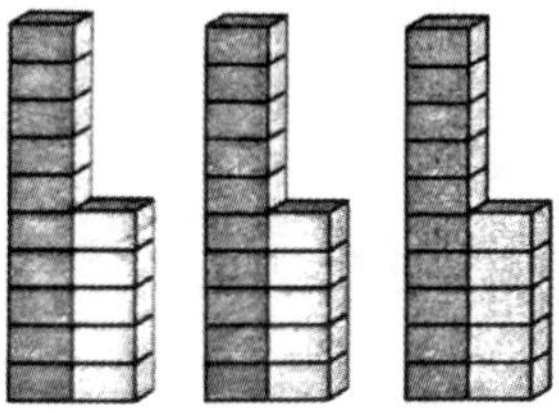</td></tr>
</table>

1. 学生展示，分享算法。

学生独立完成后展示作品，边展示，边说过程。

学生：我的问题是 3 筐草莓有多少盒？算式是 16+16+16=48（盒），我是列竖式计算出的得数。

学生：我的问题也是 3 筐草莓有多少盒？算式是 16×3=48（盒），计算方法是把 16 盒分成 10 盒和 6 盒，先算 10×3=30（盒），再算 6×3=18（盒），最后把它们的积加起来 30+18=48（盒）。

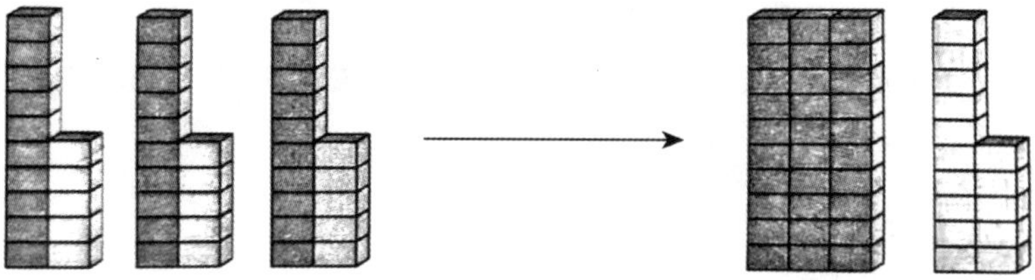

学生：我的问题和他们一样，算式也是 16×3=48（盒），是用竖式计算的。

$$\begin{array}{r} 16 \\ \times_{1}\ 3 \\ \hline 48 \end{array}$$

教师：大家在用竖式计算时，别忘了进位。

学生：我的问题是3筐草莓有多少盒？算式是16×3＝48（盒），我的计算方法是把16盒分成9盒和7盒，9×3＝27（盒），7×3＝21（盒），27＋21＝48（盒）。

2. 教师点拨，优化算法。

教师：同样的问题我们用了加法和乘法来解决，你更喜欢哪种方法？

学生：我更喜欢乘法，因为乘法更简洁。

教师：对比对16的两种拆分方法，你觉得哪种更好？

学生：我认为将两位数拆成一个整十数和一个一位数，再分别与另一个因数相乘比较简便，也不会因为有进位而出错。

学生：我认为把16拆成两个一位数，再分别与3相乘比较好，可以转化成我们学过的表内乘法。

教师：这两种方法都是先分再合，都能计算出16×3的结果，思考一下如果是23×3，还能不能拆成两个一位数计算呢？（不能。）那么你觉得拆分成哪两个数更具有一般性？

学生：我觉得拆分成整十数和一位数更具有一般性，因为所有的两位数都能拆成整十数和一位数。

教师：两位数乘一位数的口算方法就是先把两位数分成一个整十数和一个一位数，再分别与另一个因数相乘，最后把乘积加起来。（板书：16×3＝48　10×3＝30　6×3＝18　30＋18＝48。）

教师：这几位同学用以前的旧知识解决了今天的新问题，非常值得大家学习。有的同学还出现了竖式计算，下节课我们再一起研究。

3. 迁移算法，巩固升华。

教师：160×3怎样计算，谁来试着说一说你的想法？

学生：我是先把160分成100和60，再算100×3＝300，60×3＝180，最后算300＋180＝480。

学生：我是发现了16×3与160×3之间的联系，只要先算出16×3＝48，再在后面添一个 0。

教师：为什么在后面添一个 0？

学生：因为 160 表示 16 个十，16 个十乘 3，是 48 个十，也就是 480，所以在 48 后面添上一个 0。

教师：这个方法真简便，同学们能不能用这种方法计算 1600×3＝？

学生：先算 16×3＝48，再在后面添上两个 0，结果是 4800。

教师：为什么添两个 0？

学生：因为 1600 表示 16 个百，16 个百乘 3 也就是 48 个百，所以在 48 后面添两个 0。

教师：同学们很善于思考，利用知识迁移找到了这些算法之间的联系。那么像 160×3，1600×3 这样因数末尾有 0 的乘法，怎么算更简便呢？你能不能试着总结一下计算方法？

学生：我认为口算因数末尾有 0 的乘法时，先把 0 前面的数相乘，再看因数末尾有几个 0，最后在积的末尾添上几个 0，这种方法最简便。（板书：160×3＝480——16×3＝48　160×3＝480。）

设计意图：让学生在讨论交流的过程中，切实感受到方法的优化和经验的迁移，发展学生的推理意识、创新思维，提高运算能力。

活动三：在内化中巩固提升

完成下面的学习任务。

学习任务三

1. 填一填。

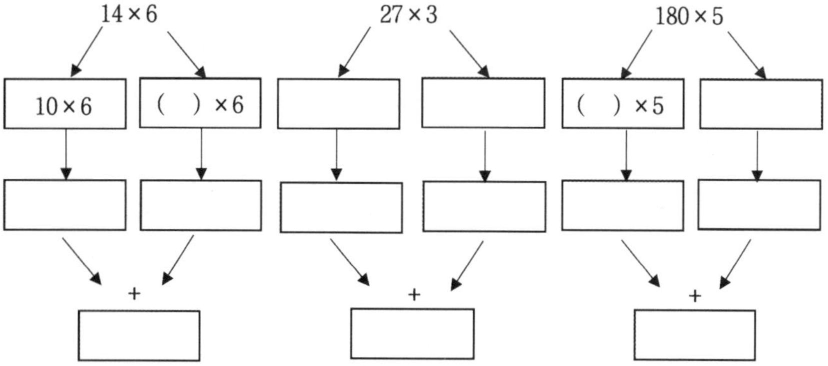

续表

2. 算一算。 12×8=　　14×6=　　13×7=　　23×4= 57×3=　　34×4=　　48×5=　　25×6= 我发现了两位数乘一位数的乘积可能是（　　）位数，也可能是（　　）位数。
3. 练一练。 1□×6，若积是两位数，□最大填（　），若积是三位数，□最小填（　）。
4. 比一比，先计算前两列算式，运用发现的规律，直接写出后两列得数。 11×5=　　14×4=　　23×4=　　15×6= 110×5=　　140×4=　　230×4=　　150×6=
5. 在括号里填上适当的数，使等式成立。 （　　）×（　　）=720　　（　　）×（　　）=720 （　　）×（　　）=1200　　（　　）×（　　）=1200

学生独立完成学习单后，进行全班交流。

教师：第 2 题通过计算和观察你发现了什么？

学生：我发现两位数乘一位数的乘积可能是两位数，也可能是三位数。

教师：同学们总结得很好，我们能不能用刚才发现的规律，说一说第 3 题是怎么做的？

学生：我是一个数一个数试乘的。

学生：我是先用估算的方法把 1□估成 20，再用 9、8、7 分别试乘，得出积是三位数时最小填 7，积是两位数时最大填 6。

教师：通过讨论我们知道了两位数乘一位数的积可能是两位数，也可能是三位数，我们在遇到这类问题时，要根据实际情况选择合适的方法。

教师：第 4 题谁来分享一下你的算法？

学生：我发现只要把第一行的得数算出来，再做第二行的时候在后面添上一个 0 就可以了。

教师：为什么可以这么做？

学生：因为第二行与第一行相比就是第一个因数末尾多了一个 0，所以要在第二行积的末尾添上一个 0。

教师：谁来说说第 5 题怎么做？

学生：我是先想乘法口诀八九七十二，再在其中一个因数后面添上一个 0，得到 80×9=720 和 90×8=720。

学生：我是先想乘法口诀二六十二，再在其中一个因数后面添上两个 0，得到 200×6=1200 和 600×2=1200。

学生：我是先想乘法口诀三四十二，再在其中一个因数后面添上两个 0，得到 300×4=1200 和 400×3=1200。

教师：这样的算式还有吗？下课后可以和同学继续交流。

设计意图：学生通过练习巩固算法，实现经验迁移，发展数感，拓展思维，提高口算能力。

课后思考

口算是数感发展过程中的一个重要组成部分，具有很高的实用价值。结合具体生活情境解决问题，有助于学生更好地理解口算乘法的应用价值。本节课的落脚点依然放在口算乘法的算理和算法上，引导学生自主探索口算乘法的算理，注重算法的多样化和算法最优化的运用。

第一，探究中明理。首先由学生熟悉的生活情境引出算式 16×3，然后让学生在圈、分、算、说的过程中，明确算理，自主探索出多种算法，体会算法多样化，最后引导学生迁移已有经验解决新问题 16×3，160×3，提高运算能力。

第二，对比中优化。注重学生已有知识经验基础，引导学生探究算理与算法的统一，先让他们对乘法和加法两种解题方法进行对比，再让他们对 16 的两种不同拆分方法进行对比，最后在不同的算法对比中进行优化，从而更深刻地理解算理，提高学生的运算能力，发展学生的推理意识和创新思维。

第三，体验中拓展。任务三第 4 题让学生运用发现的规律直接写出后两列的得数；第 5 题根据因数末尾有 0 的乘法算法，在括号中填上适当的数，使等式成立。在这一系列拓展练习中引导学生发现规律、运用规律、巩固算法、培养数感，促进思维能力的提升。

课例 8　迁移经验建模，促进思维发展

——“加法交换律和结合律”教学实践

课例名片

年级：四年级（下）

设计者：石雪玲（保定市顺平县逸夫小学）

执教者：石雪玲

指导教师：于二威（保定市顺平县教育和体育局教研室）

于彦敏（保定市顺平县逸夫小学）

课前思考

《义务教育数学课程标准（2022 年版）》提出，运算能力主要是指根据法则和运算律进行正确运算的能力。具体要求是：能够明晰运算的对象和意义，理解算法与算理之间的关系；能够理解运算的问题，选择合理简洁的运算策略解决问题；能够通过运算促进数学推理能力的发展。运算能力有助于形成规范化思考问题的品质，养成一丝不苟、严谨求实的科学态度。

在数学学习中，符号意识作为数学核心素养的重要组成部分，对学生理解和运用数学知识起着关键作用。本节课先让学生独立探究加法交换律，并尝试用符号表示；再借助小组合作归纳概括加法结合律后用字母表示。此过程就是在培养学生的符号意识，这不仅是一种对数学符号的认知和操作能力，更是一种能够运用符号进行思维、表达和解决问题的素养。

学习目标

1. 理解并掌握加法交换律、加法结合律的意义，能够用不同的方式表示发现的规律。

2. 在探究运算律的过程中发展观察能力、推理能力、迁移能力和语言表达能

力，积累基本的数学推理经验。

3. 在探究中形成符号意识，感受数学的简洁美。

学习活动

活动一：创设情境，感知规律

1. 独立探究，解决问题。

上课伊始，教师通过提问旅游方面的内容激发学生的学习兴趣，利用帮助李叔叔解决难题来激发学生的挑战欲。要求学生独立完成学习任务单。

1 李叔叔计划骑车旅行一个星期。他今天上午骑了 40 千米，下午骑了 56 千米。李叔叔今天一共骑了多少千米？

题中告诉我们哪些信息？要我们解决的问题是什么？

学习任务单

班级　　　姓名

1. 计算。

列式 1：　　　　　　　　　　列式 2：

合并成一个等式：

猜想（我的理由）：

2. 我会举例验证：　（　　）＋（　　）＝（　　）＋（　　）

（　　）＋（　　）＝（　　）＋（　　）

3. 观察以上三个算式，我发现：

我能用自己喜欢的方法表示发现的规律：

2. 全班交流，归纳总结。

学生借助任务单边展示边讲解。

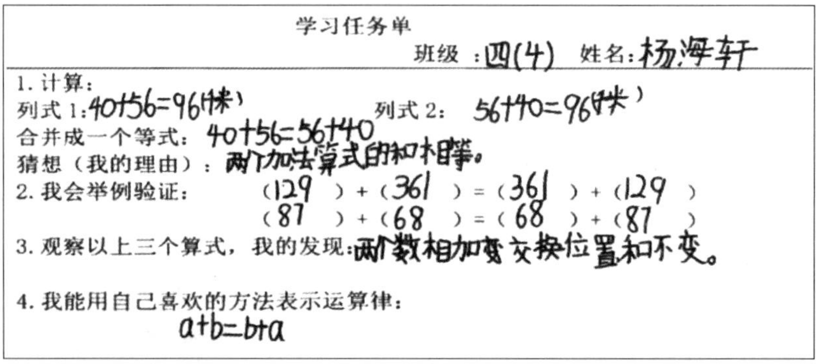
学习任务单

班级：四(4) 姓名：杨海轩

1. 计算：

列式 1：40+56=96(千米) 列式 2：56+40=96(千米)

合并成一个等式：40+56=56+40

猜想（我的理由）：两个加法算式的和相等。

2. 我会举例验证：（129）+（361）=（361）+（129）

（87）+（68）=（68）+（87）

3. 观察以上三个算式，我的发现：两个数相加交换位置和不变。

4. 我能用自己喜欢的方法表示运算律：

a+b=b+a

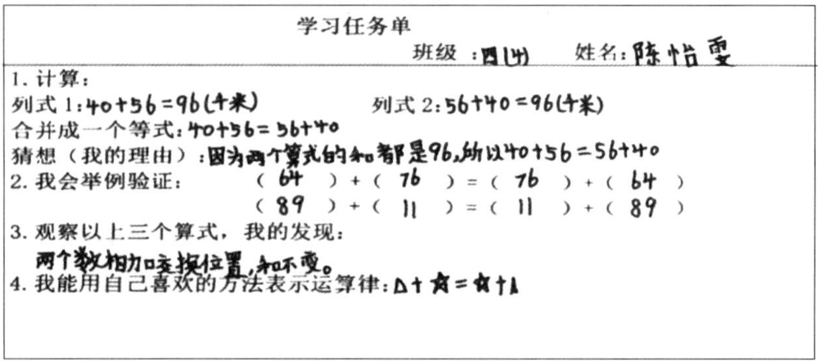
学习任务单

班级：四(4) 姓名：陈怡雯

1. 计算：

列式 1：40+56=96(千米) 列式 2：56+40=96(千米)

合并成一个等式：40+56=56+40

猜想（我的理由）：因为两个算式的和都是96，所以40+56=56+40

2. 我会举例验证：（64）+（76）=（76）+（64）

（89）+（11）=（11）+（89）

3. 观察以上三个算式，我的发现：

两个数相加交换位置，和不变。

4. 我能用自己喜欢的方法表示运算律：△+☆=☆+△

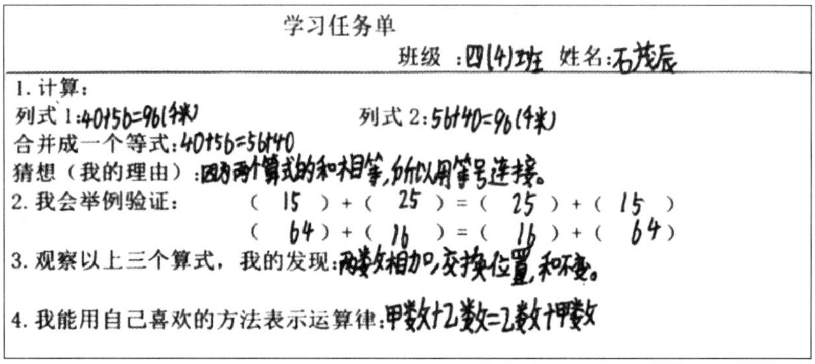
学习任务单

班级：四(4)班 姓名：石茂辰

1. 计算：

列式 1：40+56=96(千米) 列式 2：56+40=96(千米)

合并成一个等式：40+56=56+40

猜想（我的理由）：因为两个算式的和相等，所以用等号连接。

2. 我会举例验证：（15）+（25）=（25）+（15）

（64）+（16）=（16）+（64）

3. 观察以上三个算式，我的发现：两数相加，交换位置，和不变。

4. 我能用自己喜欢的方法表示运算律：甲数+乙数=乙数+甲数

教师：通过以上三位同学的展示，先猜想，再验证，最后得出结论，我们发现两个数相加，交换两个加数的位置，和不变。你能给发现的规律起个名字吗？

学生：加法交换律。（板书：加法交换律。）

教师：有的同学用a+b=b+a，有的同学用△+☆=☆+△，还有的同学用甲数＋乙数＝乙数＋甲数，表示加法交换律，这里的“甲、乙、△、☆、a、b”都可以表示什么？

学生：它们都可以表示任意一个数。

教师：同学们的这些表示方法，都很有创造性。为了方便交流，通常情况下，我们用小写字母 a、b 表示两个任意数，用“a＋b＝b＋a”来表示加法交换律。请同学们把这种表示方法写在任务单上。

设计意图：通过让学生在真实情境中解决问题，得出一个具有交换律特征的等式，由等式引发猜想，再举例验证猜想，最后归纳推理，形成结论。让学生经历“观察、猜想、验证和得出结论”的一般过程，积累活动经验，提高思考和探究问题的能力。

活动二：迁移经验，创建模型

1. 小组合作，探究规律。

教师：转眼三天过去了，李叔叔又遇到了什么困难？

2 下面是李叔叔前三天的骑行情况。

第一天	第二天	第三天
88 千米	104 千米	96 千米

这三天李叔叔一共骑行了多少千米？

(1) 从题中可以知道哪些信息？

(2) 要解决什么问题？

学生：李叔叔第一天骑行了 88 千米，第二天骑行了 104 千米，第三天骑行了 96 千米。要求的问题是“这三天李叔叔一共骑行了多少千米”。

教师：如何列式？

学生：88＋104＋96

学生：88＋（104＋96）

教师：请分别计算出得数，你有什么发现？

学生：得数相同。

学生：第二种方法计算更简便。

教师：请借用前面研究加法交换律的经验，先猜想，再验证，最后得出结论，研究加法算式中，有三个加数时存在怎样的运算规律。

学生小组合作寻找规律，完成任务后，全班交流。

2. 全班交流，总结规律。

教师：请小组代表来汇报研究结果。

学生：我们组得出的结论是：三个数相加，先加前两个数或先加后两个数，和不变。我们组的举例验证是：12＋34＋56＝12＋（34＋56）。因为 12＋34＋56＝108，12＋（34＋56）＝108，所以 12＋34＋56＝12＋（34＋56），验证了我们的猜想是正确的。我们这样表示运算律：甲数＋乙数＋丙数＝甲数＋（乙数＋丙数）。

学生：我们组的结论和上一组同学的相同。我们这样表示运算律：a＋b＋c＝a＋（b＋c）。

学生：我们也得出了相同的结论。我们这样表示运算律：△＋☆＋○＝△＋（☆＋○）。

……

教师：通过以上小组的分享我们得到了三个数相加的规律。三个数相加，先把前两个数相加，或者先把后两个数相加，和不变。这叫作加法结合律。（板书：加法结合律。）我们用小写字母 a、b、c 表示任意数（a＋b）＋c＝a＋（b＋c）来表示加法结合律，为了更清楚地看出运算顺序，我们把“a＋b”加上括号，请同学们把这种表示方法写在练习本上。

设计意图：通过让学生把研究加法交换律的经验迁移运用于加法结合律的研究，从而得出加法结合律。这样做既巩固了探究的一般过程，也提升了学生合作探究的能力。

活动三：联系旧知，沟通关联

教师：其实在以前的学习中有很多加法交换律和加法结合律的影子。请同学们先独立思考，再小组内交流，全班汇报。

学生：在一年级学习数的分解时，9 可以分成 4 和 5，也可以分成 5 和 4，就运用了加法交换律。

学生：在列式计算中 2＋4＝6，4＋2＝6，运用了加法交换律。

学生：在加法的验算中调换两个加数的位置再加一遍，和不变，运用了加法交换律。

学生：在凑十法中运用了加法结合律。例如：9＋6＝9＋1＋5＝10＋5＝15。

教师：这些是加法交换律和加法结合律的“雏形”，是“具体”的、“情景化”的体现，说明数学知识之间是有联系的。

设计意图：通过联系以前有关加法交换律和结合律的知识，深化学生的认识，培养学生的模型意识，沟通知识之间的前后联系。

活动四：运用新知，巩固提升

1. 运用运算律，简便计算。

(1) 李叔叔在骑行过程中，路过两座山，一座海拔 202 米，另一座海拔 399 米，两座山一共高多少米？

教师：请同学们利用今天所学知识，怎么简便怎么算。

学生独立完成后，全班汇报。

学生：我运用加法结合律进行了简算。

202＋399

＝2＋200＋399

＝2＋（200＋399）

＝2＋599

＝601（米）

答：两座山一共高 601 米。

学生：我是运用加法交换律简算的。

399＋202

＝400－1＋202

＝400＋202－1

＝602－1

＝601（米）

答：两座山一共高 601 米。

教师：同学们用不同的方法帮李叔叔解决了难题，为你们的表现点赞！

(2) 这堆原木一共有多少根?

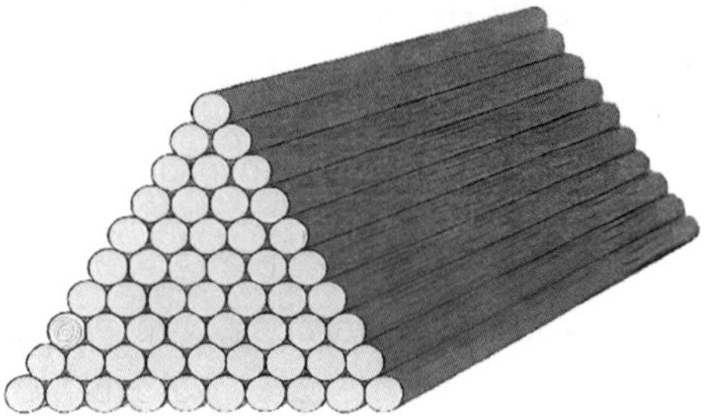

教师：怎么简便怎么算！先独立完成，再小组交流。

集体交流。

学生：10+9+8+7+6+5+4+3+2+1

=（10+1）+（9+2）+（8+3）+（7+4）+（6+5）

=11+11+11+11+11

=55（根）

答：这堆原木一共有55根。

学生：10+9+8+7+6+5+4+3+2+1

=10+（9+1）+（8+2）+（7+3）+（6+4）+5

=10+10+10+10+10+5

=55（根）

答：这堆原木一共有55根。

教师：通过努力，同学们不仅学会了加法交换律和加法结合律，还会灵活运用它们进行简便计算，老师真为你们高兴！

2. 讲数学故事，渗透数学文化。

高斯求和

八岁的小高斯念一年级时，数学老师出了一道算术题。他说：“你们算一算，1加2加3，一直加到100等于多少?”不到一分钟，小高斯站了起来，举着小石板，说：“老师，我算出来了。”说着把小石板伸到老师面前。老师低头一看，不禁大吃一惊。他简直不敢相信，这样复杂的数学题，一个八岁的孩子用不到一分钟的时间就算出了正确结果。接着小高斯说出了他巧妙的计算方法，这使老师感到吃惊。人们为了纪念高斯，把这种计算方法称为“高斯定理”。

你知道小高斯是用了什么巧妙的计算方法吗？请同学们下课后完成这道算术题。

设计意图：通过简便计算和数学故事再次感受加法交换律和加法结合律的应用价值，激发学生的学习兴趣。

课后思考

课标指出，教学活动应注重启发式，激发学生学习兴趣，引导学生积极思考，鼓励学生质疑问难，引导学生在真实情境中发现问题和提出问题，利用观察、猜测、实验、计算、推理、验证、数据分析、直观想象等方法分析问题和解决问题。

本节课在教学加法交换律时通过“观察猜想——举例验证——得出结论”的步骤，让学生经历发现规律的一般过程，促进学生理解和掌握数学的基础知识和基本技能，体会和运用数学的思想与方法，获得数学的基本活动经验。在教学加法结合律的环节中，由于学生已经从探究加法交换律的过程中掌握了基本的探究方法，所以教师适当放手，促进学生知识的自主迁移。在巩固练习环节，通过解决“两座山的总高度”“原木的总根数”，注重培养学生的简算意识，体会简算的意义。最后，通过数学故事“高斯求和”，在渗透数学文化的同时感受简算的应用价值。

课例9 在活动中“看见”，于理解中“生长”

——“认识长方形与正方形”教学实践

课例名片

年级：三年级（上）

设计者：周佳琦（保定市顺平县逸夫小学）

执教者：周佳琦

指导老师：于二威（保定市顺平县教育和体育局教研室）

刘文静（保定市顺平县逸夫小学）

课前思考

《义务教育数学课程标准（2022年）》强调“教师是学生的引路人，将学生作为教学的主体，以学生的学习需求、兴趣和特点为出发点，构建适合学生发展的教学环境和教学内容，让学生在自主探究、自我实践的过程中获得知识和技能”。学生在二年级《角的初步认识》的学习中，对角有了一定的认识，能够区分锐角、直角、钝角。同时也已经掌握了四边形的定义以及特征，懂得如何去判断一个图形是否为四边形，这些都为探索长方形和正方形的特征做了充分的准备。本节课，我设计了量一量、折一折、比一比等活动，让学生在动手操作中发现特征，在表达尝试中总结特征，训练学生的动手操作能力和概括总结能力。

学习目标

1. 经历探索长方形和正方形特征的过程，初步掌握长方形和正方形的基本特征，知道长方形和正方形各部分的名称，初步体会长方形、正方形之间的联系和区别。

2. 感悟认识图形的学习方法，增强空间观念，培养观察、操作及思考表达能力。

3. 在参与学习活动过程中提高数学学习兴趣。

课前准备

学生制作的一个长方形和一个正方形、直尺、三角尺。

学习活动

活动一：自主探究，发现特征

上课伊始，教师通过提问，先引导学生回忆学过的四边形特征，再通过生活中的实物图引出本节课的学习课题——长方形和正方形。教师用 PPT 展示图片。

（1）

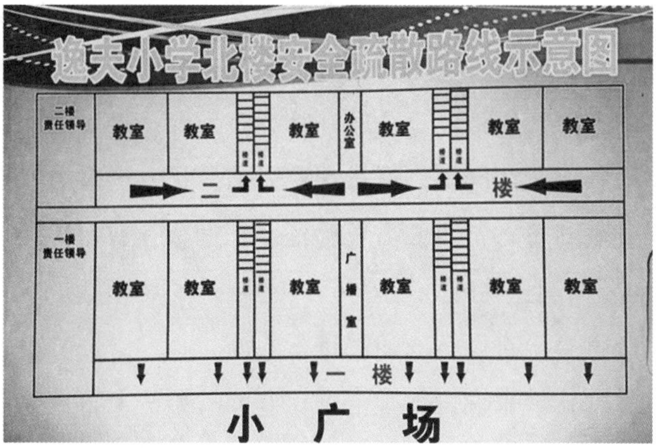

（2） （3）

教师：请同学们从学具袋中拿出自己制作好的长方形，举起来让老师看一看。仔细观察手中的长方形，看一看长方形的边和角都有什么特征，然后在小组内交流讨论。（教师巡视指导。）

集体汇报交流。

教师：请同学们说一说你们小组的发现。

学生：我们发现长方形有两条长边，两条短边，一共四条边。（教师板书：四条边。）

学生：我们发现长方形上下两条边相等，左右两条边相等。

学生：我们发现长方形有四条边，对边相等。（教师板书：对边相等。）

学生：我们发现长方形有四个角，并且每个角都是直角。（教师板书：四个角都是直角。）

教师：在刚才同学们的描述中，我听到一个词“对边”，那么什么是“对边”？（教师拿起长方形进行演示。）对边就是相对的边，上和下相对，左和右相对。

教师带领学生们一边抚摸对边，一边进行描述。

教师：在长方形中有几组对边？分别叫什么？

学生：长方形有两组对边，较长的边叫长，较短的边叫宽。（教师板书：长、宽。）

设计意图：学生在生活中接触过大量的长方形和正方形，有一定的生活经验，而且在之前的学习中已经初步感知长方形和正方形，两方面的经验足以支撑学生小组合作交流。在学生汇报时，教师适时引导质疑，逐步完善内容。

活动二：积极动手，验证特征

教师：刚才同学们通过观察得出“长方形对边相等，四个角都是直角”，这个结论到底对不对？我们需要验证。下面就用你们喜欢的方法验证长方形边和角的特征。

学生拿出直尺、三角尺进行验证。

教师：谁来说说你验证了长方形的哪一个特征？是怎样验证的？

学生：我用测量的方法验证了长方形的“对边相等”。我测量了长方形的上边长是 10cm，下边长是 10cm，说明这组对边是相等的。左边宽是 7cm，右边宽也是 7cm，这组对边也是相等的。

教师：同学们，这位同学是用什么方法进行验证的呢？

学生：量一量。

学生：我用折的方法验证了长方形对边相等。我把长方形纸上下对折，发现上下两条边完全重合，说明这组对边相等，再左右对折，发现左右两条边也完全重合，说明这组对边也相等。

学生：我验证了长方形的四个角都是直角。我用三角尺上的直角去和长方形的角比，发现完全重合，说明这个角是直角，另外三个角也是这样。

学生：我有比他更简便的方法，比一次就能知道四个角都是直角。我把长方形对折再对折，把四个角重合在一起，这样比一次就能知道四个角都是直角。

教师：的确简便多了！为他这种聪明的折法鼓鼓掌！

教师：刚才我们用量一量、折一折、比一比的方法验证了长方形的对边相等，四个角都是直角。（板书：量一量、折一折、比一比。）

设计意图：本环节通过学生量、折、比等动手操作，以及学生之间的交流展示活动，让学生亲历“做数学”的过程，感悟认识图形的学习方法，积累数学活动经验，使学生感受到数学学习是一个活泼的、主动建构的过程。既提高了学生的数学学习兴趣，也促进了思维的提升。

活动三：举一反三，感悟联系

1. 汇报交流正方形的特征。

教师：请同学们认真观看，下面老师要变一个魔术（课件演示），把长方形的长边缩短再缩短，当长和宽一样长时，变成了什么图形？（正方形。）你们一眼就看出它是正方形啦？仔细观察，你发现正方形的边和角有什么特征呢？

学生：我发现正方形的四条边都相等，四个角都是直角。（师板书：四条边都相等，四个角都是直角。）

学生：我知道正方形的每条边的长叫作边长。（师板书：边长。）

2. 验证正方形的特征。

教师：关于正方形的这两条结论对不对呢？我们还是需要验证一下。

学生拿出制作好的正方形，独立研究正方形边和角的特征，然后集体交流汇报。

学生：我用的是折一折和比一比的方法。先把正方形对折两次，四个角重合在一起，再用三角尺的直角比一次，就能知道正方形的四个角都是直角。

学生：我用量一量的方法验证了正方形的“四条边都相等”，我测量出正方形的每条边长都是 8cm。

学生：我用折一折的方法验证了正方形的四条边都相等。(学生演示。)

(1)　　　　(2)

教师：对于他这种折法你们有什么想说的?

学生：他这样折只能证明对边相等，不能证明四条边都相等。

教师：那你有什么好的方法吗?

学生：我先把正方形斜着对折成一个大三角，再斜着折成一个小三角形。

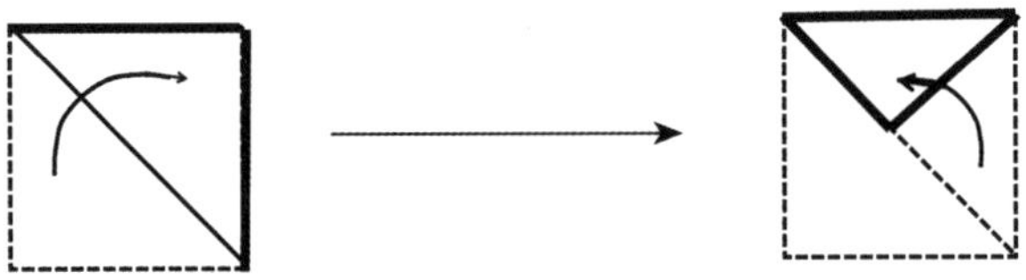

(1)　　　　(2)

教师：他把四条边都折到一起了，说明了正方形的四条边都相等。好聪明的方法，你能再教我们折一遍吗?

师生一起动手折。

3. 对比辨析，深化认识。

教师：想想这些经过我们验证的长方形和正方形的特征，有哪些相同点? 有哪些不同点?

学生：相同点是它们都有四条边，四个角都是直角。

学生：不同点是长方形对边相等，正方形四条边都相等。

学生：对边相等也是相同点。刚才我们在验证正方形的四条边相等的时候，正好说明了正方形的对边也相等。

教师：真善于思考！正方形具备了长方形的所有特征，所以说正方形是特殊的长方形。它们的关系如图所示：

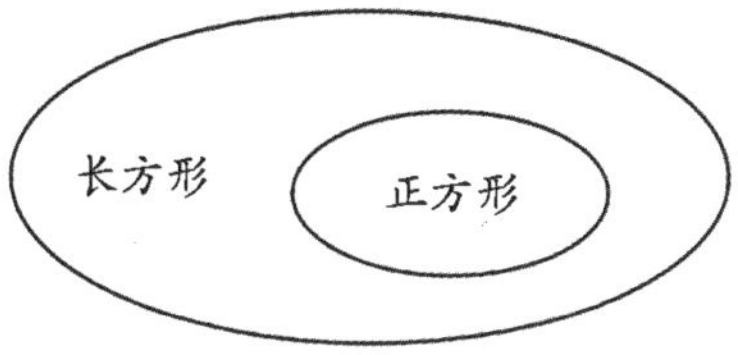

设计意图：在研究了长方形的特征后，学生已经具备了一定的操作经验，在此基础上引导学生，顺势研究正方形的特征。教师完全放手，让学生借助先前探究长方形特征获得的方法和积累的活动经验，来研究正方形边和角的特征。在对比辨析中，沟通长方形与正方形之间的内在联系，并用集合图直观展示长方形和正方形之间的包含关系。

活动四：应用特征，动手实践

教师：刚刚大家探究出了长方形和正方形的特征，你们能借助手中的材料（小棒、方格纸、三角尺等）创造出一个长方形或正方形吗？

学生合作探究创造图形，然后展示。

教师：对于他们小组创造的长方形，你有什么想问的吗？

学生：他们组用了 6 根小棒，不是说长方形只有 4 条边吗，为什么却用了 6 根小棒呢？

教师：谁来给他解释一下？

学生：因为两根小棒连接在一起还是 1 条边，而且对边是相等的。

教师：这一组同学用三角尺拼出了长方形，我想问问为什么选择两个一样的三角尺来拼呢？

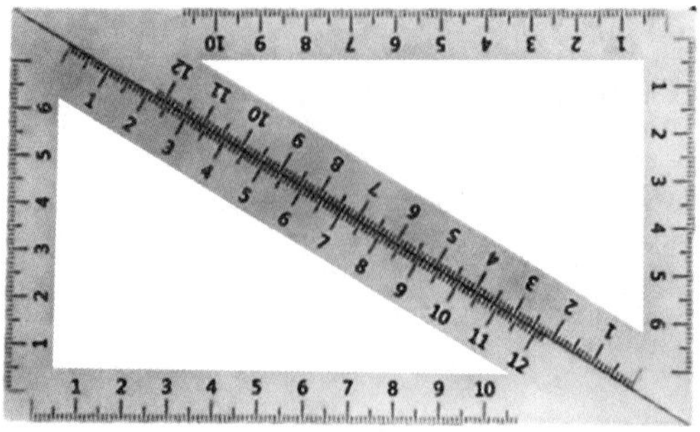

学生：因为两个一样的三角尺才能保证拼出的图形对边相等。

教师：那能拼出正方形吗？试一试。

学生：能！我拼出来了！

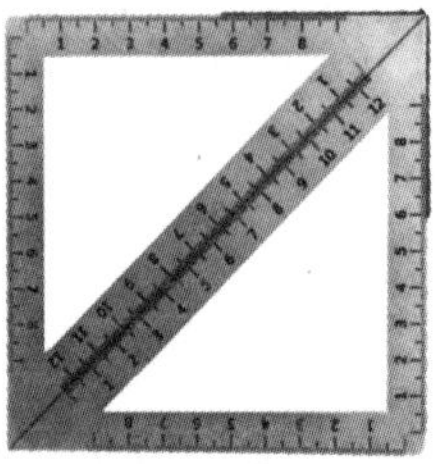

教师：同学们是利用长方形和正方形的哪些特征进行创造的？

学生：我们是利用长方形对边相等，四个角都是直角的特征创造的长方形；利用正方形四条边都相等，四个角都是直角的特征创造的正方形。

设计意图：学生利用丰富的材料创造长方形与正方形，在实践操作中进行自我表征，让思维看得见，让建构有支架。通过创造图形的实践探索，学生对图形的认识经历了“空间知觉——空间表象——空间观念”的过程，深化了学生对长方形和正方形特征的理解。

活动五　巩固练习，实践应用

在学生基本掌握长方形和正方形特征的基础上，为学生提供如下所示的学习任务单，进行巩固练习和实践应用。

学习任务单

任务一：填一填。

1. 长方形有________条边，对边________，长方形的长边叫作________，短边叫作________。

2. 正方形有________条边，________条边都相等。

3. 长方形和正方形都有 4 个________。

任务二：画一画。

请在方格纸上画出一个长方形和正方形。（提示：画线要用尺子，要沿着格子的边来画。）

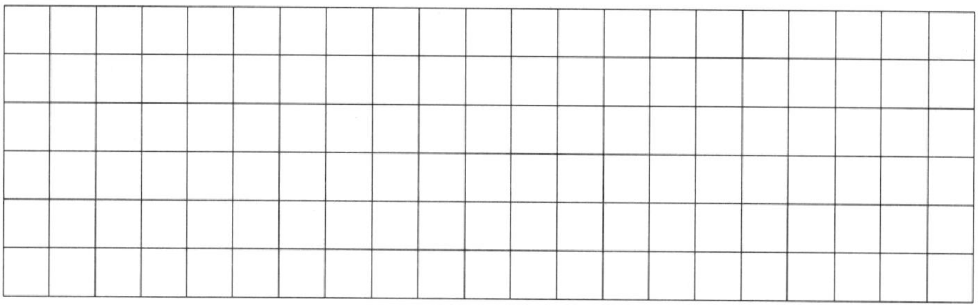

我画了一个长______格，宽______格的长方形。

我画了一个边长______格的正方形。

任务三：猜一猜。

1. 你能猜出这块长方形玻璃的另两条边的长度吗？（单位：厘米）

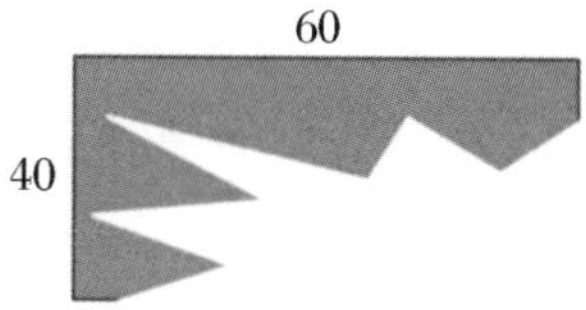

2. 你能猜出这块正方形玻璃的另三条边的长度吗？（单位：厘米）

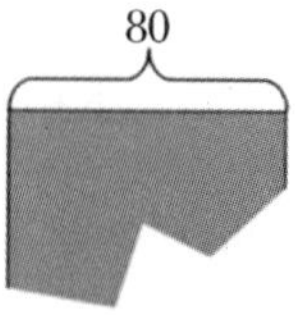

学生在独立完成学习任务单后进行全班交流。

设计意图：这次活动的练习由浅到深，既有基础练习，又有拓展性的练习，既巩固了对长方形和正方形特征的理解，又训练了学生灵活运用知识的能力。

课后思考

我们对图形的认识最初就是由观察开始的，因此观察是学生建立空间观念的基础，所以在本节课中安排了一系列的观察活动。另外，教师“放手”给予了学生独立探索的时间与空间，同时确保了每一名学生都可以利用已有的学习方法进行有序、系统的探究，让学生学会举一反三，感受知识间的联系性。整体而言，本节课达到了教学目标的要求，使学生的核心素养得到了发展，主要体现在以下两个方面：

第一，新课标指出“动手实践，自主探索，合作交流是学生学习数学的重要方式”。在本课教学中，学生通过动手操作、直观感受等活动方式去体验、感悟、发现长方形和正方形的特征，获取了研究空间图形的经验。本节课的设计充分发挥了学生学习的主动性，通过师生互动、生生互动，进一步体会长方形和正方形之间的联系。让学生在玩中学，做中学，在轻松的氛围中体验获得知识的乐趣，在活动中建立空间观念，激发学习兴趣，增强对数学的热爱。

第二，课堂练习是整个教学环节中必不可少的一部分，教师设计练习时，必须要考虑到学生的共性和个性。针对本节课的教学内容，考虑到学生的个体差异，我在课堂练习中设计的填空题，帮助学生掌握并巩固新知识。画图题，进一步帮助学生掌握长方形和正方形的特征。最后的拓展练习，发散学生的思维。这样紧扣本课重点，既注意遵循学生的认知规律，循序渐进，又注重学生思维的进阶性，把数学学习力的培养落到实处，也为不同层次的学生提供了自我表现的机会，提高了学生参与的积极性，培养了学生的数学学习兴趣。

课例 10　探索三角形特性，开启几何奥秘之门

——“三角形的特性（1）”教学实践

课例名片

年级：四年级（下）

设计者：石亚红（保定市顺平县逸夫小学）

执教者：石亚红

指导教师：于二威（保定市顺平县教育和体育局教研室）

　　　　　刘文静（保定市顺平县逸夫小学）

课前思考

《义务教育数学课程标准（2022 年版）》指出，数学课程要从学生已有的经验出发，设计丰富多彩的与现实生活紧密联系的情境和动手实践活动，以帮助学生理解数学概念，构建数学知识体系。

本节课的教学是在学生学习了线段、角的基础上进行的，从学生的生活实际出发，在提供大量形象的感性材料的同时，加强数学问题情境和操作探索活动的设计。通过观察生活中的三角形、辨析三角形引出概念，再通过找共同点认识特征和名称，然后创设情境认识底和高。在这些活动中，帮助学生认识三角形，发展空间观念。

学习目标

1. 在观察、操作活动中，理解三角形的概念及特征，了解各部分名称，会用字母表示。理解底和高的含义，能画出三角形指定底边上的高。

2. 通过观察、操作、比较、分析等活动，提升概括总结能力，发展空间观念。

3. 感受数学与生活的紧密联系，体会数学学习的乐趣。

学习活动

活动一：创设情境，激发学习兴趣

上课伊始，老师先介绍古埃及金字塔和北盘江大桥，再借助聪聪的问题“你能找出图中的三角形吗?”引导学生寻找图中的三角形，并帮助学生联系生活实际感受三角形的特点，体会三角形在生活中的应用，从而引发学生对三角形在生活中作用的思考。

(1)

(2)

设计意图：根据已有的知识经验，让学生在熟悉的情境中找三角形，列举生活中的三角形，唤醒旧经验，丰富三角形的表象，同时体会三角形与生活的密切联系。

活动二：感知特征，抽象出概念

进一步引导学生观察三角形，总结三角形的特征，如3条边、3个角、3个顶点。认识三角形各部分名称及用字母表示三角形。总结三角形的概念。

1. 结合特征，认识图形。

教师：老师在黑板上画了个三角形，谁来说说为什么叫作三角形?

学生：三角形有3个角。

教师：3个角在哪里？请你来指一指。

请一名学生到黑板上指认，其他学生伸出右手食指指一指。

老师示范3个角的位置。

学生：三角形有3条边。

教师：请来指一指3条边。

请这名学生到黑板上指认。

学生：三角形还有 3 个顶点。

教师：我们一起指一指。（老师边指边说。）

教师：我们可以给顶点标上字母 A、B、C，这个三角形就有一个特定的名称了，怎么表示呢？前面写“三角形”三个字，后面写“ABC”，读作“三角形ABC”。一起读。

学生：三角形 ABC。

教师：如果改变字母的顺序，还有另外一种表达的方式，叫三角形 BAC。

学生随老师指的字母读：三角形 BAC。

教师：如果顶点改成 D、E、F，这个三角形又怎样表示呢？

学生：三角形 DEF。

教师：三角形一般用 3 个顶点的字母来命名。

2. 对比辨析，总结概念。

教师：画三角形时要注意些什么？

学生：画图要比着尺子。

教师：对，这样才能画出直直的边。

学生：画图要用铅笔。

学生：三条边要连在一起。不要把线段画得出头了。

教师：请同学们帮老师看一看，下面哪个是三角形呢？

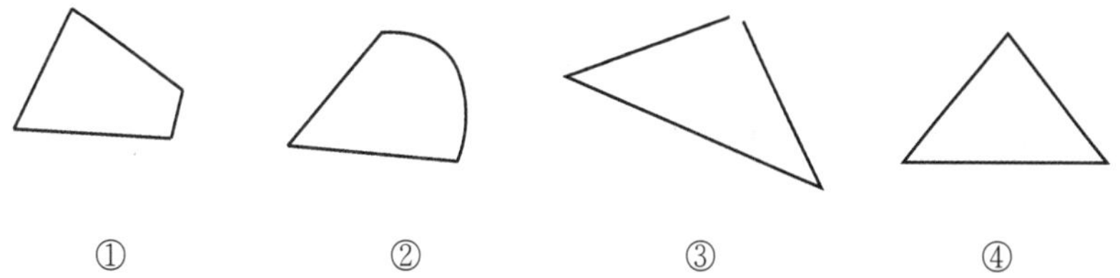

学生：图④是三角形。

教师：其他的为什么不是三角形？

学生：图①有 4 条边。

学生：图②左边有两条直的边，右面是一条曲线。

教师：应该是什么样的线呢？

学生：直线。

教师：直线两端可以无限延长，三角形的边是直线吗?

学生：不是，应该是线段。

教师：对，是线段。图③呢?

学生：图③有两条边没有连接在一起。

教师：“连接”这个词用得很好。三角形是封闭的图形，我们可以用“围成”代替“连接”。(板书：围成。)我请三位同学到前面来围成一个圈。

三名学生手拉手围成圈。

教师：同学们请看，他们手拉手围成了一个圈，手就像三角形线段上的端点，端点和端点要相连，所以“围成”就是每相邻两条线段的端点相连。请同桌两人演示“围成”。

教师：现在你们能说一说什么是三角形吗?

学生：有 3 个顶点、3 条边和 3 个角，并且是个封闭的图形。

学生：有 3 个顶点、3 个角和 3 条边围成的封闭图形就是三角形。

教师：同学们都知道抓住三角形的特征来概括。我们来看看书上是怎么说的。“由 3 条线段围成的图形（每相邻两条线段的端点相连）叫作三角形。”

学生齐读。

教师：这句话中哪些词最重要?

学生：3 条线段。

学生：围成。

教师：围成是什么意思呢?

学生：就是封闭的。

3. 动手画图，加深理解。

学生尝试动手操作，完成学习任务一、二后，展示学生作品，在全班和同桌互评中加深对三角形的理解。

【学习任务一】画出一个三角形。

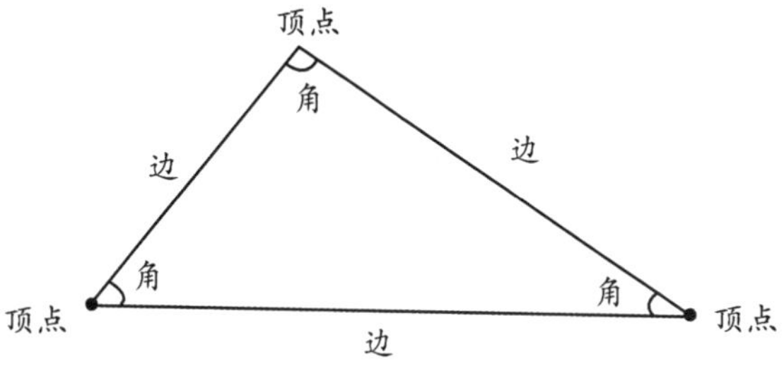

【学习任务二】标出学习任务一中三角形的 3 个顶点、3 条边和 3 个角。

设计意图：让学生观察三角形，指认边、角和顶点，亲身感受三角形的特征，加深对三角形的认识。引导学生对比辨析，抽象出三角形的概念，培养学生的抽象概括能力。“画三角形”有利于学生借助直接经验把抽象的概念和具体的图形联系起来。

活动三：借助模型，认识底和高

教师通过设计丰富多样的活动让学生去感悟、体会、发现三角形的高，探讨三角形高的画法。

1. 借助模型感知高。

教师：每个小组的桌子上准备了一些三角形的立体模型，如三棱柱、三角锥等，以及一些细线和小重物。请你操作不同的三角形模型，将细线一端固定在三角形模型的一个顶点上，另一端挂上小重物，自然下垂，从多个角度观察高的位置和特点。

小组活动，利用这些模型和材料来理解高的概念。

2. 初步认识高。

教师：请同学们利用刚才收获的知识帮助外卖员解决下面的问题吧。你们瞧，如果外卖员在 A 点，他想最快地将外卖送到对街去，他要怎么送？

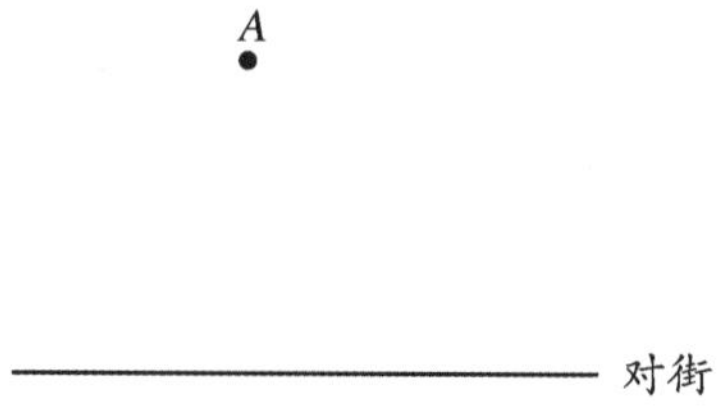

学生：垂直线段最短，这条虚线就是最短的路线。

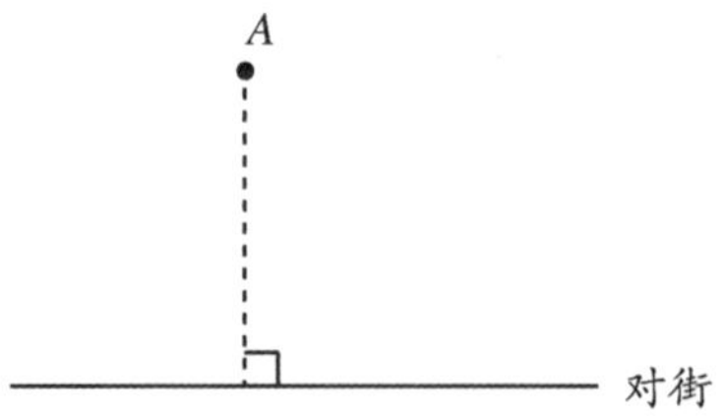

教师：这不仅是最短的垂线段，还是三角形的高，请同学们打开课本，先自主阅读，然后和小组成员说一说，什么是三角形的高，这条垂线段和三角形的高又有什么联系。

学生自学后小组交流。

教师：通过自学，你知道了什么，谁来分享自己的收获？

学生：在读书自学的过程中，我圈画的重点词是顶点、对边、垂线、线段。从中我知道了三角形的高必须是从顶点到对边画一条垂线段。

教师：看来你自学能力很强，也很有收获。

学生：我们刚才画的是过直线外一点作它的垂线，如果将旁边的两条边补齐，它就是一个三角形，这条最短的垂线段就是它的高，你们看。

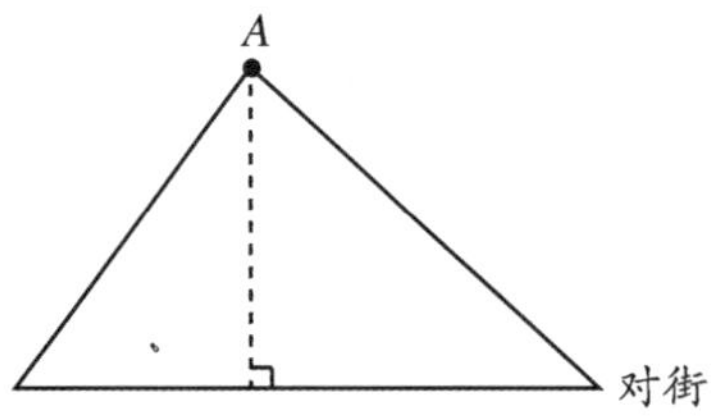

学生：我们小组认为画三角形的高，找到顶点和对应的底边就行，这样就可以画出一条三角形的高了。

3. 示范画高。

教师：怎样正确地画出三角形的高呢？请你们在学习单上画一画。

学生完成学习任务三。

【学习任务三】画出下面三角形的高。

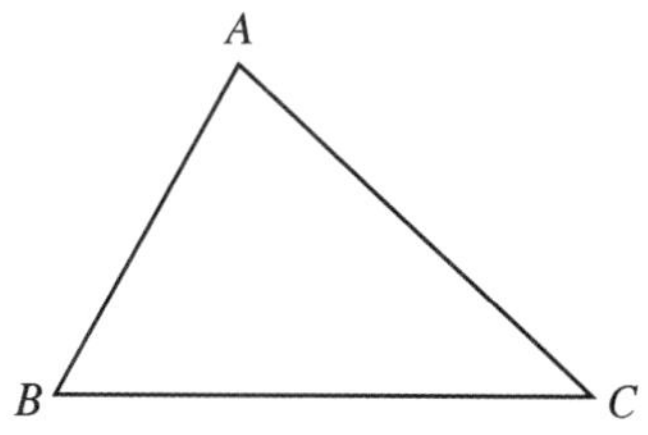

教师：谁到黑板上画一画，再给同学们讲一讲你是怎么画高的。

指名学生到前面边画边讲。

学生：我将三角尺的一条直角边与 BC 这一底边重合，移动三角尺，使另一条直角边与底边相对的顶点 A 重合，再从顶点 A 向对边画一条垂线段，我就画出了三角形 BC 这条底边上的高。

教师：看他操作得多标准啊，可见平时学习一定很扎实。我们一起将他的方法演示一次。

教师拿出三角尺，找到三角尺的两条直角边，将其中的一条直角边与底边 BC 重合，另一条直角边靠近顶点 A，然后从顶点 A 用虚线画垂线，最后标上直角符号。

教师：想一想，这个三角形还可以画高吗？

学生：我画的是 AC 底边上的高。（学生走上前展示操作。）

再请一名同学用三角尺检查画得对不对。

教师：看来三角形的高和底是相对应的，不同的底对应着不同的高。

教师：这个三角形可以画几条高呢？

学生：可以画 3 条高。

教师：为什么？

学生：因为三角形有三组对应的顶点和边。

教师：请你们接着画一画吧。

学生活动，教师巡视指导。

展示学生作品，对比辨析。

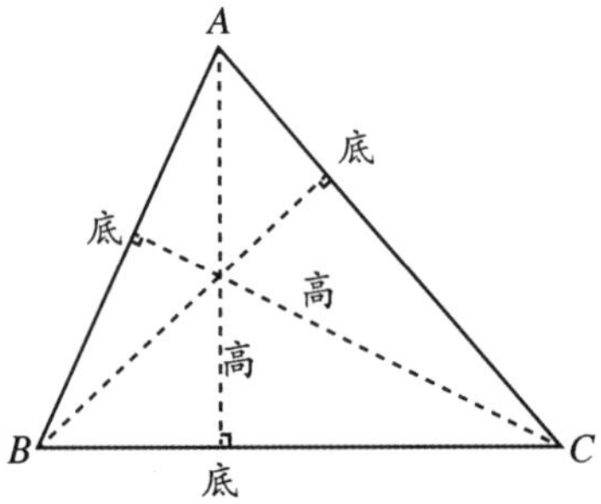

教师：画完三条高，你有没有意外发现？

学生：三条高交于一点。

教师：数学就是这样神奇，当你用严谨的态度对待它，在用心思考、认真解决问题的过程中，它经常会给你带来惊喜。

教师：如果画出的三条高没有交于一点，可能是什么问题？

学生：可能是画高的过程不规范。

教师：是的，如果你画的三条高没有交于一点，请你用三角尺再检查哪个步骤不规范，重新画一次。

教师：观察下面两幅图，分别指出三角形 ABC 的三条高。你有什么发现？

学生完成学习任务四。

【学习任务四】分别指出下图中三角形 ABC 的三条高。

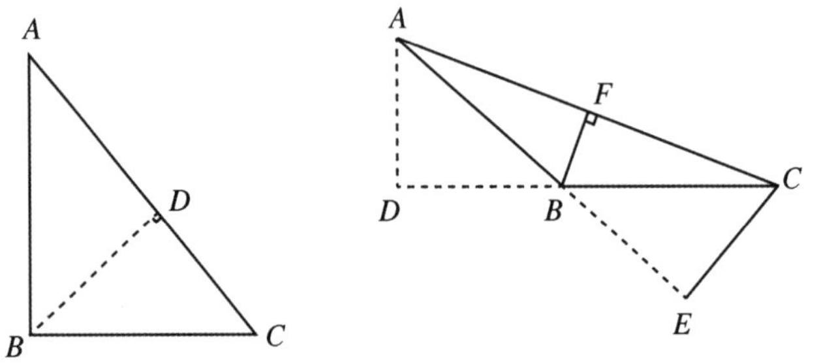

学生独立思考后，同桌交流，指名汇报。

教师：直角三角形中两条直角边互为底和高，钝角三角形的两条高在三角形的外部。

设计意图：画三角形的高是本节课的难点，学生理解了“过点 A 作已知直线的垂线”后就能明白作垂线的根本原理，从而找到画三角形高的方法。让学生画三角形的另外两条高，既加深对三角形底和高的认识，又掌握高的规范画法，同时还能得出三角形有三组对应的底和高的结论，这样能更好地突破本课的难点。

活动四：巩固练习，深化认识

1. 巩固练习。

学生先独立完成学习任务，再集体交流、订正。

(1) 填空。

①右下图三角形可以表示为三角形（　　），它的三条边分别是线段 AB、（　　）和（　　）。

②三角形有（　　）个顶点，有（　　）条高。

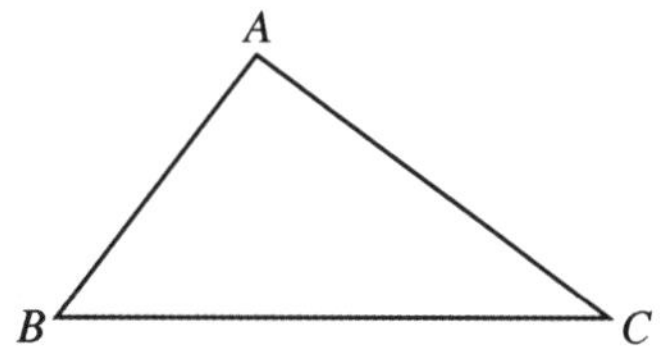

(2) 画出下面每个三角形指定底边上的高。

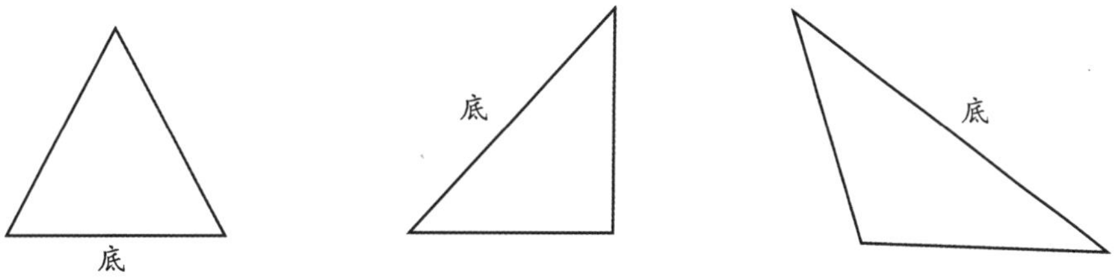

(3) 如图，在三角形 ABC 中，线段（　　）是 BC 边上的高。

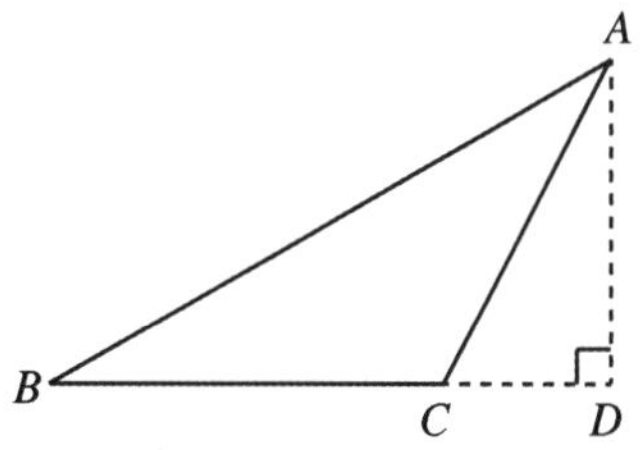

2. 总结收获。

教师：通过这节课的学习，我们对三角形有了进一步的认识，说一说你有什么收获。

学生：我认识了什么是三角形，而且知道三角形有三个顶点、三条边和三个角。

学生：我学会了怎样画三角形，方法还不止一种呢！

学生：我认识了三角形的底和高，还会画出底边对应的高。

课后思考

学习活动是学生获取知识的过程，也是学生完成知识自我建构的过程。本节课通过设计学习任务，引导学生自主探究，使他们全身心地投入到数学学习的活动中去，在活动中获取深刻的体验，从而更好地掌握知识。

第一，从“活动”的视角诠释教材。为了较好地完成教学目标，我通过对教材进行深入分析，并结合学生的学情基础，设计了许多学习活动，既包括学生的观察活动，也包括学生的操作活动，比如概括三角形的特征时，学生通过找一找、想一想、说一说、画一画等一系列的学习活动，认识了三角形及其特征，积累了数学活动经验，发展了空间观念。

第二，以“探究”的方式组织活动。《义务教育数学课程标准（2022年版）》指出，数学教学必须从学生熟悉的生活情境和感兴趣的事物出发，为他们提供参与的机会，为他们创设一个发展的空间。比如规范画高这个环节，学生在操作三角形的模型中感悟三角形的高，紧接着思考“外卖员怎样最快地将外卖送到对街去?”这个问题，明白了过直线外一点作这条直线的垂线，与三角形的高有联系，再通过自学课本，自己尝试在三角形上画高，分享画高的方法。通过这些探究活动，激发了学生的学习兴趣和主动性。

第三，借“经历”的过程培养能力。为了开展有效的教学，更好地发展学生的空间观念，培养学生观察、思考、表达的能力，在教学过程中重视与学生旧经验的对接，让学生经历知识形成的过程，并注意留给学生充分进行自主探索和交流的空间。比如在教学三角形的概念时，不直接给出结论，而是提供丰富的动手实践的素材，提出思考性较强的问题，让学生通过探索、实践、讨论、交流获得三角形的概念。

课例 11　感悟运筹思想　培养优化意识

——“沏茶问题”教学实践

课例名片

年级：四年级（上）

设计者：王敏（保定市顺平县逸夫小学）

执教者：王敏

指导教师：于二威（保定市顺平县教育和体育局教研室）

于彦敏（保定市顺平县逸夫小学）

课前思考

《义务教育数学课程标准（2022 年版）》明确指出：立足学生核心素养发展，集中体现数学课程的育人价值。作为教师，在课堂教学中，不仅要关注教学结果，还应关注知识的形成过程、学生的学习体验，更要关注是否能促进学生的可持续发展。本单元教学的核心目标是让学生感受并初步理解优化的数学思想。让学生在理解知识的同时感悟优化的数学思想，成为教学设计要着重思考的问题。为了达成这一目标，我以创设学生为主体的开放式课堂为落脚点，让学生在自主思考、讨论、交流、合作中探究出最优的策略。以培养学生的创新思维、合作意识和表达能力，让核心素养在课堂教学中落地生花。

学习目标

1. 在解决实际生活问题的过程中，感悟运筹思想，并能用流程图表示合理安排做事的过程。

2. 经历自主探究、合作交流的过程，认识解决问题策略的多样性，通过对比获得最优方案，培养择优意识与解决问题的能力。

3. 感受数学在日常生活中的广泛应用，逐步养成合理安排时间的良好习惯。

学习活动

活动一：情境导入，激发探究兴趣

课堂伊始，联系学校“以劳育人　家校共进”的家务打卡活动，体会家务劳动中的智慧。

星期天的早晨，妈妈的好朋友李阿姨要来小明家做客。此时是 8 时，小明妈妈要在 8：15 前完成下面的事情，再下楼接朋友，她能接到朋友吗？

教师：妈妈能接到李阿姨吗？为什么？

学生：不能接到李阿姨。因为做完这些事情需要 17 分钟，从 8：00 到 8：15 只有 15 分钟，时间不够用。

学生：能接到李阿姨。因为在煮蛋的同时可以晾晒衣服，这样 12 分钟就完成这些家务了。

结合学生回答，引导学生分析并得出结论：有些事情可以同时做，这样节省时间。

教师：这就是我们今天要研究的“数学广角”里的沏茶问题。（板书：沏茶问题。）

设计意图：这样的引入可以让学生结合做家务的生活经验讨论交流，初步感知有些事情可以同时做，就能节省时间。在轻松的氛围中进入新课的学习，激发学生的学习兴趣，为新知的探究奠定基础。

活动二：探究新知，寻找最优方案

1. 出示情境图，引入沏茶问题。

教师：妈妈顺利地把李阿姨接到家里做客，让小明帮忙沏杯茶招待客人。我们一起来看看小明沏茶需要做哪些准备工作及所需要的时间。

烧水：8分钟

洗水壶：1分钟

洗茶杯：2分钟

接水：1分钟

找茶叶：1分钟

沏茶：1分钟

教师：要完成沏茶的任务，需要做几件事？

学生：六件事。

教师：你能合理安排这些事情的顺序，完成“沏茶”的任务吗？如果想让客人尽快喝上茶，“尽快”是什么意思呢？

学生：尽快就是用最少的时间让客人喝上茶。（板书：用时最短。）

2. 小组合作，探究解决问题的策略。

（1）小组合作探究方案。

教师：如果让你帮小明完成沏茶的任务，有没有巧妙的办法呢？小组一起来探究。

小组合作要求：

①说一说：沏茶的工序有哪些及各个工序所用的时间。

②想一想：为了让客人尽快喝到茶，应该怎样安排这些工序？

③摆一摆：用手中的工序卡摆一摆设计方案。

④算一算：计算出所用时间

学生明确活动要求后分小组活动，教师巡视并适当指导。

（2）汇报交流展示成果。

①厘清先后顺序。

教师：大家都找到了沏茶方案，下面一起来交流一下。

【小组方案1】

学生：我们的方案是先洗水壶，再洗茶杯，洗完茶杯找茶叶、接水、烧水，最后沏茶。1+2+1+1+8+1=14（分钟），用时 14 分钟。

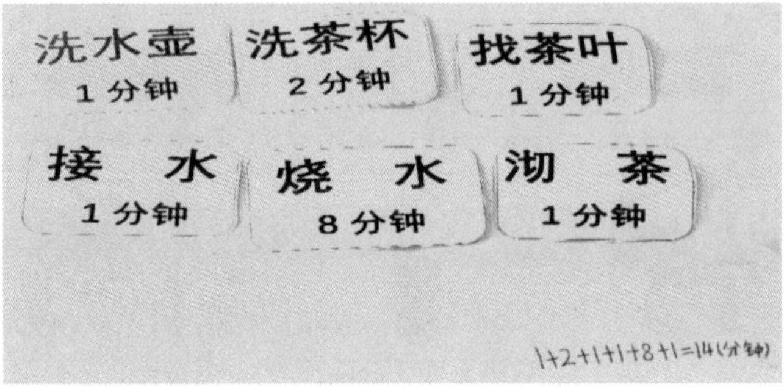

教师：这位同学用上了表示顺序的词，把事情的先后顺序表述得真清楚。

教师：你们觉得这种方案可行吗？

学生（齐）：可行。

【小组方案 2】

学生：我们的方案是先洗水壶，再接水，然后烧水，水开后找茶叶、洗茶杯，最后沏茶。1+1+8+1+2+1=14（分钟），用时 14 分钟。

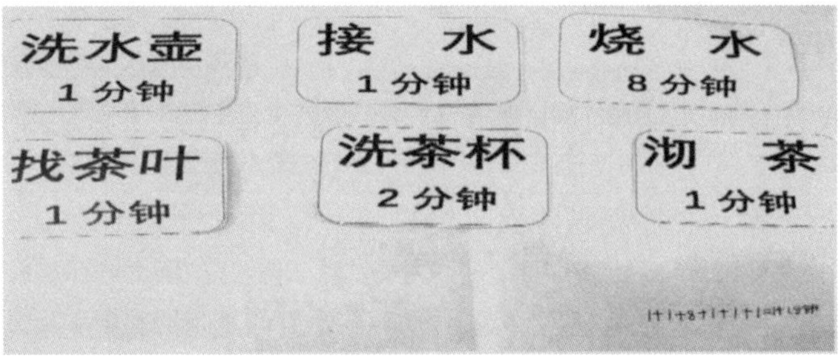

教师：在沏茶的过程中哪些事情是不能颠倒顺序的？

学生：沏茶时应该先洗水壶，再接水，烧水，水烧开后，才能沏茶，这些事情是不能颠倒顺序的。

教师：可见做事要有一定的先后顺序。（板书：先后顺序。）

②优化沏茶方案。

教师：刚才的两种方案是用时最少的吗？

学生：不是。

教师：我们来看其他方案。

【小组方案 3】

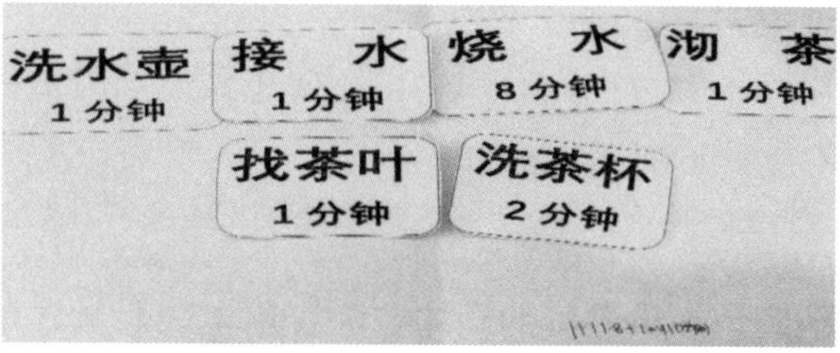

学生：我们的方案是先洗水壶，再接水，接水的同时找茶叶，然后烧水，烧水的同时找茶杯，最后沏茶。1+1+8+1=11（分钟），用时 11 分钟。

教师：的确这种方案用时少了，大家评价一下这种方案吧！

学生：接水的同时不能找茶叶，因为接水和找茶叶都是一分钟，找到茶叶的时候水已经接满了，来不及关水龙头，浪费水。

教师：有道理。可见我们还要考虑同时做事的可行性。

学生：接水的同时不能找茶叶，但烧水的同时可以找茶叶、洗茶杯。（学生上前调整方案，教师板书最优方案。）

教师：这位同学把刚才的方案调整了一下，这样就合理了。

【调整后方案 4】

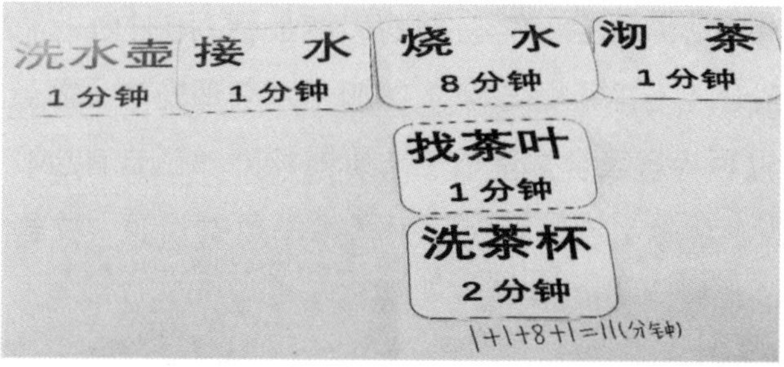

教师：烧水的同时能干这两件事吗？

学生：能。因为找茶叶 1 分钟、洗茶杯 2 分钟，在烧水的 8 分钟里做这两件事情，时间够用。

教师：对比用时 14 分钟的方案和用时 11 分钟的方案，哪里节省了时间？

学生：烧水的 8 分钟里同时找茶叶和洗茶杯，节省了 3 分钟的时间，所以只计算烧水的时间就可以了，1+1+8+1=11（分钟）。

学生：用时 14 分钟的方案是一个工序一个工序完成的。用时 11 分钟方案是能同时做的事情同时做。

教师：可见做事除了要考虑先后顺序，还要想到能同时做的事同时做，才能节省时间，我们还要考虑同时做事的可行性。

③画流程图。

教师：为了更清楚地看出做事的顺序，除了用上表示顺序的词以外，我们还可以用箭头把这些事情连接起来。像这样表示事情先后顺序的图叫作流程图。

洗水壶（1 分钟）→接水（1 分钟）→烧水（8 分钟）→沏茶（1 分钟）

找茶叶（1 分钟）

洗茶杯（2 分钟）

1＋1＋8＋1＝11（分钟）　用时 11 分钟

教师：流程图横向表示什么？纵向表示什么？

学生：横向表示事情的先后顺序，纵向表示同时做的事情。

（3）讨论交流，总结收获。

教师：回顾刚才的学习过程，你有什么收获？

学生：能同时做的事情要同时做。

学生：还要注意做事情的顺序不能颠倒。

教师：先思考事情的顺序，再考虑哪些事情可以同时做，最后计算出所需时间。这样才能做到合理安排，提高效率。（板书：合理安排。）

4. 介绍优化法，渗透数学文化。

华罗庚是我国著名的数学家，他在研究中发现合理安排时间可以大大提高工作效率，他提出的“优选法”广泛地应用于人们的生产和生活，形成了数学中一门应用性很强的分支——运筹学。

设计意图：通过思考、操作、交流、对比、优化等数学活动，让学生在实践中体验解决问题的多种策略，并在比较中寻求最优策略，感悟优化思想，同时体会到数学的简洁美。这样不但可以提高学生的思维能力，而且可以帮助学生积累数学活动经验，培育“三会”的数学核心素养。

活动三：联系实际培养优化意识

教师：用我们学到的优化思想来解决生活中的问题吧！

1. 巩固应用。

请看下题：

小红感冒了，吃药后要赶快休息。她应如何合理安排下面所列的事情？

找杯子倒开水 1 分钟，等开水变温 6 分钟，找感冒药 1 分钟，量体温 5 分钟。（用流程图表示。）

先独立思考，用流程图表示最合理的方案，再集体订正、展示方案。

【学生方案】

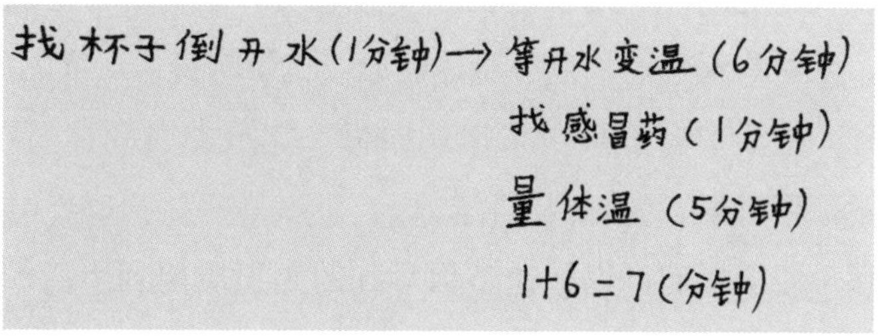

2. 思考辨析。

教师：我们刚才都是采用同时做事的方法来节省时间的，你们有哪些合理安排时间的经验？

学生：早上我在等奶变温的同时洗脸、刷牙。

学生：晚上我一边泡脚，一边听英语。

学生：我在等公交车的时候看课外书。

教师：同学们说得真好！生活中是不是所有的事情都能同时做呢？

这些做法合理吗？

一边走路一边看书　　一边吃饭一边看电视

学生独立思考，集体交流。

学生：小明一边走路，一边看书。不能同时做，因为对我们的视力有伤害，也不安全。

学生：小红一边吃饭，一边看电视。不可以同时做，因为吃饭时看到有趣的节目，会大笑，可能呛到我们，危害身体健康，也影响身体对食物的消化和吸收。

教师：可见，生活中有些事情可以同时做，能节省时间。但在合理安排时，也要考虑这样做是否科学。（板书：科学。）

教师：老师希望同学们可以把这节课学到的知识应用到生活中去，用节省出来的时间做更多有意义的事情，做管理时间的小主人。最后老师送给大家培根的一句话：“合理地安排时间，就等于节约时间。”

设计意图：学生通过独立解决生活中的问题，将优化思想用于生活实践，培养学生的应用意识。通过辨析日常生活中的两个常见例子，让学生学会理性判断，并在对比中体会到“合理安排”指的是“科学合理”。

课后思考

《义务教育数学课程标准（2022年版）》指出：注重发挥情境设计与问题提出对学生主动参与教学活动的促进作用，使学生在活动中逐步发展核心素养。本节课努力落实这一要求。

第一，创设真实情境，体会应用价值。本节课以学校举行的“以劳育人　家校共进”家务打卡活动为切入点，首先设计了完成家务去接客人的场境，引导学生初步体会有的事情可以同时做；然后设计了帮小明完成沏茶任务的活动，让学生经历沏茶方案设计、调整、优化的过程，体会做事的有序性及合理性，感悟数学的简洁美；最后在巩固练习中解决吃感冒药等问题，让学生独立运用优化思想解决问题。这些事件都与学生的生活紧密联系，让他们在真实情境中体会运筹思想的应用价值，培养学生优化意识。

第二，分层设计问题，照顾全体学生。基于部分学生基础薄弱，参与积极性不高的学情，在提出沏茶任务后，先用图片展示沏茶任务需要做的几道工序，然后分三个层次提出问题引发学生思考。要完成沏茶的任务，需要做几件事？此问题让学生初步了解沏茶工序。你能合理安排这些事情的顺序，完成沏茶的任务吗？旨在让学生通盘考虑每道工序的先后顺序。怎样尽快让客人喝上茶？提示学生考虑节省时间，提高效率。这几个问题从“干什么、怎么干、怎样干得快”三个层次为学生提供了想事、做事的支架，分解了任务难度，为不同水平的学生解决问题搭建起脚手架。

第三，经历优化过程，感悟运筹思想。以“沏茶任务”为载体，紧紧抓住“怎样才能让客人尽快喝上茶”这一关键问题，引领学生自主探索、交流合作，使学生经历了从无序到有序，再到优化的思考过程，积累数学活动经验，感悟运筹思想，体验数学应用的价值。

课例12 假设启智破迷局 差异推演揭本质

——“鸡兔同笼”教学实践

课例名片

年级：四年级（下）

设计者：袁阔 郑玉杰（顺平县第三小学）

执教者：袁阔

指导教师：于二威（顺平县教育和体育局教研室）

课前思考

“鸡兔同笼”问题是我国古代著名的数学趣题，教材安排这一内容，一方面通过生动有趣的古代数学问题，让学生感受我国古代数学文化，另一方面让学生在解决问题的过程中了解解决问题的方法和策略。

“鸡兔同笼”问题的解法包括列表法、假设法、方程法等。由于还没学方程解法，因此本节课主要引导学生通过猜测、列表、假设等方法来解决问题。

这节课思维难度较大，在引导学生尝试用不同的方法解决问题的过程中，重点放在“假设法”的教学上，因为“猜测法”和“列表法”具有局限性，而“假设法”是解决此类问题的一般方法，并且有利于培养学生的逻辑推理能力。教学中要给学生充分的空间、足够的时间探究、讨论解决此类问题的方法，并在小组交流、合作的过程中了解不同方法的特点，积累解决问题的经验。通过化繁为简、数形结合等数学思想方法的运用，引领学生思维逐步由形象到抽象过渡，构建起用假设法解决“鸡兔同笼”类问题的数学模型，培养学生的模型意识。

学习目标

1. 了解“鸡兔同笼”类问题的结构特点，体会“化繁为简”的数学思想。

2. 通过列表、假设等系列活动经历建构“鸡兔同笼”类问题模型的过程，初步理解解决此类问题的一般策略，体会解决问题策略的多样性。

3. 在解决问题的过程中培养猜测、有序思考及逻辑推理能力，感受古代数学问题的趣味性。

学习活动

活动一：在数据猜测中，引出化繁为简的必要性

教师：同学们，你们听说过“鸡兔同笼”问题吗？这是我国古代一道著名的数学趣题。今天我们一起来研究这道趣题。

课件出示题目。

今有雉兔同笼，上有三十五头，下有九十四足，问雉兔各几何？

教师：这是什么意思呢？

课件出示译文。

现有鸡兔在同一个笼子里，从上面数，一共有35个头，从下面数一共有94只脚。问鸡和兔各几只？

学生齐读译文。

教师：看这道题把这些小朋友都难得急出了汗，你们知道答案吗？知道的请举手！

学生无一人举手。

教师：看来有难度，头数、脚数都这么多，一下让说出鸡和兔有几只，太难想了。如果把数字改小点，你能快速想出答案吗？

课件出示数字改小后的题目。

今有鸡兔同笼，上有2头，下有6足，问鸡兔各几只？

学生：1只鸡，1只兔。

教师：如果是3头8足呢？

学生：2只鸡，1只兔。

教师：为什么这么快就能得出答案？

学生：数字小，很容易想到。

教师：数字大的问题不容易想，如果把大的数字改小，就容易想。我们可以借用数字小、容易想的问题的研究方法，再去研究数字大、不容易想的问题。这其实是数学上常用的一种解决问题的方法——化繁为简。（板书：化繁为简。）

设计意图：新课伊始，借古代著名数学趣题引出学习内容，不仅激发学生的学习兴趣，还使学生感受到我国数学文化的源远流长，增强民族自豪感。通过“改数”使学生感受到“化繁为简”数学思想的应用价值。

活动二：列表法解决问题，并感知其局限性

1. 尝试用猜测法解决问题。

教师：在下面这道“鸡兔同笼”问题中，数字相对小了许多，我们一起来探究解决方法吧。

课件出示题目。

笼子中有若干只鸡和兔子，从上面看一共是 8 个头，从下面看一共是 26 只脚，兔子和鸡各有几只？

教师：认真读题并思考有哪些关键信息。

学生：鸡兔共 8 个头，鸡兔共 26 只脚。

教师：请问这 8 个头是谁的头？

学生：鸡和兔的头。

教师：也就是说笼子里的鸡和兔一共有 8 只。

教师：知道 1 只鸡有几只脚，一只兔有几只脚吗？

学生：鸡有 2 只脚，兔有 4 只脚。

教师：你们还找到了隐藏的信息。很善于思考。让我们先来猜一猜，8 只里面有几只鸡、几只兔？

学生：1 只鸡 7 只兔。

教师：猜得对吗？如何验证？

学生：算一下脚数。

师生共同计算

$1\times2+7\times4=30$（只）

教师：30 只脚与题目中给出的 26 只脚不相符，说明猜得不对。怎么办？

学生再换其他数尝试一次，仍不正确。

2. 用列表法解决数字较小的问题。

教师：如果这样随意地猜下去，容易猜到正确结果吗？

学生：不容易。

教师：能确保猜到正确结果吗？

学生：能，把每一种情况都试一次，一定能找到正确结果。

教师：对！我们可以采用列表的方式，把每一种情况都有序地列出来，一定能找到正确结果。请你们借助下面的表格找到正确答案。

课件出示空白表格。

鸡								
兔								
脚								

学生填完部分表格，找到正确答案。

展示学生作品：

鸡	8	7	6	5	4	3	2	1	0
兔	0	1	2	3	4	5	6	7	8
脚	16	18	20	22	24	26			

教师：回头看，我们是怎样找到正确答案的？

学生：把鸡和兔共8只的所有情况一一列在表格中，然后一个个地算它们的脚数，算着算着我们就发现了正确答案。

教师：像这样，按顺序列出所有情况，进而找到答案的方法，我们称它为“列表法”。（板书：列表法。）

3. 出示数字大的问题，感受列表法的局限性。

教师：看来列表法挺好的，能够解决鸡兔同笼问题，那现在咱们就用列表法解决一下那道35头，94足的古代趣题，你们觉得怎么样？

学生：我觉得全部列出来太麻烦了。

教师：你们有同感吗？

学生：有。

教师：看来列表法虽然能解决鸡兔同笼问题，但当遇到数据较大的时候使用起来就不方便了。

学生：老师，还有别的方法吗？

教师：看样子有必要再去寻找一种更简单的方法。

设计意图：让学生经历用列表法解决鸡兔同笼问题的全过程，培养学生有序思考的习惯。在填表过程中，初步体验随着鸡和兔只数的调整，脚的总数量会发生变化，为后面学习假设法做好铺垫。通过一道数据很大的鸡兔同笼问题，使学生体会“列表法”的局限性，探究“一种更简单方法（假设法）”的必要性。

活动三：发现表格规律，探究假设法

1. 观察表格，发现规律。

教师：那我们继续往下看表格，表格还有一部分没填完，能不能不计算，快速把后面几个数据填完。

学生：28，30，32。

根据学生回答，教师将数据填入相应表格中。

鸡	8	7	6	5	4	3	2	1	0
兔	0	1	2	3	4	5	6	7	8
脚	16	18	20	22	24	26	28	30	32

教师：填得这么快，你们怎么填出来的？

学生：脚的只数依次增加 2。

教师：谁能解释为什么，为什么脚数依次增加 2？

学生：1 只兔比 1 只鸡多 2 只脚，

教师：你们说得很清楚，不知道都理解了没有，我们请图形朋友帮帮忙！

黑板上画图：

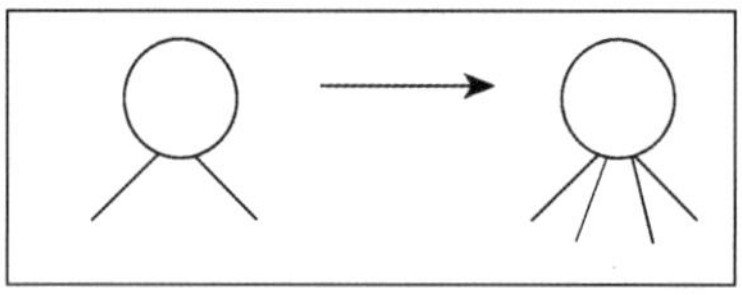

教师边画图边讲解：一只鸡换成一只兔，就由 2 只脚变成 4 只脚。

要求学生从左向右观察表格。

教师：鸡减少 1 只，兔子就增加 1 只，这个过程其实就是把 1 只鸡换成 1 只兔，总脚数就增加 2。

教师：反过来，把 1 只兔换成 1 只鸡，总脚数怎么变？

学生：总脚数就减少 2。

2. 聚焦特殊数据，探究假设法。

引导学生聚焦于表格的前两列。

鸡	8
兔	0
脚	

教师：表中 8 和 0 分别指什么？

学生：鸡有 8 只，兔有 0 只。

教师：8 只鸡 0 只兔，也就是假设 8 只都是鸡。

（板书：假设都是鸡。）

教师：此时共有多少只脚？怎么算出来的？

学生：16 只，8×2＝16（只）（板书：8×2＝16（只））

教师：为什么比给出的 26 只脚少？

学生：我们假设的都是鸡，实际笼子里还有兔子。

教师：比 26 只脚少了多少只脚？

学生：10 只。（板书：26－16＝10（只））

教师：怎样才能把少的脚补回来？

学生：把当成鸡的兔子还原回来。

教师：那我们要把一些鸡换成兔子，换几只呢？

学生：要根据少的脚数来换。1 只鸡比 1 只兔子少 2 只脚，现在少 10 只脚，所以要将 5 只鸡替换成兔子。

要求同桌二人互相讲一讲替换的过程，帮助理解，并独立完成学习单，反馈掌握情况。

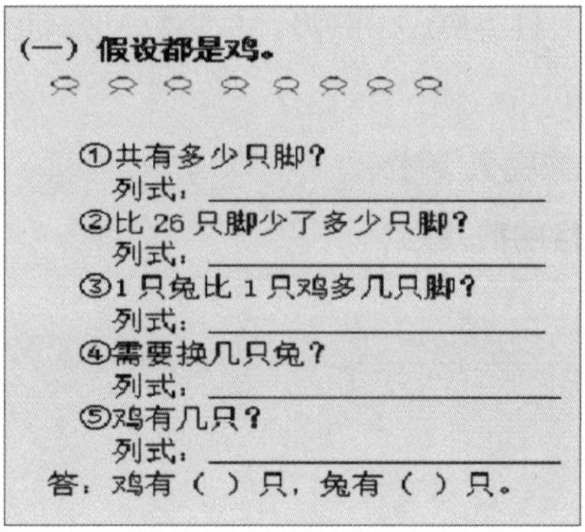
（一）假设都是鸡。

①共有多少只脚？
列式：
②比 26 只脚少了多少只脚？
列式：
③1 只兔比 1 只鸡多几只脚？
列式：
④需要换几只兔？
列式：
⑤鸡有几只？
列式：
答：鸡有（ ）只，兔有（ ）只。

教师巡视，挑选学生作品进行展示。

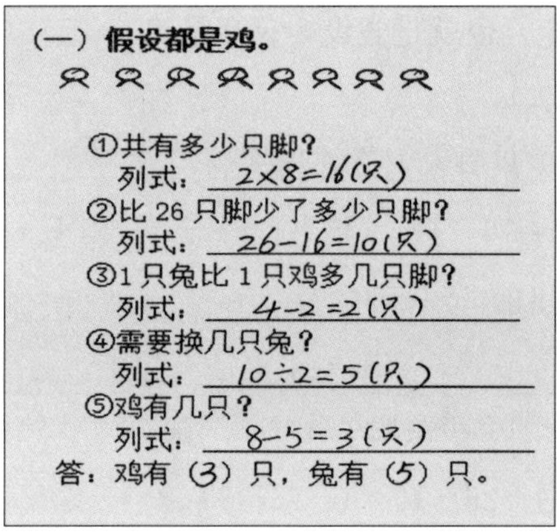
（一）假设都是鸡。

①共有多少只脚？
列式：2×8=16(只)
②比 26 只脚少了多少只脚？
列式：26-16=10(只)
③1 只兔比 1 只鸡多几只脚？
列式：4-2=2(只)
④需要换几只兔？
列式：10÷2=5(只)
⑤鸡有几只？
列式：8-5=3(只)
答：鸡有（3）只，兔有（5）只。

3. 应用假设法，感受它的一般性。

教师：用假设的方法解决了数字比较小的鸡兔同笼问题，如果是数字比较大的，还能用假设法来解决吗？

课件出示：

今有雉兔同笼，上有三十五头，下有九十四足，问雉兔各几何？

学生独立解题，再汇报。

学生作品展示：

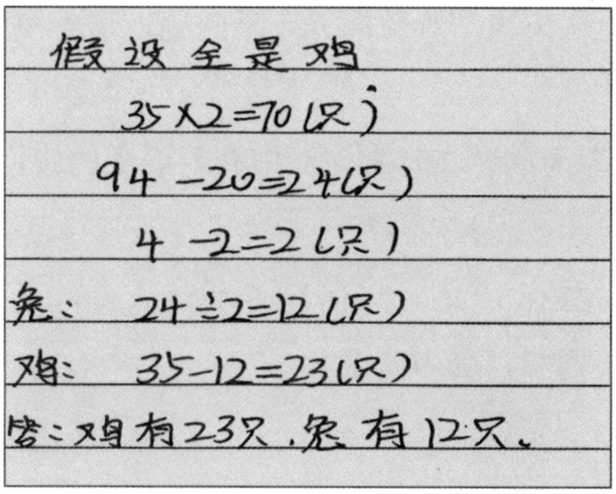

4. 尝试第二种假设，熟练掌握假设法。

教师：刚假设全是鸡找到了答案，那假设全是兔能解吗？

学生：能。

教师：请同学们独立完成后，再小组交流。

课件展示学生作品

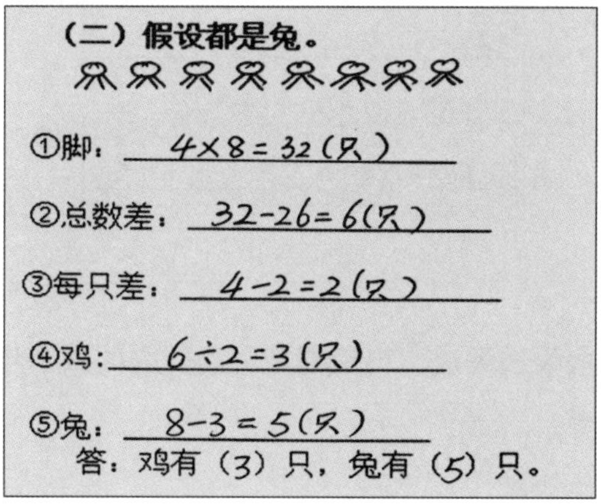

设计意图：对于鸡兔同笼问题，让学生经历猜测法难以解决、列表法能解决一部分、假设法可以解决所有问题的过程，感受从无序思考到有序思考，再到从特定数值入手寻找办法的解决问题策略，培养学生用多种策略解决问题的能力，感受数学的价值和魅力。

活动四：应用假设法解决“鸡兔同笼”类问题，培养模型意识

1. 构建模型。

教师：“鸡兔同笼”类问题在日常生活中有着广泛的应用。

课件出示：

自行车和三轮车一共有 10 辆，共有 26 个轮子，自行车和三轮车各有几辆？

教师带领学生分析题意，套用模型。

教师：请同学们独立完成。

学生独立完成练习，教师巡视。

学生作品展示：

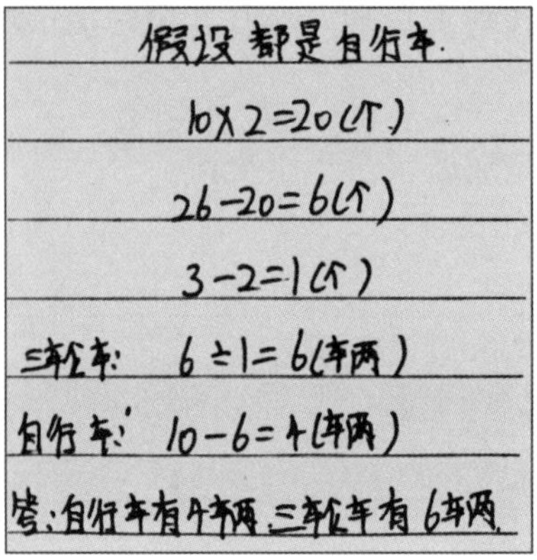

2. 总结方法。

师生共同总结用假设法解决“鸡兔同笼”类问题的六个步骤：

（1）假设为同一种。

（2）求假设后的总脚数。

（3）计算假设前后总脚数之差。

（4）用总脚数之差÷每份之差＝非假设量。

（5）用总头数－非假设量＝假设量。

（6）检验作答。

设计意图：让学生独立完成一道变式的鸡兔同笼问题，并总结解决此类问题的一般方法，帮助学生建立用假设法解决鸡兔同笼问题的数学模型，培养学生模型意识。

课后反思

本节课，师生共同经历了用猜测法、列表法、假设法等不同的方法解决问题，并通过比较，感受到假设法解决鸡兔同笼问题的优越性。这不仅让学生体会到解决问题策略的多样性，还渗透了优化意识。

本节课从学生的角度呈现学习内容，合理安排教学过程，提供操作材料，拨动学生心弦，把学习的主动权交给学生，让学生在合作学习的过程中主动完成知识的建构。整堂课学生学得兴趣盎然，在解决问题的同时体验到了成功的喜悦，感受到数学知识的价值和数学学习的乐趣。

在教学时间的控制上略显紧张，一些环节的处理还应该从主次分明的角度更好地进行设计。教学中“如何通过教师的准确引导，真正落实新课标提出的不同学生在数学上得到不同的发展，逐步形成适应其终身发展需要的核心素养”这一目标是今后努力的方向。

踏过荆棘　遇见繁花（后记）

2021 年冬到 2025 年春，是一段交织着汗水与欢笑、挫折与成长的岁月更迭。

追逐梦想是一种幸福

“生活不止眼前的苟且，还有诗和远方的田野。你赤手空拳来到人世间，为找到那片海不顾一切……”在琐碎的日常中，不记得从什么时候起，有了名师的梦想，就像一颗种子，在心底生根发芽。于我而言，这就是诗和远方。默默坚守、追逐中，蓦然发现，这更像一段爱情，唯美、浪漫，可遇而不可求。但，我们不期而遇了。2021 年 11 月，第一次提交申请；12 月，接到市局遴选通知；2022 年 3 月，顺平县教育和体育局举行首届名师工作室挂牌仪式……一切都来得猝不及防，但又在有条不紊地进行。组建团队，共建工作室文化；完善制度，确保规范运行；加强学习，为正式开展工作蓄力……2022 年 8 月 2 日，工作室启动仪式暨首次培训会在顺平县教育和体育局四楼会议室隆重召开……在忐忑与懵懂中跃跃欲试；在压力与责任中，迎接机遇和挑战……第一次感觉到，我的诗和远方不再遥不可及。

历尽艰辛是一种成长

有梦可追是幸福，但逐梦的路上荆棘满地。以书的形式展示工作室的研修成果，是我们经过深思熟虑后的决定。难度是有预判的，但实际的艰辛却远远超出了我们的想象。日常教学任务繁重，只能靠毅力、靠情怀挤时间做更多的事。2024 年暑假，团队就处于加班状态。三十余万字的书稿，像一座山，压得我们透不过气来。随着秋冬季的到来，昼短夜长，紧迫感愈发强烈。此时，加不完的班、熬不完的夜、改不完的文章、审不清的稿子，成了生活的常态。记不清多少次，回家时，寒风中早已华灯初上。时间长了，孩子们老陪着加班受不了，于是带吃的、带玩的，哄孩子打发时间。实在不行，放学后，孩子暂时找人托管。长时间超负荷连轴转，团队里有人病了，有人瘦了，但没有人说苦，没有人喊累，没有人退缩。

进入寒假，我的日常生活变得更加单一。早起，打开电脑，敲击键盘，记录凌乱的思路。午休闹钟一点半准时响起。晚上，对着漆黑的夜晚，继续绞尽脑汁。一篇稿子从最初成型到最后定稿，被改得面目全非。电脑里同一篇稿子的命名从1标到了8、9、10……即便如此，稿子每看一遍，都会发现新的问题，于是定稿后，又修订了十几稿。这都不算什么，大脑被一次次掏空后的无力、无奈、无助感，最让人痛苦。面对一篇稿子，明知有问题，却给不出更好的建议，于是开始怀疑自己。几天对着电脑，噼里啪啦一通输入，最后发现词不达意，句不走心，又会开始否定自己。而后是用尽脑力，一片空白，词竭句穷，开始批判自己。进而，整个身心陷入无休止的烦躁、焦虑、抓狂之中。夜深人静，躺在床上，睁着眼，一篇篇稿子就像电影，在脑子里放映了一遍又一遍；合上眼，鼻子一酸，眼泪滑落……真是“书到用时方恨少，事非经过不知难”。

感恩我的每一次遇见

当手指敲出“感恩”时，我知道，我终于在一次次怀疑、否定、推翻自己后，又重新找到了我自己。一路追逐我的诗和远方，忧乐喜悲中，哭过、笑过，但从来没有后悔过，从来没有放弃过。遇见的每一个人、每一件事，走过的每一步路，踏过的每一处荆棘，咬牙坚持的每一个瞬间，都最终化作一路芬芳，使我于繁花中遇见了更美好的自己。

能在重重挑战中坚定地走过来，我心怀感恩。感恩给予我支持和鼓励的各级领导，感恩引领我不断成长的导师，感恩我一路并肩作战、相互扶持的伙伴，感恩理解、包容我的家人，感恩一路选择坚持的自己。

感恩我生命中的每一次遇见。我们相约，继续做一群勇敢前行的追梦人，心怀对教育的热爱，携手同行，共赴下一场山海。

王英华

2025年3月